Tilmann Bünz

Wer das Weite sucht

Skandinavien für Fortgeschrittene

btb

MIX
Papier aus verantwortungsvollen Quellen
FSC® C083411

Verlagsgruppe Random House FSC-DEU-0100
Das für dieses Buch verwendete
FSC®-zertifzierte Papier *Pamo House*
liefert Arctic Paper Mochenwangen GmbH.

1. Auflage
Originalausgabe Januar 2012,

Umschlaggestaltung: semper smile, München
Umschlagmotiv: © plainpicture/Naturbild
Satz: Uhl + Massopust, Aalen
Druck und Einband: CPI – Clausen & Bosse, Leck
UB · Herstellung: BB
Printed in Germany
ISBN 978-3-442-74359-9

www.btb-verlag.de

Für Hugo Bünz
** 17.11.1882*
† 5.5.1952

Inhalt

Vorwort

Der Norden ist nicht zur Besiedlung vorgesehen, sagten die Römer, weil dort kein Wein wächst. Das ändert sich gerade.

In Grönlands Süden kann man jetzt im Sommer baden. Wenn man genügend Tran im Blut hat – und den passenden Anzug aus Neopren.

Es gehört zur Komplexität des Klimawandels, dass sich nicht alle als Verlierer fühlen.

Zu den Gewinnern des Klimawandels zählen schwedische Weinbauern. Das ist kein Witz.

Den ersten schwedischen Weinberg habe ich im Herbst 1999 erstiegen. Es war ein kurzer Spaziergang. An den abfallenden Hängen des Vättern bei Gränna wuchsen die Reben in Dreierreihen, windgeschützt in Südostlage. Der Weinberg von Jonas Andersson war sehr übersichtlich und weitgehend leergeplündert.

Beim Ortstermin mit der Presse kniete der Fotograf der Lokalzeitung vor einem Rebstock. Das Objektiv war dreimal so groß wie die Handvoll Weintrauben, die daran wuchsen, und dennoch zog der Gutsbesitzer in Schaftstiefeln und Wachsjacke eine stolze Bilanz. Zwar nahmen die Raben ein Drittel der Ernte, ein weiteres Drittel hatten seine Kinder verputzt. Doch trotzdem war es für ihn der Mühe wert gewesen.

Unverdrossen stiefelte der Weinbauer mit einem voluminösen Bestimmungsbuch unterm Arm durch die Reihen seiner Reben, ließ sich neue Worte wie Pinot und Chardonnay auf der Zunge zergehen und zog sich am Ende zwei Dutzend Flaschen für den Hausgebrauch.

Heute gibt es im südlichen Schweden etwa vierzig Weinberge. Die Plantagen tausend Kilometer unterm Polarkreis gedeihen. Sie profitieren vom Nullsummenspiel der Natur. Wo es im Winter früher dunkel wird, sind die Tage im Sommer umso länger. Nur am Äquator sind die Tage und Nächte immer gleich lang.

Dies ist ein Buch über den nordischen Sommer und seine Reize. Kein Buch über die Kälte, sondern über Licht und Weite und endlose Tage.

Wo sonst in Europa gibt es freie Wildnis, aktive Vulkane, Gletscher, Rentiere in Freiheit und Wale vor der Küste? Wo sonst stellen die Tiere fast überall die Mehrheit: die Eisbären in Spitzbergen, die Schlittenhunde in Grönland, die Rentiere in Lappland – von den Mücken ganz zu schweigen.

Wo sonst käme jemand auf den surrealen Einfall, ein Mückenmuseum mit Eintritt zu betreiben. Die schwedische Inlandsbahn hält kurz vor Gällivare auf freier Strecke, vor einer Hütte mit einer gigantischen Mücke als Emblem und einer Tür, durch die einzutreten man gebeten wird. Auf der anderen Seite ist nur Landschaft. (Seit kurzem ist die Freiluftaustellung leider geschlossen, weil sich zu wenig Mücken blicken ließen. Erwünschtes Minimum seien 100 000 Mücken pro Kubikmeter, meldete die schwedische Nachrichtenagentur TT.)

Dieses Buch trägt den Untertitel »Skandinavien für Fortgeschrittene«. Es braucht eine Weile, die Welt des Nordens ganz zu entdecken.

Meine erste Begegnung mit Skandinavien in seiner mildesten Form liegt ein halbes Jahrhundert zurück. Im Alter von elf Monaten reiste ich zum ersten Mal nach Dänemark, hinten im Volkswagen Käfer meiner Eltern, verstaut in der Ablagekuhle.

Die Rapsfelder und das blaue Meer rund um Fünen waren lange meine Welt, die krabbelnden Krebse neben dem Badesteg lehrten mich, die Augen beim Tauchen auch im Salzwasser offen zu halten, mein großer Bruder versorgte die Familie mit frischen Schollen von der Langleine, die nächste Eisbude war vier Kilometer den Strand entlang in Lundeborg – ohne eine gewisse Wanderfreude gab es kein Sahneeis.

Der Bauer von Stokkebæk ließ die misstrauisch beäugte deutsche Familie für hundert Kronen auf seine halbvollen Erdbeerfelder und später im Juli dann auch an die Himbeersträucher. Der Zweite Weltkrieg und die deutsche Besetzung lagen erst fünfzehn Jahre zurück, und die Erinnerung an Demütigung und Kollaboration schmerzte.

Pfifferlinge fanden wir im Wald rund um Schloss Egeskov, und von unserer Mutter Lisi lernten wir unbeteiligt zu gucken, wenn wir eine ganz besonders pilzreiche Stelle gefunden hatten und andere Menschen in der Nähe waren.

Schon als Junge träumte ich davon, eines Tages in den Norden zu gehen und in Schweden zu leben. Als Sechzehnjähriger trampte ich dann bis hoch zum Polarkreis, nach Umeå, und nach dem Abitur fuhr ich mit der Vespa nach Norwegen.

Doch so weit ich auch fuhr: Es war immer noch Süden.

Erst als ich mir eine Karte vom Nordpol kaufte, verstand ich, dass man die Welt auch ganz anders sehen kann, von oben.

Es sollte lange dauern, bis ich den Unterschied zwischen Nordkap und Nordpol sicher beherrschte und wusste, wo die Bäreninsel liegt.

Es machte mich stutzig, wenn die altgedienten Skandinavien-Korrespondenten wie Jörgen Detlefsen (ARD), Thomas Borchert (dpa), Hannes Gamillscheg (FR) und Helmut Steuer (Handelsblatt) leuchtende Augen bekamen, wenn das Thema auf Island kam. Als gäbe es nichts Schöneres, als mit dem Allrad durch das Landesinnere Islands zu reisen, eine Gegend, zu der mir spontan der Roman »Die Erde ist unbewohnbar wie der Mond« einfällt. Dort übten die US-Astronauten die erste Mondlandung, so unwirtlich ist es.

Im Internet gibt es übrigens eine riesige weltweite Gemeinde, die der NASA zutiefst misstraut und die Mondlandung der Apollo als amerikanische Propaganda abtut. Was sie besonders skeptisch stimmt, ist die wehende amerikanische Flagge auf dem Mond. Die Zweifler sagen mit einigem Recht, dass auf dem Mond kein Wind wehe.

Gut möglich, dass die US-Astronauten tatsächlich auf dem Mond waren, einige Bilder aber auf Island vorproduziert wurden. Denn die Originalaufnahmen, das musste die NASA zugeben, sind verschollen.

So hätte die NASA wenigsten Island ein Denkmal gesetzt.

Irgendwann hat es mich dann gepackt: Wenn man bei zwei Grad plus im Hochsommer mit einem störrischen Rentier am Zügel durch eine gottverlassene Ecke von Lappland wandert, kommt man zu den ewigen Fragen wie etwa: »Haben Mücken einen Sinn?« oder auch: »Muss man am Nordpol gewesen sein, um mitreden zu können?«.

Wandergeschichten fremder Leute sind an sich natürlich zum Gähnen.

»... dann brachen wir früh auf, und die Blasen drückten, und der Rucksack war schwer.«

Aber was ist, wenn die Route durch grönländische Gärten

und schwedische Weinberge führt, Orte, die noch zu entdecken sind, am besten zu Fuß?

Wandern ist die beste Art der Fortbewegung, nicht nur, weil es auf Grönland und Spitzbergen nicht einmal hundert Kilometer an ausgebauten Straßen gibt. Wandern ist ein Korrektiv, weil alles andere so überschnell geworden ist. Die Entfernungen sind geschrumpft, selbst zum Nordpol kann man an einem Tag hin- und zurückfliegen. Entsprechend sind dann auch die Eindrücke.

»Vergessen wir nicht, dass eine Luftlinie eben nur eine Linie ist und kein Weg, und dass wir physiognomisch gesehen Fußgänger und Läufer geblieben sind«, schrieb einst Christoph Ransmayr in »Die Schrecken des Eises und der Finsternis«.

Man muss solche Ausflüge an den Rand der bewohnten Welt nicht mögen. Der Sommer in Europas Norden gilt als kalt, verregnet und voller Mücken, das Bier als schal und teuer und die Wurst als ungenießbar.

Tatsächlich ist der Sommer kalt, verregnet, und an Mücken herrscht auch kein Mangel.

Aber Sie werden – wie ich – immer wieder zurückkehren wollen, wenn Sie jemals eine einzige polare Erdbeere gegessen haben, die ein paar Wochen Licht rund um die Uhr ausgesetzt war. Hier wächst nur wenig, aber das Wenige hat viel Platz.

Sie werden die Ureinwohner des Nordens lieb gewinnen und ihre Gabe, sich die karge Heimat so lange schön zu gucken, bis auch die Gäste daran glauben. In ihren Liedern sind die baumlosen Berge auf einmal »goldene Kuppen«, und die grauen Gewässer werden zu »silbernen Seen«.

Die Samen kennen sich auch in unserer Welt mittlerweile gut aus und können nicht verstehen, weshalb wir selbst auf abwärtsfahrenden Rolltreppen noch in den Laufschritt verfallen.

Sie werden zurückkommen voll Respekt vor den Menschen, die oberhalb des Polarkreises an den Gestaden des Eismeers ausharren, obwohl sie in Zeiten der Globalisierung auch wegziehen könnten. Die Menschen dort hüten etwas, was noch kostbarer ist als Öl, Gas und Gold: Sie hüten die letzten Urwälder, Wale in Freiheit, Weite und Einsamkeit – all das, was sich in der »Wartehalle Mitteleuropa«, wie Sigrid Damm einmal sagte, nicht finden lässt.

Für das Wetter gibt es auf dieser Route keine Garantie. Billig sind solche Reisen auch nicht. Am Ende landen Sie möglicherweise auch in Island, der regenreichen Insel mitten im Nordatlantik, die sich nach ihrer Staatspleite mühsam wieder aufrappelt, und kaufen voll Stolz ein T-Shirt, auf dem es heißt: »Iceland. Good weather and cheap beer – what more could you want?«

Galgenhumor ist ansteckend.

Erstes Kapitel

Gärten in Grönland

Erklärt, warum Grönländer nach neuen Namen für Bienen und Brokkoli suchen und warum sie Wespen nicht vermissen. Warum Grönland nur vier Ampeln hat. Weshalb die Zeit der Naturvölker leider vorbei ist. Und warum das Wort Hundeleben hier wieder seine ursprüngliche Bedeutung bekommt.

Es ist wie auf einem Frühflug der Lufthansa, lauter Männer, und alle schweigen. Die Stewardess mit ihrem blauen Käppi und dem gelben Tuch wirkt inmitten all der Herren im dunklen Goretex wie ein bunter Vogel.

Sie hat alle Aufmerksamkeit, und wer sie besonders nett bittet, bekommt Kaffee und Wasser nachgeschenkt. Ich gehe leer aus und tröste mich mit dem Blick aus dem Fenster.

Unter uns der offene Nordatlantik. Gegenwind mit sieben Windstärken, Schaumkronen auf den Wellen. Die Propellermaschine gewinnt rasch an Höhe, oben wird es ruhiger.

Isländer mögen so ein Wetter. Aus der Bordzeitung lächelt mir ein junges Mädchen entgegen, im Hintergrund ein schöner Fjord vor einem schneebedeckten Berg.

»Das ist Djúpavik: Das Wasser hat fünf Grad. An guten Tagen.«

Auf einer Landzunge westlich von Reykjavík liegt verborgen unter der Wolkendecke der Krater des erloschenen Vulkans Snæfel, der schon Jules Verne zum Einstieg ins Innere der Erde inspirierte.

Der Snæfel schweigt seit langem, dafür sind andere Vulkane wie der Hekla alle zehn Jahre fällig, hier, wo sich die Kontinente treffen, wo Amerika und Europa zusammenstoßen. Island ist geologisch gesehen noch ein Provisorium, eine junge Insel in der Pubertät, die ständig ihre Form verändert. Ist es da ein Wunder, dass jeder zweite Isländer an Elfen glaubt?

Letzte Nacht im kleinen hölzernen Gasthaus aus dem Jahr 1912 direkt neben dem isländischen Parlament roch die Dusche gerade so leicht nach Schwefel, dass mir eher Hekla und der Teufel in den Sinn kamen als faule Eier. Mit eingeseiften Haaren ist es ein Trost zu wissen, dass man in Island nie Angst haben muss, plötzlich unter einer kalten Dusche zu stehen. Wenn die Insel aus Feuer und Eis etwas im Überfluss hat, dann sind es heiße Quellen. Hier fließt sogar Wasser aus dem Heizungssystem der Hauptstadt in eine nahegelegene Bucht – und erwärmt dort ein offenes Meeresschwimmbecken.

Grönland hat andere Schätze

Nach einer knappen Flugstunde über das offene Meer haben wir schließlich wieder festes Land unter uns, allerdings keines, das zur Landung einlädt, sondern Grönlands dicken Eispanzer: mal eine geschlossene Fläche, mal ein Gebirge von Zacken.

Es sollte bis in die Neuzeit dauern, bis der erste Mensch den Eispanzer von Ost nach West bezwang, mit Skiern an den Füssen und mit Schlitten im Schlepptau. Fridtjof Nansen, norwegischer Polarforscher und Volksheld, und seine einheimischen Gefährten brauchten 1888 sechs Wochen für die mühsame Strecke auf dem Eisschild.

Island und Grönland haben eines gemeinsam: Beide waren Kolonien Dänemarks. Island ist seit 1945 unabhängig, Grönland ist auf dem Weg dahin, lebt aber noch vom jährlichen Scheck aus Kopenhagen, der einen wesentlichen Teil des Staatshaushalts deckt. Seit 2009 bestimmen die Dänen nur noch über die Verteidigungs- und die Außenpolitik. Die Grönländer können jederzeit gehen, so ist letzte Abmachung – aber ohne Geld.

Dass so viele Abenteurer mit Aktentaschen in der Maschine sitzen, ist noch ein ungewohntes Bild.

Der neue Goldrausch begann vor ein paar Jahren parallel zum Klimawandel. Anfang Juni ist der Beginn des arktischen Sommers und eine gute Zeit, um Grönland anzubohren. Der Eispanzer hat sich dann so weit zurückgezogen, dass an 120 Stellen im ganzen Land nach Mineralien und seltenen Erden gesucht wird. Dazu braucht man Ingenieure, Geologen, Baggerfahrer und Piloten – die Vorboten der Großindustrie, die hier nach Gold, Zinn und Öl bohren und Aluminium schmelzen wollen.

Deshalb sind die Zimmer im Hotel an der Hauptstraße von Nuuk ausgebucht, bis auf ein winziges Kämmerchen ohne Ausblick.

Das Taxi zeigt Spuren eines Diebstahls, offenbar hat jemand versucht, die Tankklappe herauszuhebeln, um sich unerlaubt zu bedienen.

Es regnet bei zwei Grad, es ist Anfang Juni, und mit mir reisen allerlei düstere Gedanken. Was nützt es mir, dass es den ganzen Tag hell ist, wenn es ununterbrochen nieselt? Wo sind die starken Farben der Arktis in all diesem Grau?

Zu allem Überfluss platzt mein erster Termin. In einem Vorort von Nuuk wollte ich mir einen neu angelegten Garten anschauen.

»Die Blumen blühen noch nicht«, heißt es lapidar in der Textmitteilung, die während der Landung auf meinem Handy eingegangen ist. Ich kann es ihnen nicht verdenken.

Wenn ich nicht wüsste, wie schön Grönland ist, würde ich mich jetzt unwohl fühlen.

Platte am Polarkreis

Nuuk ist keine Perle der Arktis. Nuuk ist vor allem eine Funktion: als Sitz der Regierung, des Parlaments und der Universität, als Hauptstadt von 60 000 Grönländern. Ausländische Delegationen werden lieber gleich nach Ilulissat an den Eisfjord geleitet, zwei Tagesreisen nördlich mit dem Schiff, wo malerisch die Eisberge vorbeitreiben.

Nuuk wurde Hauptstadt, weil die Dänen 1721 einen Missionar namens Hans Egede herschickten auf der Suche nach den Nachkommen der Wikinger – und er zufällig in dieser Bucht an Land ging.

»Es ist keine gute Bucht«, hat mir mal eine Grönländerin erklärt. »Viel zu dicht am Meer und seinen Stürmen.«

Der Missionar wurde von den Inuit nicht mit Halleluja empfangen. In ihrer Sprache gab es kein Wort für Mann und Frau und auch nicht für Hölle; wohl aber für männlich und weiblich. Gott etwa war weiblich. Aber im Gefolge des Missionars kamen ein bisschen Wohlstand, Feuerwaffen, Zucker und Aquavit. Also wurden die Inuit Christen, und wenn sie das Christkind in ihren Kirchen verehren, dann sieht Jesus wie ein Inuit aus.

Nach Nuuk kommt man, weil man muss. Oder weil es die Regierung so wollte. Nuuk ist eine Art »Neue Heimat«, eine künstliche Stadt.

Lange Zeit hielt Dänemark Grönland wie ein einziges großes Reservat. Dahinter steckte ökonomisches Kalkül, denn so konnte die Kolonialmacht allein den Handel mit Grönlands Naturschätzen diktieren. Dahinter mag man aber vielleicht auch Fürsorge vermuten: Die Eskimos, wie man sie damals nannte, sollten ihr Leben als eine Art »edle Wilde« leben dürfen und vom Prozess der Zivilisation verschont bleiben.

Zwischen 1950 und 1960 änderte Dänemark diese Politik radikal. Zehntausend Menschen zogen aus den kleinen Siedlungen in die große leistungsfähige Stadt.

Nuuk ist ein Anschauungsbeispiel für forcierte Modernisierung, Kolonialgeschichte und schlechtes Gewissen. Denn eine Zentralheizung ist nicht alles; Menschen brauchen auch eine Aufgabe.

Bei Kolonialzeit denkt man gern an alte schöne Holzhäuser. Ein Dutzend davon stehen am Hafen, dort wo früher das Machtzentrum war, die Königlich Grönländische Handelsgesellschaft, die Perlen und Schnaps gegen Tran, Felle und Zink tauschte.

Aber Grönland war auch noch Kolonie, als die anderen Länder längst unabhängig waren. Die Siedlungen der Jahre zwischen 1950 und 1980 erinnern an die Plattenbauten aus den Zeiten des real existierenden Sozialismus, wie man sie auch heute noch in Moskau, Bukarest und Havanna sieht. Hans Magnus Enzensberger hat über die Behausungen mit den tropfenden Wasserhähnen und kaputten Liften einmal gesagt, sie stünden für den höchsten Grad der Unterentwicklung.

Es galt, möglichst schnell, möglichst billig möglichst viele Menschen unterbringen.

Die dann kamen, waren an ein anderes Leben gewöhnt, mit mehr Außenluft, weniger Nähe zum Nachbarn, ein Leben für die Jagd.

Mein erster Spaziergang in Nuuk führt zu diesen heruntergekommenen Häusern, die so gesichtslos sind, dass sie zur groben Orientierung ihrer Bewohner durchnummeriert wurden von eins bis zehn.

Jeder dieser Blöcke ist eine halbe Meile lang, nein ich übertreibe, nur ein paar hundert Meter, und wie immer ist die Draufsicht sicherlich ganz anders als die Perspektive der Menschen, die dort möglicherweise gerne leben.

Ich gehe etwas betreten an den Balkonen vorbei, auf denen Wäsche zum Trocknen hängt, und weiche dabei den Pfützen auf dem Vorplatz aus.

Es sind diese Blocks, die Peter Høeg meint, wenn er in seinem Buch »Fräulein Smillas Gespür für Schnee« schreibt: »Grönland hat eine Kriminalitätsstatistik wie im Krieg.«

Die Blöcke sind so langgestreckt, dass sie von einer Querstraße bis zur anderen reichen, in allen Stadien des Verfalls. Beton blättert nicht, verfault nicht, er zerfällt langsam. Mir kommt aus meiner Schulzeit der alte Werbespruch mit Blumenkübeln aus Sichtbeton in den Sinn, bei dem wir nie wussten, ob er ernst gemeint war oder besonders ironisch: »Beton – es kommt darauf an, was man daraus macht.«

Doch wer weiß. Gut möglich, dass man sich an diese Bauten gewöhnen kann. Vielleicht geht der Blick der Bewohner eher auf die Passanten, auf bekannte Gesichter, als auf die Fassaden. Sonst bleibt natürlich auch noch der Blick nach oben.

Dem Himmel nämlich, dem nordischen weiten Himmel, kann auch die kälteste Architektur nichts anhaben.

Grönland ist schnell gewachsen. Bis 1950 war Grönland eine geschlossene Gesellschaft, fast ein Reservat, die Dänen regelten den Zutritt. Nur wenige Besucher kamen hierher.

Es sollte möglichst wenig Veränderung geben, aber um die

Einheimischen besser auseinanderhalten zu können, vergab die Kirche Nachnamen; wie es scheint immer dieselben.

Der Grabstein vor dem Laden an der Hauptstraße verrät gewisse Vorlieben. Er steht vor einer Werkstatt, die auch Betonfundamente und Granitsockel liefert. Der Stein trägt die sechs gebräuchlichsten Namen, man kann zwischen verschiedenen Schrifttypen wählen. Demnach heißt der gewöhnliche Grönländer mit Nachnamen Hansen, Sörensen, Poulsen, Larsen, Nielsen oder Svendsen. Es gibt also keine langen Lieferzeiten: Die meisten können ihren Grabstein gleich mitnehmen.

Ein paar typische Namen fehlen jedoch auf dieser Liste: Es existieren Siedlungen wie Qaanaaq im äußersten Nordwesten, wo jeder zweite Einwohner Petersen heißt.

Auch deutsche Namen sind geläufig: Die Herrnhuter Brüder verteilten Namen wie Fleischer, Rossbach oder Kleist.

Gegenüber auf einer Anhöhe liegt eine weiße Kirche, benannt nach dem bereits erwähnten »Grönlandapostel« Hans Egede. Das Kirchenschiff mit den hellblauen Bänken und den weißen Kerzen ist geöffnet, es ist still und warm, der Organist übt für den nächsten Sonntag. Das Kirchenschiff steht quer zum Fjord, und alle haben Blick aufs Meer.

Das Gesangsbuch ist wie alles im Land komplett zweisprachig geschrieben, in Inuktitut und Dänisch. Mir fällt die erste Lesefibel aus der Mitte des letzten Jahrhunderts ein. Sie zeigt zwei Inuit im Kindesalter, die die Arbeit ruhen lassen und ihre Köpfe über ein Buch beugen. Der Titel war kurz und unmissverständlich in lateinischer Schrift: ABD.

Für das »C« gab es in der grönländischen Sprache keinen Bedarf. Doch heute finden immer mehr Fremdworte Eingang in die Sprache, nicht zuletzt solche wie »Computer«, also gibt es jetzt auch ein C in der Landessprache.

Die Historiker des dänischen Außenministeriums räumen mittlerweile freimütig ein, dass die Haltung gegenüber den Ureinwohnern des Landes reinster Paternalismus war. Das fing mit dem Namen an: Damals nannte man die Einheimischen »Eskimos«. Eskimo, so hieß es lange Zeit, bedeute Rohfleischesser, und die Bezeichnung rühre von der Sitte der Einheimischen her, kleine Stückchen Walhaut, das sogenannte »Mattak«, direkt nach dem Fang zu verspeisen.

Die Ureinwohner Grönlands nennen sich lieber Inuit, was in schöner Eindeutigkeit schlicht »Mensch« bedeutet.

Die Kolonialmacht Dänemark traute den Inuit keine Verwaltung und keine Verantwortung zu. Ein zeitgenössisches Bild lässt daran keinen Zweifel. Es zeigt den Sozialdemokraten Thorvald Stauning, von 1929 bis 1942 dänischer Ministerpräsident, als Vater aller Dänen und aller Völker in den Kolonien.

Island hat es auf diesem Bild noch vergleichsweise gut getroffen, die Kolonie wird durch einen Fischer dargestellt, ebenso wie die Nachbarn auf den Färöern.

Grönland dagegen ist ein kleines Kind mit Fellstiefeln, den Kamiks, und Strickjacke, das sich schutzsuchend zwischen Staunings Knie lehnt.

Der Landesvater von einst ist inzwischen Geschichte; niemand würde heute noch solch ein Bild in Auftrag geben. Wenn man nach Spuren des alten Sozialdemokraten sucht, muss man sich die Bergstiefel anziehen. Im Osten des Landes wurde eine Bergspitze nach ihm benannt.

Aber solche Bilder tun eben auch weh.

»In Kopenhagen saß das Grönland-Ministerium, voll von Leuten, die selbst nie in Grönland gewesen waren, und hat bestimmt, wie wir leben sollen«, schimpft Aleqa Hammond.

Jeder in Grönland kennt Aleqa, übersetzt heißt ihr Name

»große Schwester«, und weil das so ist, muss man ein bisschen kämpfen, um in ihrem Terminkalender einen Platz zu finden. Aleqa ist eine stattliche Frau von gut vierzig Jahren, mit dunklen Haaren, die sie zu einem Zopf gebunden hat, und sie steckt in einem Kostüm aus grauem Flanell.

Von ihr stammt der Satz: »Wir sehen nicht wie Europäer aus, wir denken nicht wie sie, und wir wollen auch keine sein.«

Aber sie ist keine sture Nationalistin: Sie nimmt, so sagt sie, gerne das Beste aus beiden Welten.

Das merkt man schon, wenn man sich auf dem Besuchersofa niederlässt, eines jener legendären dänischen Entwürfe aus Holz und schwarzem Leder, die nicht nur elegant sind, sondern in denen man auch stundenlang bequem sitzen kann.

Der Raum im Erdgeschoss des Regierungsgebäudes ist funktional – und für eine ehemalige Außenministerin eher bescheiden. Grönland ist noch zu klein für große Prachtentfaltung.

Aleqa Hammond und ich sind alte Bekannte: Vor sechs Jahren haben wir uns in ihrem Garten getroffen, einem der ersten in Grönland, inmitten von Eisbergsalat und Kartoffeln. Aleqa ist eine Pionierin. Für sie bedeuten Gurken und Brokkoli aus eigener Produktion auch ein Stück Unabhängigkeit.

An der Wand in ihrem Büro hängt ein Gruppenbild: Inuit in traditioneller Kleidung mit Kamiks und Wollpullis, Aleqa im Kreis von Freunden, aber kein dänischer Ministerpräsident hält seine Hände schützend über sie.

»Meine Mutter hat es nicht einmal gewagt, mit einem Dänen einen Streit anzufangen«. Aleqa lehnt sich auf dem Bürostuhl zurück und lacht. »Ich streite auch mit dem Premier in Kopenhagen, wenn es sein muss.«

Aleqa Hammond ist eine Einheimische, der man sofort zutraut, auch ohne die Dänen klarzukommen.

Ihre Geschichte klingt wie ein kleines Märchen, denn sie ist kein Mitglied der überschaubaren einheimischen Elite, sondern eine aus den Siedlungen an der Küste.

Aleqa stammt aus einer Familie von traditionellen Jägern in Uummannaq in Nordgrönland. Als sie acht Jahre alt war, starb ihr Vater bei einem Jagdunfall. Ihre Mutter musste drei Kinder allein aufziehen.

Aleqa, die große Schwester, schaffte es als Erste ihrer Familie aufs Gymnasium, dann studierte sie Englisch in Kanada. Nach Grönland zurückgekehrt, wartete eine neue Reifeprüfung auf sie.

»Ich zog fünf Wochen mit den Fängern von Qaanaaq auf dem Hundeschlitten übers Eis, fünf Wochen ohne Dusche und ohne festes Haus. Wir haben Eisbären und Narwale gejagt. Auf dieser Reise bin ich eine richtige Inuit geworden.«

Mit sechsunddreißig Jahren ließ sie sich fürs Parlament aufstellen, bekam die zweithöchste Stimmenzahl aller Kandidaten und wurde als erste Frau des Landes Ministerin für Familie und Justiz, später Außenministerin.

Aleqa hat Staatschefs aus aller Welt empfangen, als sich alle Welt plötzlich für die Polargebiete interessierte. Sie schmunzelt bei dem Gedanken daran, dass selbst Indien beobachtenden Status im Arktischen Rat haben will.

Nach den Wahlen ging Aleqa in die Opposition und leitet als erste Frau die wichtigste Oppositionspartei, die Siumit-Partei. Als Quotenfrau würde man die Rolle der quirligen, humorvollen und überaus energischen Inuit missverstehen.

Sie selbst sieht sich auch nicht so.

»Wir haben viele Frauen, starke Frauen, auch im Parlament. Es ist an der Zeit, mal was für die Jungs zu tun«, sagt sie. Die jungen Frauen kämen in der Moderne gut zurecht. Es seien die Männer, die in der Falle steckten. Die Mädchen stellten siebzig Prozent bei den höheren Bildungsabschlüssen, für sie bedeute das Leben in der Stadt ein Gewinn an Freiheit. Die Jungs hinkten hinterher.

Als Tochter eines Jägers weiß sie, wie sehr den Männern die Rolle des Ernährers im Blut steckt und wie schwer es für sie ist, die neuen Zeiten zu akzeptieren.

Wir reden über Qaanaaq, die nördlichste Stadt der Welt, und die Fahrten der Inuit übers Eis, bei denen sie gegen Geld warm eingepackten Touristen auf Mehrtagestouren die Welt unterm Nordpol erklären. Leben kann man allein von der Jagd nicht mehr, es reicht höchstens für ein karges Leben, eine Existenz im Stil der Fünfzigerjahre. Es ist kein Job mit Zukunft für die heutige Generation.

Von Fahrten mit den Jägern von Qaanaaq erinnere ich mich an deren Dilemma auf dem Weg zum Eis.

Der Supermarkt, den sie passieren, hat all das im Überfluss, was sie nur unter Lebensgefahr auf dem Eis erbeuten könnten. Eigentlich ist ihnen klar, dass die Jagd nur noch ein Hobby ist. Die Ernährung leistet auch der Supermarkt mit seinen Tiefkühltruhen voll von Hamburgern und Hähnchen, Rosenkohl und Hackfleischbraten zu Preisen wie in Dänemark.

Es gibt Unmut auf beiden Seiten, bei den Dänen, die seit Jahrzehnten zahlen – und bei den Grönländern, die dafür auch noch dankbar sein müssen. Da kommt der Nation im Werden der neue Ölrausch wie bestellt.

Das Regierungsviertel der Hauptstadt ist übersichtlich, und gleich neben Aleqas Büro liegt das Hauptgebäude der Polizei.

Dort irgendwo warten Greenpeace-Aktivisten auf ihre Abschiebung. Ein paar Tage lang hielten sie die halbe Welt ziemlich in Atem, weil sie in grönländischen Gewässern auf eine Plattform kletterten und den Bohrbetrieb zum Stoppen brachten. Die Betreiberfirma, ein schottisches Unternehmen namens Cairn Energy, stellte Strafanzeige und forderte einen gewaltigen Schadenersatz, und die dänische Kriegsmarine holte die Besetzer schließlich von der Plattform.

Nach Öl suchen die Multis überall in der Arktis. Offenbar sind sie 160 Kilometer vor der grönländischen Küste jetzt fündig geworden.

Wenn es aber ernst wird mit dem Öl in der Arktis, dann – so Greenpeace – sollten die Unternehmen wenigstens einen Notfallplan öffentlich machen, für den Fall, dass bei der Tiefseebohrung etwas schiefginge.

So verkehrt ist das nicht, und eigentlich müssten die neuen grönländischen Patrioten über diese Schützenhilfe dankbar sein. Doch sie kommt von der falschen Seite. Greenpeace hat aus den Achtzigerjahren noch immer das Image des Landesfeindes Nummer eins.

Damals gelang es der Umweltorganisation, der Welt den Kauf von Robbenfellen gründlich auszureden, nachdem Bilder blutiger und grausamer Schlachtorgien um die Welt gegangen waren. Die meisten Bilder stammten zwar nicht aus Grönland, aber trotzdem brach der Robbenfell-Markt für alle Länder der Arktis komplett ein.

Wenn es also Sympathien für die Streiter von Greenpeace geben sollte, dann werden sie nicht geäußert. Aber heimliche Erleichterung kann man schon heraushören, wenn Aleqa sybillinisch sagt, Greenpeace sei auch ein Indikator für die Tricks, die die andere Seite auf Lager habe.

Dabei schmunzelt sie dann – ein bisschen. Was sie damit meint, kann ich nur vermuten. Wie das Desaster am Golf von Mexiko gezeigt hat, sind die Mineralölkonzerne ausgesprochen knauserig. Sie wollen das Kapital ihrer Aktionäre mehren. Sicherheit kostet Geld. Es stärkt die Position der grönländischen Regierung, wenn Greenpeace-Leute sich draußen an den Riggs für sie abfrieren.

Andererseits: Jetzt, wo die Unabhängigkeit zum Greifen nah ist, will man sich von niemandem in die Suppe spucken lassen. Jeder aufgetauchte Berggipfel, jeder vom Eis befreite »Nunatak«, könnte reich an Mineralien sein. Wie soll man sich da nicht als Gewinner der Klimawandels fühlen?

»Glauben Sie, Grönland kann eines Tages auf die dänischen Gelder verzichten?«, frage ich Aleqa.

»Aber ja doch«, antwortet sie, und ihre Augen blitzen. »Das Geld ist doch ein Klacks. Es ist weniger als das, was die Dänen für die Reparatur ihrer Straßen ausgeben. Wir können doch leicht ein Mehrfaches durch Konzessionen verdienen.

Früher hat der dänische Staat uns angeheuert. Seit kurzem hat sich das Blatt gewendet. Jetzt, mit unserer Quasiselbstständigkeit, sind wir es, die die Dänen einstellen, wenn wir sie als Experten brauchen.«

Nur an einer Stelle wird Aleqa Hammond ein bisschen leise und nachdenklich. Bis jetzt hat sie mit den Dänen verhandelt, einer früheren Kolonialmacht, der man den guten Willen nicht absprechen kann, und sei es aus schlechtem Gewissen. Vielleicht wird sie sich nach den Dänen zurücksehnen, wenn sie demnächst mit multinationalen Konzernen an einem Tisch sitzt?

Die Nachbarn in Island können ein Lied davon singen. Sie wissen, wie das ist, wenn ein kleines Land für den weltumspannenden Aluminiumkonzern Alcoa erst in die unberührte Landschaft am Vatnajökull eingreift, einen Staudamm und ein Wasserkraftwerk baut, dafür Schulden macht – und dann der Weltmarktpreis für Aluminium in den Keller geht.

Reisen bildet. Ich hätte nie gedacht, dass ich einmal Vögel zählen würde. Seit zehn Minuten sitze ich still auf dem Granitfelsen und versuche mir den Unterschied zwischen der Sporn-Ammer und der gewöhnlichen Schnee-Ammer zu merken.

Die dänische Biologin Katrine Raundrup hatte mir eingeschärft, worauf zu achten ist: Die Sporn-Ammer hat einen orangefarbenen Nacken und schwarze Punkte auf dem Kopf. Die Schnee-Ammer ist fast weiß mit schwarzen Punkten auf dem Kopf. Meine Frau Jutta würde lachen, dass ausgerechnet ich Vögel auseinanderhalten soll, wo ich doch kaum einen Spatz von einer Elster unterscheiden kann.

Die Einladung habe ich den Biologen von Nuuk Basic zu verdanken, einem Freiluftlabor eine halbe Stunde südlich der Hauptstadt.

Bevor wir wieder in die Zivilisation zurückkehren, werde ich ihnen helfen, ein Schlauchboot an den Badesee zu tragen. Das ist schon mehr meine Welt. Ungewohnt sind allerdings die Schneeschuhe an den Füßen.

Wer den Klimawandel messen will, braucht Daten, etwa von Schnee-Ammern und von Wollgras. Es ist Anfang Juni in Grönland, und die Biologen von Nuuk Basic haben mich an den Kobbefjord mitgenommen.

Zu Nuuk Basic gehören 32 Quadratkilometer Wildnis und zwei Seen. Den einen hat eine Kollegin von Katrine »Badesee« getauft, als ihr nach vielen Tagen dort draußen in der Forschungsstation danach war.

Katrine ist Anfang dreißig, eine schlanke blonde Dänin mit spöttischen grünen Augen, einem Bubikopf und einem ausgesprochenen Hang zur Arktis. Eigentlich ist sie keine Expertin für Vögel – ihr Forschungsgebiet sind Moschusochsen, jene Urviecher, die jemand in den Sechzigerjahren in der Nähe des Flughafens von Kangerlussuaq angesiedelt hat – und die sehr zartes Fleisch liefern.

Meine Kenntnisse waren bisher eher kulinarischer Natur, aber von Katrine weiß ich, dass Moschusochsen ein prächtiger Anblick sind, dass sie erfolgreich ausgewildert sind und die Bullen sich in der Brunftzeit spektakuläre Kämpfe liefern, die so eindrucksvoll sind, dass man besser ein bisschen Abstand hält.

Für ihren Master in Biologie hat Katrine zwei Jahre lang auf den Hochebenen Westgrönlands die Nähe zu diesen Urviechern gesucht. Dann heuerte sie für eine der legendären Tierfilm-Dokumentationen der BBC an. Ihre Aufgabe war es, wochenlang ganz allein mit Rucksack, Zelt und Feldstecher durch die Tundra zu streifen, um Moschusochsen auf ihren Wanderungen zu orten. Daher weiß sie, dass Moschusochsen zu den ersten Lebewesen gehören, denen es im Sommer in Grönland regelmäßig zu warm wird. Sie suchen dann Wasserlöcher, um ihr dickes Fell abzukühlen.

Doch Grönlands Regierung interessiert sich mehr für die Artenvielfalt und die langsame Ergrünung Grönlands als für Moschusochsen, und deshalb hat Katrine auf Vögel und Gräser umgesattelt. Ihre Beobachtungsroute geht über ein Dutzend ausgewählter Stellen auf einer sechs Kilometer langen Strecke mitten durch die Wildnis.

Katrine trägt kein Gewehr. Hier tummeln sich zwar jede Menge Tiere vom Schneehasen bis zu den Buckelwalen, aber keine gefährlichen. In den Westen Grönlands verirren sich Eisbären selten: Es gibt für sie zu wenig Eis. Häufiger sind sie im Osten anzutreffen, wo sie mit dem Treibeis reisen, und auch in Südgrönland sind sie schon gesichtet worden.

Vogelzählen am Polarkreis geht etwas anders als in gemäßigten Breiten. Dort gilt die Fünf-Minuten-Regel. Nach dieser Zeit haben sich die Vögel an den menschlichen Eindringling gewöhnt. Hier oben gilt allerdings die doppelte Regel. Weil weit und breit kein schützender Baum oder Strauch in Sicht ist, müssen sich die Beobachter volle zehn Minuten ganz klein machen und sich sehr still verhalten.

Zur empirischen Basisarbeit gehört auch die Beobachtung von Pflanzen, vor allem von Wollgras und Krähenbeere.

»Das erstaunlichste Ergebnis«, sagt Katrine, »ist, dass die Pflanzen immer in der gleichen Woche am grünsten sind, unabhängig davon, wann die Saison begonnen hat.«

Während Katrine die Flugbewegungen der Ammern mit dem Bleistift in ein kleines schwarzes Notizbuch einträgt, messen ihr Kollege, der dänische Professor Torben Røjle Christensen, einer der Väter des Projekts, und sein niederländischer Assistent, der gerade frisch aus der russischen Tundra gekommen ist, die Gase, die dieser Boden je nach Saison speichert oder freigibt.

Sie sind etwas zu früh dran. Auf dem Badesee, dort, wo sie ihre Messgeräte für Methan und CO_2 ausgelegt haben, liegt noch ein halber Meter Eis.

Wir stapfen durch den Schnee zurück zur Forschungsstation, einer Konstruktion mit leicht geneigtem Dach. Die Hütte ist aus naturbelassenem geklinkertem Holz im neuen grönländischen Stil und bietet einen fantastischen Blick auf den Kobbefjord.

Auch wenn es beim Blick auf eine geschlossene Schneedecke Anfang Juni schwerfällt zu glauben, Christensen ist überzeugt, dass Grönland langsam seinem Namen gerecht wird. Auf Englisch klingt das sehr griffig. »Greening Greenland is a fact.«

Allerorten haben die Küstenbewohner Angst vor dem Anstieg des Meeresspiegels – auch in Grönland. Aber wahrscheinlich machen sie sich vor dieser Folge der Polarschmelze überflüssige Sorgen. Denn hier, in der Nähe des bis zu drei Kilometer dicken Eispanzers, findet offenbar ein Nullsummenspiel statt. Die Gletscher gehen, das Land hebt sich, der Wasserspiegel steigt.

Torben Christensen mit dem Fünftagebart und den tiefliegenden, etwas müden Augen, der mit seinem dunklen, leicht ergrauten Schopf auch als Südfranzose durchgehen könnte, gilt als einer der großen Klimaforscher des Nordens. Zusammen mit Søren Rysgaard leitet er das Greenland Climate Research Centre und hat eine Professur im schwedischen Lund inne. Torben lehnt sich zurück und sagt einen Satz, der es in sich hat: »Für Grönland hat der Klimawandel nur positive Effekte.«

Es wird wärmer, grüner, und die Fluten steigen, aber wahrscheinlich nicht so rasant, dass die Küstenbewohner Grönlands oben auf ihren Felsen nasse Füße bekämen.

Also auf nach Grönland? Eine neue Völkerwanderung, nun in den Norden?, frage ich mich. Grönland könnte sicher ein paar mehr Menschen vertragen. Aber darf man sich mit Grönland freuen, wenn gleichzeitig Bangladesch versinkt? Es ist nicht leicht, beides nebeneinander zu denken.

Bei der Rückkehr in den Sportboothafen von Nuuk zähle ich etwa fünfhundert Boote, einige Gebrauchsboote und viele Freizeitschiffe mit starken Motoren, vertäut auf zwei Dutzend schwimmenden Anlegepontons.

Der Hafen heißt auf Dänisch »Lustboothafen«, das passt ausgezeichnet. Es ist nicht schwer zu erkennen, woran das Herz der Grönländer, vor allem der Männer, hängt. Ein ketzerischer Gedanke lässt mich rechnen.

Im Kopf überschlage ich die jährliche Subventionssumme aus Dänemark und teile sie durch die Zahl der erwachsenen Grönländer: Um die 15 000 Euro pro Kopf lassen sich da errechnen. Die Kronen aus Dänemark sind gut untergebracht. Wenn ein Jäger schon nicht mehr jagen soll, kann er wenigstens mit dem eigenen Boot angeln.

Unterwegs auf der Sarfaq Ittuk

Drei Tage könnten für Nuuk reichen, hatte ich gedacht. Ich bin nun schon seit fünf Tagen hier und lerne es langsam zu schätzen. Am schönsten ist es, stundenlang in einer Endlosschleife im Linienbus durch Nuuks Stadtteile zu fahren und die einsteigenden und aussteigenden Passagiere zu beobachten. Nuuk ist eine sehr übersichtliche Hauptstadt. Es ist nicht unüblich, sich beim Zusteigen zu grüßen. Die Stimmung ist eher heiter, das Tempo gemäßigt.

Wenn ich keine Lust zum Busfahren habe, teste ich die Cafés von Nuuk, esse dänischen Kuchen und trinke italienischen Kaffee dazu. Es dauert nicht lange, dann weiß ich, welche Kneipen auch nach zweiundzwanzig Uhr noch lustig bleiben und welche man besser meidet, wenn man wie ich blond und blauäugig ist und als Däne durchgehen könnte.

Nuuk hat sogar einen eigenen Hausberg, die kleine Marlene. »Lille Marlene« ist die kleinste Erhebung in der Bergkette vor der Stadt und etwa sechshundert Meter hoch. Im Winter gibt es dort zwei Skilifte. Im Sommer lockt ein tiefer klarer See, der laut Wanderkarte »Westgrönland« aber nur für einen kurzen »Dip« taugt, weil er auch dann nur zwei Grad hat.

Für eine Besteigung ist es zu früh: Es liegt noch zu viel Schnee. Aber am Fjord unterhalb des Berges kann man wunderbar wandern. Es ist nicht überlaufen – ich bin einen halben Tag unterwegs und begegne nur einem einzigen Menschen, einer Frau mit ihren großen Hunden. Wir trinken zusammen einen Kaffee aus meiner Thermoskanne und gehen dann unserer Wege.

An einer besonders exponierten Stelle steht ein Torfhaus oder jedenfalls etwas, was einmal ein klassisches grönländisches Torfhaus werden soll. Der »Verein der Großmütter«, so lese ich, will das Torfhaus den Kindern Grönlands als Anschauungsmaterial schenken, damit sie lernen, dass die eigenen Großeltern schon in festen Häusern lebten und nicht nur in Zelten oder Iglus.

Von dort aus kann man lauter bunte Farbtupfer erkennen: Die Vororte von Nuuk kündigen sich mit Wohnstraßen und ansehnlichen Häusern an. Die Zeit des Plattenbaus scheint überwunden.

Einen Besuch dort hab ich mir für den Schluss aufgespart. Aleqas Mann Georg Nyegaard ist Kurator am Nationalmuseum unten am Hafen und einer der führenden Experten für die Zeit der Wikinger auf Grönland. Er zeigt mir einen ganz speziellen Hocker in den Vitrinen, wie ihn die Wikinger in Südgrönland benutzten. Das Nationalmuseum feiert tausend Jahre Landwirtschaft in der Arktis – schon um das Jahr 1000 gab es Kühe in Südgrönland, Schafe und die passenden Melkschemel aus dem Wirbel eines Wales.

Dann legt die *Sarfaq Ittuk* unten im Hafen an, und eine kleine Völkerwanderung beginnt. Das Linienschiff bedient von Mai bis September die Küste Grönlands. Der Name soll wohl Ängste lindern, denn er bedeutet übersetzt so etwas wie das »beruhigende Brummen des Schiffsmotors«.

Außerdem ist das Schiff aus doppelwandigem Stahl. Das Ziel der Reise ist nämlich der Kangia, der Eisfjord vor Ilulissat, aus dem der Eisberg stammt, der damals der *Titanic* zum Verhängnis wurde.

Der Aufbau des Schiffes ist eher gedrungen – man will den Stürmen nicht so viel Angriffsfläche bieten – mit orangefarbenen Aufbauten, um die Verwechslungsgefahr im Labyrinth der Eisberge klein zu halten. Die *Sarfaq* ist 73 Meter lang und geht gut durch die Wellen.

An Bord gibt es Gruppenschlafräume und Einzelkabinen und alles dazwischen.

Ich habe mich im Schlafsaal eingebucht. Der Steward hat jedoch ein Einsehen und steckt mich in eine Doppelkabine mit Johannes aus Sisimiut, einem älteren Herrn, der ein bisschen schwer atmet und so viel Dänisch spricht wie ich Grönländisch.

Doch bevor die Reise losgeht, genehmige ich mir einen letzten Snack im Seemannsheim.

Wer Sorgen hat, sich ununterbrochen von Seehundspeck und Walhaut ernähren zu müssen, kann hier und in fast allen anderen Speisestätten Grönlands solides dänisches Essen finden: Okseboef und Pommes oder Salzkartoffeln, Hotdog mit gerösteten Zwiebeln und Gurkenscheiben, Krabbenbrot, Wienerbröd, Blätterteigteilchen mit Marzipan, Spiegelei und Speck, Schweinebraten mit brauner Soße, Tiefkühlgemüse. Wer dänisches Essen unter arktischem Himmel mag, findet sich in Grönland mühelos zurecht.

Ein kleiner Eisberg in Größe eines mittleren Reihenhauses

ist jenseits des Hafens am Kobbefjord gestrandet. Hunderte von Containern türmen sich im Kolonialhafen von Nuuk.

Eine lange Schlange von Passagieren, überwiegend junge Leute mit Rucksack und Gitarre, wartet vor dem kleinen Häuschen auf der Pier, und ebenso viele sind gekommen, um den Fahrgästen Lebewohl zu sagen. Das Schiff ist der Bus der kleinen Leute, denen der Flug mit dem Helikopter zu teuer ist.

»Wir haben keine Straßen, deswegen brauchen wir wenigstens unser Schiff«, erklärt mir der Maat. Alle an Bord, mit denen ich in den nächsten vierzig Stunden zu tun habe, singen dasselbe Lied. Das Schiff ist das einzige zugelassene Küstenpassagierschiff unter grönländischer Flagge und fährt trotz seiner Monopolstellung leider meistens Verlust ein.

Die Arctic Umiaq Linie verlangt Preise, die für die Touristen günstig und für die Einheimischen gerade noch tragbar sind. Ohne massive Subventionen wäre das nicht denkbar. Ständig ist die Küstenlinie von der Einstellung bedroht. Das Schwesterschiff wurde bereits stillgelegt.

Wer gerne einmal die Küste abklappern will, sollte sich also beeilen. Vom Mai bis in den Januar ist die Linie unterwegs, und sie fährt etwa die Hälfte der langen Küste ab.

Die Linie ist sehr pünktlich, normalerweise. Aber jedes Land hat eigene Widrigkeiten.

Wenn in den Niederlanden jemand zu spät kommt, war sicher eine Klappbrücke hochgezogen. Hier sind es überraschende Begegnungen mit dem Treibeis, das von Kanada herüberkommt, oder Eisberge in der Discobucht.

Ein bisschen »umaqa« – das bedeutet »vielleicht« – gehört zum Reisen in Grönland dazu. Die Natur ist im Zweifel immer stärker.

Zu den Dingen, die man für eine Grönlandfahrt im Sommer zu Hause lassen kann, gehört die Stirnlampe für Nachtwanderungen. Tag und Nacht wechseln sich nahtlos ab, nicht ein Hauch von Dunkelheit zieht über den Himmel. Den Unterschied merkt man daran, dass nachts das Wetter besser ist. Alles entspannt sich. Die Möwen schreien nicht mehr ganz so laut, der Wind legt sich, die Wolken verziehen sich. Alles ruht. Niemand muss mehr einkaufen oder mit Tellern klappern – und wenn man dann nachts aus dem Bullauge in die Sonne blinzelt, dann schaut man in geschenkte Zeit.

Am nächsten Morgen frischt es auf. Die ersten Schaumkronen zeigen sich. Kurz hinter dem ersten Stopp beginnt ein Abschnitt, den man nicht verschlafen sollte. Das Schiff fährt einen schmalen Fjord entlang, der an dieser Stelle Hamburgersund heißt, und kreuzt dabei den Weg von Buckelwalen, die ebenfalls auf dem Nordtrip sind von ihrem Winterlager in Ecuador zu den Sommerferien in Westgrönland.

Plötzlich wird der Motor gedrosselt, die *Sarfaq* dreht in den Wind, über eine Winde wird ein Beiboot vom Oberdeck quer vor den Passagierausgang gehievt. Drei ältere Fahrgäste, zwei Männer und eine Frau, klettern ins Boot, das langsam die Bordwand ins Wasser gefiert wird.

»Nein«, brüllt mir der Bootsmann ins Ohr. »Ein Hubschrauber könnte hier nicht landen.«

Auf der einen Seite des Fjordes lagern zwei Boote in einer Lagerhalle aus Wellblech, eingezwängt zwischen den Felsen, in der Bucht gegenüber liegt das hellgelbe Gerippe eines Zwergwals, an dem blaues Ölzeug zum Trocken hängt. Die Größenverhältnisse in der Welt dieser Riesen kann man daran ablesen, dass selbst ein Zwergwal sieben Meter misst und Platz für viele Öljacken bietet.

Auch die Inuit sind sprachlos, wenn sie zum ersten Mal einen Wal sehen. So steht es jedenfalls in meiner Bettlektüre, einer Sammlung von Geschichten aus dem alten Grönland, zusammengetragen von Knud Rasmussen, dem legendären Polarforscher.

Irgendwie ist das ein tröstlicher Gedanke.

Von der eigentlichen Siedlung ist nichts zu sehen. Für das Manöver wurde kurz das Deck abgesperrt, die Matrosen und die aussteigenden Passagiere legen ohnmachtssichere Schwimmwesten an.

Nach zehn Minuten setzt die *Sarfaq* ihren Kurs fort.

Bald verlässt sie die schützende Deckung des Fjords. Auf Backbord ist jetzt nur noch das offene Meer.

»Next Stop Canada«, sagt der Steuermann Timotheus spöttisch.

Die *Sarfaq* stampft mit zehn Knoten voraus gen Norden, und die Blicke der Passagiere klammern sich an den Wellenkämmen fest.

Am Abend legt sich der Sturm. Morgen ist Pfingsten, und beim Zwischenstopp in der Siedlung Sisimiut drängt es mich zu einem Bier an Land im Sonnenlicht.

Wir haben drei Stunden Aufenthalt, ein Teil der Passagiere strömt ins Seemannsheim, das aber aus langer Erfahrung und christlicher Einsicht keinen Alkohol serviert.

Alkohol ist überall im Norden ein Reizthema, zwischen magnetischer Anziehung und Verteufelung gibt es hier selten einen vernünftigen Mittelweg. Bei den Inuit muss dazu noch eine besondere genetische Disposition zur Erklärung beitragen, warum Alkohol der Kontrolle bedürfe. Sie vertragen angeblich wenig.

Im Brugsen-Laden auf der Dorfstraße braucht die junge Verkäuferin eine Weile, bis sie versteht, dass ich allen Ernstes nach achtzehn Uhr noch eine Flasche dänisches Pilsner kaufen will. Wer sich am Wochenende einen einschenken möchte, muss vorplanen. Eine normale Flasche Gin kostet im Geschäft 379 Kronen, etwa 50 Euro.

Viele Inuit lassen sich Spirituosen aus dem Ausland mitbringen, etwa von den 17 000 Grönländern in Dänemark. Aber die Einfuhr von Alkohol ist seit einiger Zeit untersagt, was sich noch nicht überall herumgesprochen hat. Auf dem Flug von Island wurden in Reykjavík seelenruhig zollfreie Spirituosen verkauft, bei der Ankunft in Nuuk gab es niemanden vom Zoll, der sich zu einer Kontrolle des Gepäcks aufgerafft hätte.

Und ganz trocken ist Grönland dann doch nicht: Die Bar an Bord hat bis abends um zehn geöffnet.

Einfahrt in den Fjord

Am Mittag des zweiten Tages werden die Geräusche an der Bordwand immer lauter. Auch die Einheimischen sind aufs Sonnendeck geströmt und bestaunen die Eisberge, die sich vor dem Schiff auftürmen.

Jetzt ist die Arbeit auf der Brücke keine reine Routine mehr. Timotheus Larssen hat mir auf mein Klopfen die Tür zur Kommandobrücke geöffnet und mich hineingelassen. Der Steuermann ist ein breitschultriger, kräftiger Mann von vierzig Jahren mit glattem schwarzem Haar.

»Nenn mich Tim«, sagt er und erzählt, dass er seit seinem sechzehnten Lebensjahr zur See fahre und aus einer Fängersiedlung in Nordgrönland stamme.

Er schaut unentwegt nach allen Seiten, wo Eisberge dicht an dicht liegen, und sucht in diesem Labyrinth Wege für sein Schiff. Aussteigen ist zwecklos, das Wasser hat hier eine Tiefe von 319 Metern.

Eisbrecher gibt es hier nicht, jedes Schiff muss sich selbst eine Gasse bahnen. Auch das GPS liefert keine vernünftigen Daten. Tim verlässt sich mehr auf seine Augen als aufs Echolot, denn die Hindernisse sind beweglich.

Alles ist ständig im Fluss. Von der Brücke aus sieht man Formationen so weit das Auge reicht, vom liegenden Raubtier bis zur Kathedrale – und das durchaus in Originalgröße. Der Eisberg an Steuerbord hat Ähnlichkeit mit dem Opernhaus von Sydney und ist bestimmt dreihundert Meter lang und einhundert Meter hoch.

Für Architekten müsste eine Fahrt durch den Eisfjord erfreulich und deprimierend zugleich sein. Erfreulich, weil sie Anregungen für neue Entwürfe bekommen – und deprimierend, weil die Natur allemal der bessere Baumeister ist. Alles war schon einmal da und entsteht ständig neu.

An Bord der *Sarfaq* ist auch Emma, eine gertenschlanke junge finnische Internistin mit einem Strickhut im Blumentopfformat, langen braunen Haaren, fast rechteckig ums Gesicht geschnitten, und jenem rollenden »R« der Uguren.

»Meine Freunde haben mich für verrückt erklärt, dass ich allein nach Grönland fahre. In Helsinki waren es dreißig Grad. Aber ich wollte das hier sehen, bevor alles weggeschmolzen ist.«

Mit dem Argument der Vergänglichkeit lässt sich zuverlässig die Nachfrage steigern, und so hat das Städtchen mittlerweile schon vier Hotels, alle mit Blick auf den Eisfjord. Ein Weltnaturerbe, vor nicht allzu langer Zeit von der UNESCO mit diesem begehrten Titel geehrt, aber weil das ewige Eis nicht mehr ewig ist, ein Titel mit Verfallsdatum.

Die Eisberge sind immer noch zum Staunen, aber doch merklich geschrumpft. Bei meinen ersten Besuch vor zehn Jahren ragten sie bis zum Horizont und schienen außerhalb jeder Proportion.

Kinderstube der Eisberge

Das kleine Städtchen Ilulissat liegt 250 Kilometer nördlich des Polarkreises, hat fünftausend Einwohner und ebenso viele Schlittenhunde, einhundert angemeldete Autos, aber keine Ampel.

Seitdem der Fjord vor der Haustür nicht mehr richtig zufriert, gedeihen die ersten Pflanzen in den Gärten mit Blick auf den Eisfjord – ihnen wäre keine lange Blüte geschenkt, wenn es nicht eine Handvoll Pioniere gäbe, die sie tapfer verteidigen: gegen streunende Hunde, Minusgrade und die allgemeine Skepsis.

Der Ort, auf Dänisch heißt er Jakobshavn, tauchte einmal kurz in der Weltpresse auf, weil der damalige dänische Ministerpräsident Anders Fogh Rasmussen die deutsche Bundeskanzlerin Angela Merkel empfing, um sich vor schmelzenden Eisbergen als ernsthafter Klimaschützer zu präsentieren.

Klimaschutz war lange ein Thema der Außenseiter, der ewigen Warner. So berichtete die *Süddeutsche Zeitung* im März 2007 von einem eigenartigen Kampf um die Wahrheit. »Was nicht passt, wird passend gemacht: wie die Regierung von Präsident Bush Wissenschaftler behindert, um unerwünschte Ergebnisse zu unterdrücken.«

Als in Alaska die Auswirkungen des Klimawandels bereits Realität waren, die Küste der Insel Shishmaref erodierte und die ersten Häuser umstürzten, passte das der damaligen US-Regierung nicht ins Weltbild. Mitarbeiter der amerikanischen Naturschutzbehörde dürfen deshalb im Ausland nicht über den Klimawandel reden.

Merkel reiste 2007 nach Grönland, daran konnte man merken, dass der Klimawandel in der Mitte der Gesellschaft angekommen war.

Doch schon Jahre zuvor gab es erste Alarmzeichen, erste Meldungen, die um die Welt gingen. Eine Meldung fand sich, keine große Notiz, die eher ein Kuriosum war. Sie stand in der dänischen *Berlingske Tidende*, einer seriösen Zeitung aus Kopenhagen, die eigentlich keine Scherze macht.

Darin hieß es, den Inuit fehlten Worte für die Folgen des Klimawandels. Sie würden beispielsweise keinen Begriff für Wespen oder Gewitter kennen, die mit dem Temperaturanstieg in die Arktis eingezogen seien.

Dass die Grönländer angeblich einen Namen für Wespen suchten sollten, ging mir nicht mehr aus dem Kopf.

Bisher hatten sie den Ausdruck nicht gebraucht. Wer fünfzig Worte für Schnee im Kopf behalten muss, für den ist das vielleicht Ballast.

Grönland ist von Haus aus keine Heimat für Wespen. Eisberge treiben vor den Küsten, und im Winter fallen die Temperaturen monatelang auf minus dreißig Grad. In so einem Klima überleben nur Eisbären und Robben – und Menschen, die ihnen so erfolgreich nachstellen, dass sie sich in Eisbärhosen und Robbenjacken hüllen können.

Doch vielleicht könnten es Wespen eines Tages dort aushalten – und wie müsste man sich dann die Insel mit dem Eispanzer vorstellen? Wie eine Mischung aus Europa und Amerika mit Wäldern, Seen, Savannen und Mooren?

Tannenbäume in der Arktis

Damals zog es uns für den ARD-Weltspiegel auf eine lange Reise entlang der grönländischen Küste auf der Suche nach sichtbaren Ergebnissen des Klimawandels. Wespen fanden wir am Ende nicht.

Wir stellten uns in die Bucht von Ilulissat und versuchten, möglichst unbefangen auf die Eisberge zu schauen, die da dicht an dicht vorbeitrieben.

Schiffe kommen nur mit Mühe hindurch. Eis so weit man blickt. Zunächst scheint alles wie immer. Einige Eisberge lösen sich, treiben bis in den Hafen von Ilulissat, zwischen die Fischerboote, wo sie dann irgendwann zusammenschmelzen.

Aber es ist nicht mehr so wie immer. Sofie Andersen hat sich direkt neben den Eisbergen einen kleinen Garten angelegt, und wie alle Gärtner verfügt sie über ein Langzeitgedächtnis.

»Ja, früher hatten wir im Winter eine feste dicke Eisdecke in der ganzen Disco-Bucht, aber seit den letzten sieben, acht Jahren friert das Wasser nicht mehr richtig zu.«

Sofie Andersson steht mit der Gießkanne in der Hand am Gartenzaun. Auf Regen warten will sie nicht, die Sonne brennt derzeit fast dreiundzwanzig Stunden am Tag.

Sie ist eine geborene Grönländerin, was bedeutet, dass sich einige friesische und dänische Einflüsse mit den asiatischen Ursprüngen mischen.

Hundert Jahre lang tauchten im 17. Jahrhundert alljährlich hunderte von Walfangschiffen vor Grönlands Küste auf. Die Seeleute mischten sich mit der Küstenbevölkerung. Offenbar waren nicht alle Seeleute treulose Gesellen. Einige setzten sich von ihren Schiffen ab, blieben an Land und lehrten ihre Kinder sprechen. Es geht die Mär, dass die Einheimischen gut Holländisch und Deutsch konnten, als der sogenannte Grönlandapostel, der Däne Hans Egede, am 3. Juli 1721 in der Nähe der heutigen Hauptstadt Nuuk an Land ging. Grönland kann man sich als einen großen Meltingpot vorstellen.

Sofie Andersen spricht Dänisch, Englisch und Grönländisch. Früher flog sie als Stewardess für Air Greenland, jetzt ist sie pensioniert und kümmert sich um die Quanen in ihrem Garten.

Mittags kann es bis zu fünfundzwanzig Grad warm werden, wenn es auf den Abend zugeht, wird es rasch kühler, vor allem vom Wind, der von den Eisbergen kommt. Wenn man Sofie Andersen auf das Thema Quanen anspricht, kommt sie richtig in Fahrt. Freundlich über ihre Halbbrille lächelnd gerät sie ins Schwärmen.

Ich lerne, dass – fast unbemerkt von der restlichen Welt – die grönländischen Quanen wahre Vitaminwunder sind. Ohne die Quanen wären die Inuit wohl ausgestorben.

Quanen haben grüne Blätter und grüne Stängel. Man kann

sie statt Zitrone ins Trinkwasser legen oder die Blätter trocknen und als Kräutergewürz verwenden, zum Fisch oder zum Braten. Wenn man die Quanen lange genug im Alkohol ziehen lässt, entsteht ein trinkbarer Schnaps, den Sofie gerne ihren Gästen vorsetzt.

Leider ist noch Mittag, und mittags trinkt man nicht im Hause Andersen.

Quanen kann man aber auch roh essen. Sofie Andersen rupft einen Stängel dieser rhabarberähnlichen Pflanze ab und bietet ihn mir zum Kosten an. Auch wenn sich ihre Begeisterung nicht unmittelbar auf mich überträgt, so freue ich mich doch über den Vitaminschub und schmecke deutlich den Überlebenswillen der wahren Polarpflanze.

Im Zweifel würde ich immer lieber Gärtnern in der Fremde begegnen als Jägern; wenn es also zum Schwur kommt: lieber drei Bund Quanen als ein Stückchen tiefgefrorene Haut vom Narwal.

Sofies Mann heißt Mogens, hat einmal in der königlich-dänischen Leibgarde gedient und malt Ölbilder. Sein Atelier füllt die eine Hälfte des oberen Geschosses. Von hier aus hat man einen großartigen Blick auf die Zionskirche von Ilulissat, auf das arktische Meer und auf eine Bucht voll von offenen Motorbooten, einige mit ausgebesserten Rümpfen nach der Kollision mit Eisblöcken und alle mit starken Außenbordern von 90 PS und mehr am Heck. Einige Boote wurden auf den Strand gezogen, dazwischen zerren die Schlittenhunde an ihren Ketten. Sie sind zeitweilig außer Dienst, denn ohne Schnee gibt es auch keine Schlittentouren.

Am Ende unserer kleinen Gartenschau landen wir vor einer für diese Breitengrade ungewöhnlichen Hecke – Tannenbäumchen stehen dicht an dicht. Noch sind sie klein, etwa zwanzig Zentimeter hoch. Zehn Jahre haben sie dafür gebraucht. Sofie und Mogens haben sich die Samen von Freunden aus Dänemark mitbringen lassen und getestet, ob diese besonders robusten Arten aus Sibirien, Alaska und Nordnorwegen hier gedeihen. Die Erde haben sie sich aus dem Gebirge geholt. Die Fichten lassen sich viel Zeit, die anderen Arten wachsen schneller.

Einer aus dieser Reihe von Nadelbäumchen wird einmal der erste Weihnachtsbaum in der hohen Arktis sein. Keine Importware aus dem 5000 Kilometer entfernten Mutterland Dänemark, sondern hier gewachsen. Klein aber eigen – wenn die Hunde ihn vorher nicht abnagen.

Ich werde nie vergessen, wie wir einmal vierzig Stunden immer weiter in den Norden flogen, die vordere Bankreihe der zweimotorigen Propellermaschine ausgebaut für Postsäcke, eine dänische Weihnachtstanne und ein Bündel Tannenzweige für die Kinder von Qaanaaq, der nordlichsten Siedlung Grönlands.

Jedes Kind bekam vom Lehrer sein Stückchen Tannenzweig geschenkt, dann sangen sie alle im Stockdunkeln bei dreißig Grad unter null vor der Kirche schrecklich schief ein Weihnachtslied, und die Schlittenhunde jaulten im Chor. Das Kind in der Krippe war, wie sollte es anders sein, ein Inuit – mit Socken an den Füssen!

Meine kleinen Tränen der Rührung froren in Sekunden auf der Haut fest.

Auch diese Tannenbäumchen auf 71 Grad Nord sind etwas Besonderes, ein Symbol für den Überlebenswillen.

Sofie berichtet von einem unablässigen Besucherstrom in ihren Garten. Tannenbäume sind ein neuer Anblick, so ungewohnt wie Eisberge im Mittelmeer.

»Die Leute finden es spannend, was man hier alles machen kann«, sagt Sofie lachend. »Sie kennen uns ja und wissen, dass wir ein bisschen verrückt sind.«

Auch wenn die Bäume gewaltig zulegen sollten, Sofie und Mogens Andersen machen sich keine Sorgen. Zu ihren Lebzeiten werden sie weiterhin einen ungehinderten Meeresblick haben.

Wandern nach Rodebay

Es sind zwanzig Grad, und eine kleine eisblaue Brise weht vom Meer herüber.

Ein Pfingstsonntag mit so strahlend blauem Himmel, dass er danach ruft, die Badehose einzupacken. Das Frühstück wird auf der Terrasse oberhalb des Eisfjordes serviert. Es kracht und splittert, knirscht und ächzt da draußen zwischen den Eisschollen, Begleitmusik für eine Morgenmahlzeit im Pulli und ohne Handschuhe, mit einer Kanne dänischem Satzkaffee, um die eine Tülle aus Seehundfell geschlungen ist, die die Kanne warmhält.

Hellene im Tourismusbüro hat ein bisschen geseufzt und etwas von einem Freibad gemurmelt, das in Ilulissat noch fehle. 250 Kilometer südlich in Sisimiut gibt es ein beheiztes Becken. Drei Monate dauert dort die Saison; Schwimmfreunde heißen auf Dänisch »Wasserhunde«.

Das Tourismusbüro von Ilulissat dürfte auch tatsächlich das einzige in der Welt mit Hundefutter im Sortiment sein. Gutes kanadisches Trockenfutter lagert in Zwanzig-Kilo-Säcken für vier Euro das Kilo vor dem Tresen. Es ist der Winterproviant, jetzt haben die Hunde Pause.

Knud Rasmussen, Sohn der Stadt und eine Legende als Polarforscher und Freund der Inuit, hatte einmal gesagt: »Gebt mir den Winter, gebt mir Hunde – und behaltet den Rest.«

Aber auch Rasmussen müsste jetzt selbst laufen.

Das Leben an diesem Sonntag auf dem 71. Breitengrad – ab dem 70. Breitengrad spricht man von Hoher Arktis – spielt sich im Freien ab mit Kaffeekränzchen auf der Veranda und Menschen im Sonntagsstaat. Die Snowscooter liegen auf den Schuppendächern der Häuser, deren Farbpalette von Ochsenblutrot, Dunkelbau, Türkis, Quietschgrün bis hin zu Lindenfarben reicht.

Die Häuser erinnern mich in ihrer Buntheit an die dänische Ostseeinsel Bornholm. Die ersten dieser »Schuhschachteln« kamen nach dem Zweiten Weltkrieg als Geschenk aus Skandinavien. Auch die zwangsumgesiedelten Inuit aus Thule bekamen solche Hütten und bezogen sie mehr oder weniger freiwillig.

Heute schreiben die Bauvorschriften »grönländische« Farben vor, was genau genommen schöner Unsinn ist. Grönländer hatten bis dahin kaum Hölzer – bis auf angeschwemmtes Treibholz aus Sibirien – und wenige Farben. Niemand wäre auf die Idee gekommen, die Torfhäuser anzustreichen.

Die Sonne scheint ohne Unterlass, und es sieht so aus, als wollte sie noch zwei Wochen pausenlos oben am Himmel hängen. Ich mache mich auf den Weg nach Rodebay, eine vorgelagerte Siedlung in der Discobucht, etwa 25 Kilometer zu Fuß.

Der Wanderweg ist orange markiert und beginnt kurz hinter dem Friedhof. Eigentlich wollte ich mit dem Schiff fahren, aber die Kutterfahrt wurde mangels Nachfrage abgesagt. Eine Mischung aus jenem »umaqa«, diesem achselzuckend vorgetragenen »vielleicht«, und den Gesetzen von Angebot und Nachfrage.

Hinter dem Friedhof folge ich dem Wanderweg in die nasse Tundra. Dieser Friedhof hat mich schon bei meinen winterlichen Besuchen sehr gerührt. Jetzt ist der Schnee weggetaut, das Tor steht auf.

Auf dem Friedhof sind Merkel und ihr Gastgeber wohl nicht gewesen, obwohl auch er einiges über die Arktis verrät. In den Orten Nordgrönlands sind die Särge in Beton eingegossen, da es zum Vergraben nicht genug Erde gibt. Und man stirbt jung in der Arktis; allein in einer Reihe lese ich die Namen von sechs Menschen, die nicht einmal sechzig wurden.

Wer will, kann an den Gräbern die Sozialgeschichte Grönlands ablesen. Einige der fünfhundert Grabkreuze zeugen von vorzeitigem Tod, vor allem vom Tod junger Männer zwischen achtzehn und vierundzwanzig. Das ist die Gruppe, die Grönland in Sachen Selbstmorde traurige Rekorde beschert.

Ganz vorne, direkt hinter dem Tor, kann man an den Geburtsdaten ablesen, dass auch ein Leben von ein paar Stunden hier sein eigenes Grab findet. Ich entdecke fünf oder sechs Kindergräber von Neugeborenen, mit knöchelhohen Holzgittern und einem schlichten weißen Kreuz, auf den Plastikblumen ein Plüschtier.

Ach, und überhaupt die Plastikblumen: In allen Formen und Farben leuchten sie in der Sonne, die Gräber sind über und über damit bedeckt, mit der haltbaren Ware, die nicht gegossen zu werden braucht. Wenn es einen Markt für Plastikblumen außerhalb von lichtlosen Büro-Innenräumen gibt, dann ist es wohl Grönland.

Hinter dem Friedhof beginnt die Tundra. Im Dorf hieß es, sie sei jetzt ziemlich nass. Da ich ja nicht in Sandalen unterwegs bin, schenke ich diesem Hinweise keine große Beachtung. An meinem Rucksack hängt serienmäßig eine Trillerpfeife, ich habe Wechselwäsche, Kaffee, Schokolade und ein grönländisches Handy mit dabei. Kurz hinter dem Friedhof endet jedoch die zivilisierte Welt und wenig später auch der Netzempfang.

Außer mir sind noch ein paar Spaziergänger unterwegs, doch sie kehren bald wieder um. Vielleicht waren sie verschreckt, als sie die Rückseite der Wanderkarte »Nordgrönland« studierten. Denn dort ist zu lesen, dass beim Zelten an der Küste Abstand von angetriebenen Eisbergen zu halten sei. Die Eisberge könnten kentern oder bersten und eine hohe Flutwelle auslösen. Ratsam sei es, das Zelt mindestens fünfzehn Meter über dem Meeresspiegel aufzuschlagen, um der Flutwelle zu entgehen.

Die großen Eisberge haben es mit dem Spaltprozess nicht eilig, ein besonders gelungenes Exemplar draußen in der Bucht erinnert mich in seinen Formen an die Hamburger Elbphilharmonie, aber vielleicht ist das auch eine Fata Morgana.

Ein grüner Schimmer liegt über den Gräsern und Moosen. Wenn man lange genug Pause macht, kann man die Pflanzen beim Wachsen beobachten, so schnell drängen sie jetzt ans Licht nach Monaten unter Eis und Schnee.

Beim federnden Gang über die Tundra bemühe ich mich, mit meinen schweren ledernen Wanderschuhen in Größe 45 die kleinen Kostbarkeiten nicht kaputtzutreten: Es grünen zaghaft Alpenrosen (rosa, fünf Blätter, ein Zentimeter Durchmesser), Silberwurz (gelb) und Krähenbeeren. Seit einiger Zeit gibt es in Ilulissat auch eine kleine Privatbrauerei, die im

Bemühen, einheimische Produkte angemessen zu berücksichtigen, gerne die kleinen schwarzen Krähenbeeren beimischt.

Der einzige kritische Punkt auf diesen sieben Stunden Marsch ist der Canyon, der Uujuup Kuua, der jetzt im Juni mächtig viel Schmelzwasser führt. Zum Glück habe ich einen wasserdichten Rucksack, der notfalls auch als Schwimmweste herhalten kann, wenn ich aus Versehen in einen Fluss fallen sollte. Ein zweiter tröstlicher Gedanke ist, dass ich fast unbegrenzt Zeit habe, weil es ja nicht dunkel wird.

Die Strecke soll insgesamt achtzehn Kilometer betragen, am Ende sind es eher fünfundzwanzig. Rauf und runter. Das Schmelzwasser läuft den Wanderweg herab, die Füße gehen schwer.

Als ich den Canyon erreiche, weiß ich, was sie im Dorf mit »nass« meinten. Über den Fluss, der in einer Schlucht vorbeidonnert, haben gute Menschen eine zehn Meter lange Holzbrücke gelegt. Sie reicht aber nicht ganz bis ans andere Ufer und steht zu allem Überfluss eine Handbreit unter Wasser.

Die Wanderkarte rät, früh aufzubrechen, dann sei die Schneeschmelze noch nicht im vollen Gang. Etwas irritiert mache ich Rast am rauschenden Fluss und massiere mir meine Sprunggelenke. Was tun an einem Sommertag, wenn die Sonne vierundzwanzig Stunden lang scheint? Wann soll man da aufstehen, um früh dran zu sein?

Zum Glück ist die Brücke nicht glitschig. Nach einem langen Hasensprung auf der anderen Seite gelandet, gelobe ich, künftig nur noch mit Wanderstöcken unterwegs zu sein.

Der Blick flussabwärts fällt auf Gesteinsbrocken und kräftige Wirbel. Mir ist mulmig zumute. Was ist, wenn ich mir den Knöchel breche? Wer würde mich hier hören?

Gott sei Dank habe ich im Hotel hinterlassen, wohin ich unterwegs bin, und auch am Ankunftsort in Rodebay werde ich am Abend erwartet.

Ziemlich zerknirscht fällt mir die alte Definition von »Erfahrung« ein: Wenn es von einem heißt, er sei erfahren, heißt das nichts anderes, als dass er alle möglichen Fehler schon einmal selbst gemacht hat.

Nach dem Canyon wird die Landschaft lieblicher, ich raste am Meer, Eisberge hin oder her, an einer Stelle, wo sich zwei Buchten treffen. Einzelne Ferienhäuschen säumen das Ufer, ein Schlauchboot liegt am Strand – von Ferne zieht ein schwacher Grillgeruch über den Fjord. Ein Ehepaar mit Kindern steht am Ufer und zieht Fische aus dem Wasser. Wir winken uns freundlich zu.

Die Beine werden immer müder, eine Bucht löst die andere ab. Im sechsten Fjord hinter Ilulissat liegt ein Eisberg, der entfernte Ähnlichkeit mit einem Hotelschiff hat. Wunschdenken.

Wer hier trekkt, sollte nicht zu leicht in Panik geraten. Bei der Passage einer Steilwand kommen zwei große Kolkraben auf mich zugeflattert. Sie gehören zu den wenigen Vögel, die hier überwintern, und legen dazu Nahrungsdepots in den Felsspalten an.

Was auch immer sie bewogen hat, mich unter meinem lauten Abwehrgeschrei anzufliegen, ich ziehe meine Kapuze über die Ohren, drücke die Sonnenbrille fest ins Gesicht, um die Augen zu schützen, schnappe mir einen handfesten Stein und ergreife die Flucht.

Die Raben überwachen meinen Rückzug. Eine Stunde später, die schwarzen Vögel sind längst Geschichte und ihr Krächzen ist verhallt, halte ich den Stein noch immer fest umklammert. So ähnlich müssen die Anfänge der Bewaffnung gewesen sein.

Dann endlich erscheinen die ersten Dächer von Rodebay. Das Dorf liegt auf einer schmalen Landzunge, ein Außenposten am Rande der bewohnten Welt.

Rodebay hat 42 Häuser und 50 Einwohner und ist Grönland im Kleinformat. Es gibt eine Kirche, eine Schule mit sieben Kindern und zwei Lehrern, einen Kaufmannsladen, eine Fischfabrik, einen Stromgenerator, zwei Winden, um Wale an Land zu ziehen, und eine Herberge, in der ein unverwüstliches Ehepaar aus Thüringen Rouladen aus Walfleisch und Goulasch aus Rentier zaubert.

Zwei Deutsche am Rande der Welt?

Mein Heimweh hält sich in Grenzen. Ich gestehe, dass ich beim Reisen um größere Gruppen von Landsleuten immer einen Bogen mache – und bin mir durchaus im Klaren darüber, dass dieser leichte Unwille, Deutsche im Ausland zu treffen, etwas sehr Deutsches ist. Doch das Ehepaar Wolf und ihre Bucht sind allemal einen Abstecher wert.

Ingo Wolff – gebräunt, drahtig, Mitte fünfzig, leicht angegraut – hat schon auf mich gewartet. Ich bin zwei Stunden über der Zeit, aber er lässt sich keine Ungeduld anmerken.

Die Wolfs haben 1997 eine alte Handelsstation gekauft – bestehend aus einer ehemaligen Trockenhalle für Speck und Fisch, einem Lager für Waltran und einer Werkstatt für Fässer –, die sie eigenhändig umbauten.

Bürgermeister wollte Ingo Wolf hier nie werden, das sei allein Sache der Inuit. Aber er und seine Frau Uta hätten sicher nichts dagegen, wenn sie zu den guten Geistern des Ortes gezählt würden.

Wer hier lebt, muss sich sehr bewusst dafür entscheiden. Es gibt keine Straßen, dafür aber Zeiten der völligen Abgeschiedenheit, wenn etwa im Mai das Eis zu dünn ist, um es mit dem Hundeschlitten zu befahren, und zu dick, um mit dem Boot durchzukommen.

Ingo und Uta hatten einmal eine Wassermühle in Thüringen. Als die Kinder aus dem Gröbsten rauswaren, zogen sie nach Rodebay, erst versuchsweise, dann ganz. Nun leben sie in einem Ort, wo man seine Stiefel nach dem Wandern besser hochstellt – und die Socken dazu –, weil sonst die Schlittenhunde sie komplett verspeisen.

Die Gaststube trägt weithin sichtbar die Markierung H8 auf dem Dach, die noch aus dem Zweiten Weltkrieg stammt, um den Flugzeugen der Amerikaner – man flog damals noch auf Sicht – eine Orientierung zu bieten.

Grönland gehörte zwar zu Dänemark, als besetztes Land kappte Dänemark aber die Versorgung. Die Amerikaner nutzten die Lage und sprangen ein. Im Gegenzug sicherten sie sich drei große Flughäfen als Zwischenstopp für ihre Flugzeuge auf dem Weg zu den Schlachtfeldern in Europa.

Der Name Rodebay stammt von den Holländern – »rote Bucht« – und ist eine Erinnerung an die Zeiten, als die Walfänger hier ihre Beute ausnahmen.

Am 1. Mai 2010 war es wieder so weit: Als die Grönländer nach einer Schonzeit von 75 Jahren wieder eine Quote von drei Grönlandwalen erlegen durften, zogen sie eines der Tiere in die Rodebay. Einen ganzen Tag und eine ganze Nacht brauchten sie, um den gigantischen Meeressäuger an Land zu bringen. Sechzig Tonnen waren nur zentimeterweise zu bewegen.

Selbst wenn man wie ich der Meinung ist, man könnte diese

Tiere auch gern einfach in Ruhe lassen, ist der Anblick eines Wales, der an seiner Schwanzflosse, der Fluke, langsam an Land gezogen wird, überwältigend.

Zwei Walwinden werden von Hand gekurbelt, die Flut hilft mit, und zwei Kutter sind über weitere Drahtseile auf Umlenkrollen am Manöver beteiligt.

Nach vierundzwanzig Stunden war der Wal auf dem Trockenen.

Die Bilder aus dem Fotoalbum der Familie Wolf zeigen, wie portionierte Fleischstücke für den Verkauf vorbereitet wurden, die wie Rind aussehen und offenbar auch in etwa so schmecken.

Auf den Bildern sieht man deutlich eine Art Luke im Wal. Oben, dort wo bei U-Booten der Einstieg liegt, ist bei dem Wal ein sauber ausgeschnittenes Rechteck.

»Die Fänger«, sagt Ingo lachend, »hatten schon mal Mattak genascht, jene vitaminreiche Walhaut, die heute rund 30 Euro das Kilo kostet.«

Das Skelett und der tonnenschwere Schädel wurden nach dem Schlachtfest nach Dänemark ins Zoologische Museum geschafft – und auf den Klippen der Walbucht sorgte der Regen dafür, dass nichts mehr an die Tage im Mai erinnert.

In einer langen durchwachten Nacht blättere ich bei taghellem Licht noch einmal in den Erinnerungsfotos der Familie Wolf und verstehe jetzt, womit Uta sich gestern den halben Tag beschäftigt hatte. Auf diesen Bildern ist zu sehen, wie sie Stinte auf einem Felsen um die Ecke in Reih und Glied legt, die sie mit einem Eimer aus der Bucht gefischt hat.

Die Stinte kommen immer in dieselbe Bucht zum Laichen. Getrocknet sind sie ein besonders guter Proviant für die Schlittenhunde, nahrhaft und leicht im Gewicht. Die ausgelegten Stinte trocknen auf einer kleinen Schäre, wo kein Polarfuchs und kein Hund an sie herankommt. Die Möwen lassen sie jetzt um die Zeit in Ruhe, sie finden mehr als genug anderes Futter.

Den Wolffs kann man stundenlang zuhören.

Wenn Uta ins Schwärmen gerät, dann geht es um die wirklich spannenden Dinge, wie etwa um reinen Sauerstoff, der viele tausend Jahre alt in den angeschwemmte Eisstückchen eingeschlossen ist und mit der Schmelze die Luft erfüllt. Oder von den drei Pilzsorten, vor allem den Birkenpilzen, die in der Nähe wachsen und gut zum Walgulasch passen.

Oder von den Kartoffeln aus Südgrönland. Die Tüte hat sie gleich aufgehoben, weil sie schön aussieht und ein bisschen aus Nationalstolz, denn wie die Wolfs es leben, kann man auch zwei Heimatländer haben.

Es ist schön in Rodebay, besonders der Blick auf die zwei Buchten, die Bohlen in der ehemaligen Fasswerkstatt, der sanfte Geruch von Salz und Meer und Ozon und von ein bisschen Schlittenhund. Die Häuschen in der Sonne, die Geselligkeit der alten Lagerräume mit den weißgetünchten Balken, der leise Lärm nachts um drei, wenn zwei Fischer vor meinem Fenster unten am Steg an einem Balken ein Stück absägen und die Kinder nach Mitternacht noch Fußball spielen.

Und wo sonst in der Welt bekäme man als Gast Ratschläge zum richtigen Umgang mit Eisbergen? In einer Mappe finde ich säuberlich getippt die Aufforderung, man solle sich um sein Trinkwasser selbst kümmern und die Vorräte entweder am Vorratstank mitten im Dorf auffüllen oder sich am Strand umschauen. Viel besser schmeckt natürlich jahrtausendealtes Eiswasser.

»Wenn ihr Lust habt, dann holt euch am Ufer angeschwemmte Eisstücke, lasst sie ein bis zwei Stunden liegen, damit das Salzwasser abtaut, und dann könnt ihr es in den Hütten in die Eiswasserbehälter geben«, lese ich.

Rodebay ist eine Musterkommune des öffentlichen Dienstes. Fast alle sind in der Gemeinde angestellt. Das funktioniert im Allgemeinen gut. Allerdings weht auch ein Hauch von Planwirtschaft über die kleine Siedlung zwischen den zwei Buchten. Jährlich gibt es einen neuen Scooter und ein neues Vierrad, die prompt beide im Laufe des Jahres das Zeitliche segnen.

Oder die Sache mit den Bananen: Die zentrale Einkaufsgenossenschaft von Westgrönland hat dem Kaufmannsladen sechs große Kartons mit Bananen zugedacht, ohne allzu viel darüber nachzudenken, wie fünfzig Leute hundert Kilo Bananen essen sollen.

Es gibt ein Gemeinschaftshaus mit Duschen und Waschmaschine, alles »picobello«, wie meine selige Mutter gesagt hätte. Im Vorzimmer sitzt ein junges Mädchen und führt Buch über das Duschen: Name, Zeit und Obolus. Für die Dörfler kostet es fünf Kronen, für uns fünfzehn. Abends sitzt dort ein anderer junger Mensch.

Mittwochs und donnerstags von 18.00 bis 21.00 Uhr ist Sprechstunde für die, die »mühsam und beladen« sind. Inuit neigen sonst eigentlich nicht zum Klartext, aber diese Sprechstunde ist für Menschen gedacht, die mit Selbstmord in Berührung gekommen sind. So steht es schwarz auf weiß auf dem Zettel an der Tür.

Offenbar ist dies eine sehr nützliche und erfolgreiche Präventionsmaßnahme und ein kleiner Triumph für den umfassenden Sozialstaat. Auf dem Friedhof von Rodebay ist nicht abzulesen, dass es die Einwohner früh in den Tod zöge – die

Familien Reimer, Rossbach, Fleischer und Orvik sind steinalt geworden hier in der Walfängersiedlung am Rande der Welt.

Nach ein paar Tagen nimmt mich Ole Dorf mit zurück in die Zivilisation. Die Wolfs, die ein wunderbares Dänisch mit thüringischem Akzent sprechen, haben das vermittelt, wie sie überhaupt im Dorf alle und alles kennen.

Ole Dorf hatte zugesagt, er würde mich irgendwann abholen mit seinem offenen Boot, »umaqa«, irgendwann gegen sechs, hatte er lachend gesagt – und kam dann doch pünktlich auf die Minute. Den ganzen Tag hatte er in seinem Haus gehämmert, einem zweistöckigen Holzhaus oberhalb des Landhandels mit freiem Blick auf die Bucht.

Ole Dorf ist ein asketischer Mann mit kleiner Brille, ein Intellektueller, der im Stehen das Boot mit dreißig Knoten an den Eisbergen vorbeisteuert, in einem stummen Tanz mit den Wellen. Mein Hinweg zu Fuß dauerte sieben Stunden, der Rückweg kaum ein halbe Stunde.

Ole Dorf kommt aus Rodebay, war Polizeichef in Ilulissat, hat die Fährengesellschaft geleitet und ein Gastspiel als Minister in der Regierung hinter sich. Aber er kehrt immer wieder zurück nach Rodebay.

Gemischte Gefühle

Einem Hünen wie Frank Nilsen läuft man immer wieder über den Weg. Er kommt vom Eisfjord nichts los. Als ich ihn vor ein paar Jahren vor der Jugendherberge in Ilulissat traf, wurde mir schnell klar, dass kaum jemand die Eisschmelze in Grönland so genau verfolgt wie er, der pensionierte grauhaarige Mathematikprofessor aus Dänemark, der jedes Jahr hierherkommt und Maß nimmt. Die letzten zehn Jahre haben seinen Blick geschärft für alle Anzeichen der Erderwärmung.

»Bis zur Eiskante fliegt man jetzt fünfzig Kilometer, vor einigen Jahrzehnten war das nur die halbe Strecke«, sagt er resigniert.

Frank hat einen Freund auf der anderen Seite des Fjords, einen Inuit, der sowohl Gewinner als auch Verlierer des Klimawandels ist. Den müsse ich kennenlernen.

Wir steigen auf einen der alten Fischkutter im Hafen und legen ab zur Fahrt hinein ins Labyrinth. Der hellblau gestrichene Kutter könnte auch in Esbjerg an der dänischen Westküste liegen, und tatsächlich ist das auch sein alter Heimathafen.

Als die EU die dänischen Fischer zu einer Verkleinerung ihrer Flotte zwang, wanderten ein Dutzend dieser alten Holzboote in den Norden. Versehen mit einer dicken Stahlhaut tuckern sie im Slalom zwischen den Eisbergen hindurch.

Die Fahrten haben Frank Respekt gelehrt. Nie würde er hier aussteigen, um sich etwa einen besonders bizarr geformten Eisberg näher anzuschauen, so wie das einige Jugendliche aus dem Dorf an Mittsommer wohl tun.

»Ein Irrgarten«, sagt Frank. »Man kann sich da hinten verirren zwischen den Eisbergen. Die Strömung nimmt zu. Gerade die kleinen Eisberge sind sehr beweglich. Ich bin einmal mittendrin gelandet, das war ein Alptraum, nie wieder …

Die Kapitäne haben ihre Abstandsregeln, aber sie halten sich nicht immer daran«, fügt Frank hinzu und wirft einen kritischen Blick aufs Steuerhaus.

Die Skipper mussten hier schon immer mit treibendem Eis rechnen: In diesen Fjord mündet der produktivste Gletscher Grönlands, die Eisberge wandern mit einer Geschwindigkeit von vierzig Metern pro Stunde aufs offene Meer hinaus und kreuzen die Bucht.

Wir laufen den Hafen Ilimanaq auf der anderen Seite der Bucht an. Eisberge erkennen wir nur ganz entfernt am Horizont. Ohne sie könnte das auch ein kleiner Hafen am Mittelmeer sein. Keine Eisschollen, nichts. Früher wären wir hier nicht so einfach durchgekommen. Auch dies ist ein Beleg für ein wärmeres Klima.

Frank Nielsen nimmt uns mit zu seinem Freund, dem Inuit Ove Villadsen. Frank, der Däne, interessiert sich mehr für Eisberge, und Ove mehr für Fische, aber gemeinsam machen sie sich Sorgen um das Klima.

Ove sagt: »Unsere Fangsaison ist länger geworden, das Wasser bleibt viel länger offen. Aber uns beunruhigt es, dass der Fjord das ganze Jahr eisfrei ist.«

Dem Fischer selbst ist nicht ganz wohl dabei, dass er vom Klimawandel profitiert, während die Welt insgesamt Schaden nimmt. In seinem Haus setzt er uns Dorsch vor. Fische von drei bis vier Kilo Gewicht, zehnmal so schwer wie die mageren Exemplare, die die Fischer daheim in der Ostsee heute in den Netzen haben.

Die UNESCO hat diesen Eisfjord zum Weltnaturerbe erklärt.

Nirgendwo sonst lässt sich so gut Klimakunde betreiben. Wer das Erbe sehen will, muss sich aber etwas beeilen.

Viele wollen sich mit eigenen Augen vom Wandel überzeugen, und so ist Klimakunde zum guten Geschäft geworden.

Zurück auf dem Kutter, fischt der Kapitän Bruchstücke der

Eisdecke aus dem Meer und lässt die Matrosin erklären, wie Gletschereis aussieht, wenn es zu warm wird.

Tuperna Davidson nimmt ein Stück Eis aus dem Wassereimer und sagt: »Die blauen Streifen in den Eisbergen, das ist Eis, das erst geschmolzen und dann wieder gefroren ist, in den Spalten des Eisberges.«

Jörgen und Tuperna, zwei echte Grönländer, kennen fünfzig Ausdrücke für Eis, zwei bringen sie uns bei. Das klare Eis heißt »qasoq« das weiße Gletschereis »siguk«.

Ein Wort für Wespe kennen sie (noch) nicht.

Die Stunde der Hunde

Manchmal bessern sich die Verhältnisse.

Das fällt in der Journalistik häufig unter den Tisch. Dabei hätte man in diesem Fall allen Grund, sich auf die Schultern zu klopfen.

Es war im Jahr 2007, als wir beim Rückflug aus dem äußersten Nordwesten Grönlands einer jungen Tierärztin im Terminal begegneten. Wir waren gerade mit den Fängern von Qaanaaq auf dem Eis des Nordpolarmeeres unterwegs gewesen – und ziemlich beeindruckt von ihrem Wagemut, aber auch verstört vom robusten Umgang mit den Hunden, die so lange die Peitsche zu spüren bekamen, bis alle ihren Platz im Gespann gefunden hatten.

Hunde als Beförderungsmittel sind in Qaanaaq kein Anachronismus, da Motorschlitten so kurz unterm Nordpol verboten bleiben. Ohnehin vertrauen die klassischen Jäger lieber auf ihre Hunde. Die gängigste Erklärung ist, dass diese auch im Schneesturm immer den Weg nach Hause fänden.

Als wir der jungen Frau, Marit Holm, von unseren Begegnungen vorschwärmten, verdüsterte sich ihr Gesicht. Sie hatte gerade eine größere Gruppe von Fängern wegen Tierquälerei angezeigt, und das hatte sie verständlicherweise bei den Jägern sehr unbeliebt gemacht.

Die junge Frau war Tierärztin in Ilulissat und reiste in Begleitung eines Polizisten durch die Siedlungen, um ihren Worten Nachdruck zu verleihen. Besonders schlimm war es im Osten des Landes und in Qaanaaq.

Ein Jahr später veröffentliche eine dänische Boulevardzeitung einen Text mit vielen Bildern. Das Wort »Hundeleben« bekam darin wieder seine ursprüngliche Bedeutung: Abgemagerte Kreaturen an der Kette, ohne Trinkwasser der polaren Immerzu-Sonne ausgesetzt, ungepflegt und krank, mit wunden Gelenken an zu kurzen Ketten gehalten.

Im Visier war vor allem Ilulissat, wo das Drama der Hunde damit begann, dass die örtliche Fischfabrik irgendwann keine Reste mehr verschenkte.

Westliche Tierschutzorganisationen schalteten sich ein, ihre Vertreter inspizierten Müllhalden und einsame Felsen und hätten am liebsten alle Hunde befreit und den Grönländern die Eignung zum Hundebesitz komplett abgesprochen.

So weit die Vorgeschichte. Doch dann endete Marit Holms Amtszeit. Die zornige Vorkämpferin zog sich zurück, und eine neue Veterinärin, die die Hunde nicht weniger liebt, übernahm den Posten. Wie sich zeigte, waren die Dinge danach ins Rollen gekommen, und sichtbarster Ausdruck der Veränderung waren die neuen Hundehügel am Stadtrand von Ilulissat.

Vorbei die Zeiten, als hundert Hunde unten am Hafen an ihren Ketten rissen, und auf der Gasse vor der Jugendherberge tagelang ein Kadaver lag. Ilulissat war auch nachts leiser geworden, nur manchmal, zu den Fütterungszeiten, wehte ein Jaulen oder ein Kläffen herüber.

Dort, mitten im Hundeviertel, hatte die neue Tierärztin Sanne Venneberg ihre Musterkolonie angesiedelt und mich für einen Nachmittag mit ihren Hunden eingeladen.

Auf Sanne Vennebergs Hunden ruht das Auge der Gemeinde.

Die Tierärztin ist erst gestern von einer Inspektionsreise nach Qasigiannguit zurückgekehrt in Begleitung eines breitschultrigen, zweisprachigen Polizisten, der ihr Beistand leisten sollte: »Geben Sie ihm mehr Wasser, sonst muss ich ihren Hund erschießen lassen.«

Sanne Venneberg ist eine lebhafte Frau, Mitte dreißig, mit rotbraunen Haaren und einer gigantischen Sonnenbrille. Sie ist die neue leitende Tierärztin für die untere Hälfte Grönlands und betreut zehn Siedlungen, die sie alle zwei Jahre auch persönlich besucht. Die Dänin hat schon mit Obdachlosen (und deren Hunden) auf den Straßen von Kopenhagen und als Tierärztin in Irland gearbeitet.

Sie hat eine kleine blau gestrichene und leicht nach Desinfektionsmitteln riechende Amtsarzt-Station direkt neben der Schule.

Bevor wir auf ihren Hundehügel klettern, bekomme ich einen Blaumann verpasst.

»Auch gesunde Hunde machen viel Dreck«, sagt Sanne.

Die Lage des Hügels ist günstig, in Hörweite ihrer Wohnung und nahe dem Fluss, von dem im Winter aus die Touren übers Eis, etwa zum Mittagessen nach Rodebay, starten können.

Die Hunde jaulen, wie Hunde das eben so tun. Ich halte so lange Abstand, bis Sanne mich anstupst.

»Komm ruhig näher; die Hunde denken bestimmt, was das

für ein sonderbarer Zweibeiner ist, der da rumsteht, statt sie zu kraulen.«

Ich brummele etwas von Hundehaarallergie und erinnere mich lebhaft an meine ersten naiven Begegnungen mit Schlittenhunden in Nordgrönland, die bei jedem Wetter draußen schlafen und gerne im Dunkeln mal nach einem Finger schnappen, wenn man ihnen zu nahe kommt.

Jeder von Sannes Hunden hat eine eigene Holzhütte in Lindgrün, die sie aber selten frequentieren – wenn Sanne kommt, schon gar nicht.

Die Gemeinde hat nach all der schlechten Presse bestimmte Flächen für die Hundehaltung am Rande der Stadt ausgewiesen – und für Wasser gesorgt. In regelmäßigen Abständen wird ein riesiger durchsichtiger Wassercontainer aufgefüllt.

Wir sind nicht die Einzigen hier draußen, ringsherum sind mehrere Inuit damit beschäftigt, ihre Hunde zu füttern und mit ihnen zu spielen. So schmusig wie Sanne sind jedoch nicht alle mit ihren vierbeinigen Gefährten.

Als ich einmal in einem norwegischen Kuhstall über die Einführung der Matratzenpflicht berichtet habe, machte ich die Erfahrung, dass viele Bauern ihren Tieren Namen gaben, was offenbar nicht schadete. Auch Sanne hält es so. Ihre Hunde hören auf die Namen Olfert oder Sophie, die Leithündin heißt Lusty. Lusty ist zehn, was für einen grönländischen Schlittenhund ein biblisches Alter ist.

»Schlittenhunde leben länger, wenn man sie erst mit achtzehn Monaten richtig einspannt. Doch viele Hunde müssen schon mit sechs Monaten ins Geschirr«, sagt Sanne und klingt dabei eher betrübt als empört.

Sanne hat Gemüt und Witz. Das kommt bei den Inuit besser an als die Drohung mit dem Staatsanwalt. Außerdem hat

Sanne ihren eigenen Stil, den der »positiven Verstärkung«. So nennen es Psychologen, wenn ein Therapeut nicht mit Tadel, sondern mit Lob arbeitet. Ihre Kampagne, für die sie auf Flugblättern und Anschlägen wirbt, lässt erahnen, wie barbarisch es hier früher zuging.

»Reißt ihnen nicht die Eckzähne raus«, ist ihr Mantra, »und verzichtet auf die Peitsche.«

Für echte Kerle sind das revolutionäre Töne. Aber Sannes Stil zeigt Wirkung, weil ihre Hunde auch ohne Peitsche parieren. Als sie sich unterwegs am Neujahrstag ihren rechten Arm brach, drehten sich die Hunde nach ihr um, und dann reichte ein Wort, um ihnen klarzumachen, dass es jetzt nach Hause gehe.

Während Sanne nun das Gespann der Reihe nach mit großen Knochen versorgt, erzählt sie mir von einem weisen alten Inuit, der eines Tages zu ihr in die Sprechstunde kam, um Antibiotika für seinen Hund zu kaufen, und irgendwann beiläufig sagte: »Man erzählt, dass deine Hunde dir gut gehorchen.«

Mehr sagte er nicht. Als er gegangen war, sprang Sanne Venneberg vor Freude fast in die Luft. Die Botschaft war angekommen.

Nun ist Ilulissat nicht ganz Grönland, und für die ärmeren Ortschaften würde ich mich nicht verbürgen. Aber ein Anfang ist gemacht.

Es gibt einen Teil Grönlands, der verstehen lässt, wie die Insel unter dem Eispanzer zu ihrem Namen kam. Der südliche Teil, ein Gebiet von der Größe Schwedens, hat keinen Eispanzer. Dorthin zog es den Wikinger Erik den Roten. Den isländischen Sagen nach segelte Erik mit fünfundzwanzig schwer beladenen Schiffen nach Grönland, von denen vierzehn ihr Ziel erreichten.

Zwei Siedlungen wurden gegründet, und Grabfunde legen nahe, dass das Vieh wuchs und gedieh. Erik der Rote soll selbst hundert Rinder besessen haben.

Ganz geklärt ist ihre Flucht nicht: Einiges spricht dafür, dass die kleine Eiszeit im 15. Jahrhundert sie vertrieb, eine andere, dass es der Gemeinschaft an priesterlichem Segen fehlte und sie sich deshalb zur Rückkehr entschloss.

Das besonders Attraktive an dieser Landschaft erkenne ich, als der Helikopter im Landeanflug eine Schafherde überfliegt und der Pilot eine mückenfreie Zeit verheißt. Wo Schafe weiden bleiben Mücken fern.

Ob diese Bauernregel allerorten gilt, wage ich zu bezweifeln, aber hier in Grönlands Gartenparadies trifft sie zu.

Qaqortoq ist ein Fischerdorf am Meer. Am Eingang eines Fjords gelegen, mit zweitausend Einwohnern und sehr bunt durch die verschieden farbig leuchtenden Häuser, das Orange der Bojen im blauen Meer und die blühende Wiese in der Dorfmitte, von der wir später erfahren, dass es der Friedhof ist.

Jede Woche im Sommer kommt Besuch. Ein Kreuzfahrtschiff ankert in der Bay. Die Touristen sind mit ihrem Rundgang durch den Ort schnell fertig und warten dann in langen Zweierreihen diszipliniert auf einen Platz im Motorboot, das sie zurück auf die Reede bringt. Streng genommen ist in Qaqortoq nicht viel los. Vor allem nicht für 250 Touristen gleichzeitig.

Ich mache an der langen Pier eine elegante Segelyacht aus, dunkelgrün und fünfzig Fuß lang, eine X-Yacht mit Heimathafen Cape Cod. An Bord sind drei Herren, einer von ihnen scheint schwer reich zu sein, die anderen sind wohl gute Gefährten von ihm: drei frühpensionierte Ärzte namens Bill, Joe und Sebastian. Das Cockpit ist leer, ich treffe die drei beim Verspeisen gigantischer Dorschportionen im Fischerrestaurant am Hafen.

Sie sind von Neuengland in ein paar Tagen vorbei an Neufundland nach Südgrönland gesegelt, mit doppelter Wache und weit offenen Augen, und sie finden es mitteilenswert, dass sie keinen einzigen Eisberg gesehen haben.

Ich winke ihnen am nächsten Mittag noch lange zu, als sie den Hafen verlassen und Kurs um die Südspitze auf Island nehmen. Das Boot wollen sie dann irgendwo an der schottischen Küste ins Winterlager geben.

Während meine Blicke sehnsuchtsvoll der schlanken Yacht folgen, ruft die Pflicht.

Was ich dann im Garten von Ado Rasmussen an der Nordseite des Dorfes mit Blick auf das Nordpolarmeer und den Nebel in der Bucht zu sehen bekomme, lässt die Segelei allerdings verblassen: Dies ist ein Abenteuer ganz eigener Art.

Ado Rasmussen ist Erster Vorsitzender des Gartenbauvereins von Qaqortoq in Südgrönland, den er 1994 gegründet hat. Er ist ein grauhaariger Mann mit geradem Rücken, vielen Büchern im Regal und einem bestimmenden Wesen. Man merkt sofort, dass man einen langjährigen Schulmeister vor sich hat – und einen Pionier der grünen Kunst.

Wie bei anderen Gärtnern ist auch in Grönland an ein ernsthaftes Gespräch erst zu denken, nachdem wir ausführlich alle Pflanzen und den Meerblick auf die Bucht nördlich von Qaqortoq gewürdigt haben.

Während wir durch den Garten wandern, vorbei an Rosen, Kartoffeln und Petersilie, kommt das Gespräch schnell wieder auf Hans Egede, den Grönlandpastor, der auch als Gärtner ein Pionier war. Er legte schon im 18. Jahrhundert einen kleinen Garten an. Davor hatten die Einheimischen wilde Schwarzbeeren und Blaubeeren für den Wintervorrat gesammelt.

Gärten sind in Grönland im Allgemeinen eher klein. Sicher ist, dass man sich in ihnen nicht verlaufen kann, es sind überschaubare Oasen, den Steinen und dem Winter abgetrotzt. Der Untergrund ist aus Granit, zwei Milliarden Jahre alt, bedeckt mit einer dünnen Erdkruste. Das Kunststück besteht darin, die Pflanzen einerseits über den Lichtmangel des Winters zu bringen und andererseits über die Dauersonne des Sommers.

Ados Garten profitiert von der Meeresnähe. Vom Fjord kommt ein leichter Eiswind und bringt Feuchtigkeit und Abkühlung.

Nach dem Rundgang serviert uns seine Frau Tee und weist uns einen Ehrenplatz in der Hollywoodschaukel zu.

Ado bestätigt uns wieder einmal, dass Inuit in Jahrhunderten denken. »Das Gärtnern ist nicht Bestandteil unserer Kultur. Die dänischen Kolonialherren haben diese Tätigkeit mitgebracht. Gemessen an unserer Geschichte ist das Gärtnern sehr jung – nur zweihundert bis dreihundert Jahre alt.«

Ados Vater war seinerzeit einer der Pioniere. Er hatte in

den Vierzigerjahren einen winzigen Garten, in dem die Familie Radieschen und ein paar Kartoffeln anbaute.

Der gärtnerischen Phantasie waren hier oben in der Arktis immer enge Grenzen gesetzt. Eine Tatsache, die schon zum Sprichwort gereichte: Grönland und Alaska sind geografisch enge Nachbarn. Als der langjährige CSU-Vorsitzende Franz Josef Strauß Ende der Sechzigerjahre einmal seine Ambitionen auf die Kanzlerschaft besonders eindeutig dementieren wollte, sagt er: »Was mich angeht, so würde ich lieber Ananas in Alaska züchten als Bundeskanzler sein.«

Wir sitzen ohne Handschuh und mit offenen Kragen im Garten – Zeit für eine Nachfrage.

»Wann«, frage ich, »werden hier Ananas wachsen?«

Der alte Mann ist um eine Antwort nicht verlegen: »Melonen wären mir lieber.«

Uns fällt auf, dass der Garten Sache des Hausherrn ist, und seine Frau nur assistiert.

»Die Frauen haben zu viel im Haus zu tun mit Kindern und Küche. Gartenarbeit ist in Grönland Männersache. Aber auch einige Frauen haben inzwischen damit begonnen.«

Wir lassen nicht locker: »Aber wenn die Männer lange auf Fang waren, wer hat sich dann um die Gärten gekümmert?«

Ado verliert langsam die Geduld mit uns: »Aber wie ich schon sagte, die Gartenkultur ist nicht Bestandteil unserer Tradition.«

Wenn Ado eines fernen Tages zu alt sein wird, um seinen Blumen die angemessene Pflege zu gönnen, kann es also gut sein, dass sie eingehen werden. Gärten sind keine Selbstverständlichkeit. Am besten gedeihen hier schließlich doch die Pflanzen, die nicht die anhaltende Fürsorge und den geschützten Raum eines Gartens brauchen – etwa eine große grüne Wiese wie der Friedhof von Qaqortoq.

Mit dem Bestimmungsbuch unterm Arm entdecke ich schnell ein Weidenröschen, die Nationalblume Grönlands. Auf Grönländisch heißt sie »Niviarsiaraq«, junges Mädchen. Sie ist die erste, die im Frühjahr emporschießt, auch wenn noch etwas Schnee liegt. Sie ist auch die letzte, die eingeht. Sie ist dankbar und widerstandsfähig im arktischen Klima, und sie schmeckt auch gut. Man isst sie mit Seehundspeck, sie ist sehr reich an Vitamin C.

Die kleinen weißen Puschel heißen Wollgras, auf Grönländisch »Ukaliusaq«, etwas, das aussieht wie ein Hase. Damit wäre dann aber schon ein beachtlicher Teil der heimischen Flora erwähnt. Wenn es nur so wenig Pflanzen zum Merken gibt, hat sogar ein Laie wie ich die Chance auf eine gewisse Allgemeinbildung.

Gärten in Grönland

Als ein Fotograf zwischen 2000 und 2005 grönländische Gärten zwischen Niviarsiaraq und Ilulissat mitsamt ihren stolzen Besitzern in einem Buch und in einer Ausstellung verewigte – einige von ihnen waren in ihren Gärten vor lauter Pracht kaum zu sehen –, erntete er von Dänen wie von Inuit auch Unglauben.

Das Bild, das die meisten von Grönland haben, entstand zu Kolonialzeiten und beruht auf Darstellungen des ewigen Eises. So stark war der Eindruck, dass andere Bilder einfach nicht durchdrangen – und in letzter Konsequenz auch bestritten werden.

Seit die Sommer länger geworden sind, machen Dinge Sinn, die früher vergeblich waren.

Kenneth Høegh, der Chefagronom Grönlands, nimmt mich mit zur ältesten Plantage des Landes. Es ist ein Wäldchen an einem baumlosen Fjord, klein, aber doch komplett mit allen vertrauten Gerüchen von Fichte und Harz und mit knackenden Ästen unter den Füßen.

Doch der Wald hört so schnell auf, wie er überraschend angefangen hat. Ich zähle drei Dutzend Bäume, einige von ihnen haben eine Höhe von zehn Metern erreicht in fast sechzig Jahren Wachstumszeit.

»Wir wissen noch nicht, wie groß sie werden können. Sie setzen neue Sprossen an, vielleicht können sie die doppelte Höhe erreichen oder sogar noch mehr«, sagt Kenneth, ein schlanker blonder Mann in den Vierzigern.

Er sieht aus wie ein Däne, wie die meisten hier in leitenden Positionen, ist aber kein Zugereister, sondern stolz auf das Achtel Inuit-Blut in seinen Adern.

Auf dieses Wäldchen hier konzentrieren sich die Hoffnungen auf Unabhängigkeit und Zukunft. »Wenn es etwas wärmer wird, ein bis zwei Grad im Sommer reichen da schon, dann werden wir sicher kommerzielle Forstwirtschaft betreiben können.«

Kenneth schippert mich in seinem Kajütmotorboot ein Stück den Fjord entlang ins Landesinnere, dorthin, wo sich Grönland eine landwirtschaftliche Versuchsanstalt leistet, in der etwa die schwedische Kartoffelsorte Rapido auf ihre Überlebensfähigkeit im subarktischen Klima getestet wird. Selbstversorgung mit eigenen Grünpflanzen ist ein Traum in einem Land, das bisher sein Gemüse aus Europa importiert und wo die Gurke zwei Euro kostet.

Die Ureinwohner des Landes müssen viele neue Namen lernen.

»Es gibt noch keinen speziellen grönländischen Namen für Brokkoli. Wir nennen das einfach Salat«, sagt ein gärtnernder Inuit mit Strohhut auf dem Kopf und widmet sich schnell wieder seinen kostbaren Nutzpflanzen.

Es summt so allerlei über den Kartoffelfeldern und Salatreihen im Süden Grönlands, nur Wespen – Sie erinnern sich? – hat man uns bisher noch nicht präsentiert.

Eines Morgens bringt uns Kenneth mit seinem Geländewagen ein paar Kilometer aus der Stadt heraus. Von weitem hören wir ein Brummen – vom Refugium der ausgewanderten Bienen.

»Dieser Stamm«, sagt Kenneth, »war in Dänemark vom Aussterben bedroht.«

An seinem neuen Zufluchtsort produziert der Bienenstaat fünfzig Kilo Honig im Jahr, doppelt so viel wie in Dänemark.

Der Imker, der erste seines Faches und im Hauptberuf Fischer, erklärt uns, warum Grönland den Bienen so gut bekomme.

»Sie haben im Gebirge viel Auswahl, die Blumen blühen oben spät und unten früh. Vor allem haben sie keine Konkurrenz.« Eskild Paviassen ist in voller Montur.

Ich bin kein Freund von Andenken, aber ein Gläschen grönländischen Honigs packe ich in meinen Rucksack, nicht zum Verschenken, sondern für einen Ehrenplatz auf meinem Regal.

Der Klimawandel ist eine Tatsache. Aber wenigstens die Kinder haben ihren Spaß im Badesee bei Qaqortoq oberhalb der Stadt zwischen den Felsen, der sich dank der Mitternachtssonne auf sieben Grad aufgeheizt hat.

Sie springen immer wieder mit viel Anlauf vom sieben Meter hohen Felsen, tauchen und schwimmen um die Wette. Am

Ufer erscheint nach einiger Zeit die Mutter von Paul, einem rundlichen Knaben von acht Jahren mit dunklen Haaren, um ihr Kind zum Mittagsessen abzuholen.

Ob das nicht viel zu kalt sei, wollen wir wissen.

Wieder ernten wir einen Blick, der wohl sagen soll: So eine Frage kann auch nur einer aus dem Süden stellen. »Jetzt nehme ich ihn erst einmal mit nach Hause, er bekommt ein Stück Seehundspeck, und dann steck ich ihn ins Bett. Zum Ausruhen.«

Vielleicht kommt ja auch eine Zeit, in der die Kinder von Südgrönland ohne Neoporenanzug ins Wasser gehen können. Aber ich weiß nicht, ob es ihnen wirklich zu wünschen ist.

Als wir von Grönland aus abheben, die Ebene der Moschusochsen und die Kante zum Inlandseis unter uns, lacht die Sonne bei sechzehn Grad.

Als wir in Kopenhagen landen, sind es dreizehn Grad mit Nieselregen.

Zweites Kapitel

Wandern auf Spitzbergen

In dem erzählt wird, wie die Korallen in die Arktis kamen.
Was der Fußabdruck eines Pantodonten in der Kohlenzeche 7 zu suchen hat.
Warum man beim Camping besser außerhalb des Zeltes kocht.
Was die Expedition mit Hugo Bünz vor 100 Jahren hierhertrieb und weshalb die Nachfolgeexpedition das Kaiserreich blamierte.
Was heutzutage ein Captain's Dinner ist.
Und wie man lernt, am Eisbären vorbeizuschießen und sich vor Möwen zu ducken.

Den Eltern auf Spitzbergen reichte es irgendwann. Sie waren es müde, dass ihre Kinder auf allen Festplatten von Toronto bis Trelleborg gespeichert wurden – als Kinder hinter Gittern. Schlimm genug, dass die drei Kindergärten in der kleinen Hauptstadt Longyearbyen mit mannshohen Gittern gegen Eisbären gesichert sein müssen. Die Touristen vor dem Zaun machten es dann zum Zoo.

Bis den Eltern eines Tages der Kragen platzte, als ein Kreuzfahrtschiff in der Bucht ankerte und auf einen Schlag 3500 Touristen an Land gingen – die somit kurzfristig die Mehrheit auf Spitzbergen stellten. Da hängten sie Schilder an den Zaun, die nicht zu übersehen waren: »Fotografieren verboten.«

Spitzbergen hat zwar kein Ureinwohner, aber durchaus Einheimische. Erst kommen rein zahlenmäßig die Eisbären, dann die Norweger, als drittgrößte Gruppe eingewanderte Thailänder und schließlich drei Dutzend andere Nationen.

Die kalte Inselgruppe unterm Nordpol gehört zu den wenigen Ländern ohne eigene Urbevölkerung und mit einem leichten Eisbären-Überschuss. Nirgendwo anders auf der Welt gibt es mehr Eisbären als Einwohner. 2900 Bewohner stehen 3000 Eisbären gegenüber.

Dass hier so wenige Menschen leben, ist kein Zufall. Die äußeren Kanten des Universums sind unwirtlich. »Auch Kamtschatka und Alaska sind nicht wirklich überlaufen«, hat der isländische Geologe Ari Trausti Gudmundsson einmal trocken bemerkt.

Spitzbergens fehlende Besiedlungsgeschichte hat auch seine Vorteile. Es gibt keine Sieger und keine Besiegten. Alle sind entweder im Kommen oder Gehen, und wer fünf Jahre da war, kann sich schon als Urgestein empfinden – und mit leiser Verachtung auf die Neuankömmlinge schauen.

Der Weg nach Spitzbergen ist eigentlich ganz einfach. Vom Nordkap aus nochmal 1000 Kilometer nördlich. Wenn man im Freundeskreis eine bevorstehende Reise nach Spitzbergen erwähnt, kann es dennoch vorkommen, dass man gefragt wird: »Kann man da auch mit dem Auto hinfahren?«

Die Kombination aus dem angelsächsischen Wort »Longyear« und dem norwegischen Wort »Byen« ist eine Geschichte für sich. Ein Amerikaner namens Longyear gab der Siedlung seinen Namen und begann mit dem Abbau von Kohle. Zu den Zeiten meines Großvaters, also 1911, hieß die Stadt Longyear City; bis dahin war die Insel Niemandsland. Norwegen bekam die Inselgruppe 1920 vom Völkerbund zugesprochen, mit der Auflage, anderen Ländern den Zugang zu den Bodenschätzen zu gestatten. »Byen« heißt auf Norwegisch »Dorf«, so wie in »Bullerby«, zu Deutsch »Bullerbü«.

Gerade habe ich mir ein Kebab bei zwei einheimischen Thailänderinnen gekauft. Die Frauen kommen aus Nordthailand und sind seit drei Jahren auf Spitzbergen. Glaubhaft versichern sie mir, dass sie es immer ein bisschen zu kalt finden.

Doch ihr Kebab ist gut und hat die höchste Punktzahl im landesweiten norwegischen Kebab-Test bekommen, auch wegen der freundlichen Bedienung. Ihre Imbissbude hat im Sommer am Wochenende bis fünf Uhr morgens geöffnet.

Pizza backen sie auch. Was für den Rest der Welt gilt, das gilt wohl auch für Spitzbergen: Neunzig Prozent aller Pizzabäcker waren noch nie in Italien.

Mich ziehen allerdings zwei Menschen hierher: Karsten und Hugo. Ziemlich genau auf den Tag vor einhundert Jahren löste sich ein kleines deutsches Segelschiff namens *Senta* aus dem Hafen von Tromsø, der letzten Stadt auf dem norwegischen Festland. Die *Senta* kam übers offene Meer und schlängelte sich zwischen den Eisschollen hindurch. An Bord elf abenteuerlustige Männer. Sie brauchten fünf Tage, bis sie wieder Land sahen.

Am Ende hatten sie einen Gletscher überquert und einen weißen Fleck auf der Landkarte getilgt. Die Altenberg-Expedition lieferte keine bahnbrechenden wissenschaftlichen Erkenntnisse, aber einen nützlichen Beitrag zur Geografie und Geologie ihrer Zeit. Ihre größte Leistung war möglicherweise, dass alle Teilnehmer heil und unversehrt zurückkamen. Einer davon war mein Großvater Hugo Bünz, und wenn man auf seinen Spuren von Spitzbergen über Kap Hoorn bis Namibia wandeln würde, wäre man ein halbes Leben lang unterwegs.

Jetzt braucht der Linienflieger Tromsø – Longyearbyen achtzig Minuten und ist bis zum letzten Platz besetzt. Meinen Platz in der ersten Reihe links am Fenster (»1 A«) habe ich der frühen Buchung zu verdanken.

Meine Nachbarin heißt Synnøve und kommt aus der Telemark, eine agile Pensionärin mit drahtigen kurzen Haaren, die mit einer Reisegruppe namens »Wir über sechzig« für fünf Tage auf den äußersten Vorposten des Königreichs Norwegens reist. Sie möchte zu gern die spitzen Berge sehen, nach denen der Holländer Willem Barents im sechzehnten Jahrhundert die Inselgruppe taufte.

Sie beugt sich weit über mich – und so erlebe ich ihr Wechselbad der Gefühle zwischen Begeisterung und stillem Entsetzen aus unmittelbarer Nähe.

Was hatte sie nicht alles gelesen: Spitzbergen sei eine Inselgruppe von kalter Schönheit, tausend Kilometer vor dem Ende der Welt – und andere wohlklingende Reiselyrik. Und nun das.

Als wir im Tiefflug über das Trinkwasserreservoir von Longyearbyen fliegen, das auf höchst natürliche Weise (nämlich durch Gletschersedimente) eine wenig schmeichelhafte bräunliche Farbe angenommen hat, die kahlen Hänge und die ganze nackte Wahrheit einer alten Bergbaustadt vor Augen, da ist mein Nachbarin doch etwas erschrocken. Die Arktis im Sommer ohne Schnee hat leicht etwas Unaufgeräumtes.

Aber die bunten neuen Häuser – aus der Luft sehen sie wie Schuhschachteln aus –, dann die zwei schmucken Segelboote an der Pier und der Blick auf die schneebedeckten Berge am Ende der Bucht entlocken ihr dann doch ein »Oh«, und damit ist Synnøves Balance fürs Erste wiederhergestellt.

Ein Bus in seinen besten Jahren macht die Runde zwischen dem Landeplatz und den Lodges und Hotels in Longyearbyen. Synnøve fährt mit ihrer Gruppe ins Hotel, und unsere Wege trennen sich. Auf mich wartet eine ehemalige Barackensiedlung, die zur Lodge umgebaut wurde.

Vom Flughafen geht es fünf Kilometer entlang dem Adventfjord, vorbei am Hafen, der einst allmächtigen Bergbaugesellschaft »Store Norske Spitsbergen Kulkompani«, der kleinen Universität »Unis« und all dem, was die Menschen der Siedlung an den Rand verbannen: alte Kabeltrommeln, ausgemusterte Motoren, Wellblechhallen und Snowscooter in der Sommerpause.

Rechts am Hang stehen die Masten der alten hölzernen Seilbahn (die übrigens aus Deutschland kommt), die die Kohle von den Schächten in den Bergen kilometerweit direkt zu den Schiffen beförderte.

Karsten bleibt auf dem Campingplatz. Er will länger hierbleiben – und auf Spitzbergen kostet auch eine einfache Lodge einhundert Euro pro Nacht, so viel wie eine ganze Woche Zeltplatz. Seit 1988 verbringt der deutsche Polargeologe den Sommer in der Hohen Arktis. Am liebsten geht er wandern. Diesmal darf ich ihn begleiten.

Karsten geht immer auf den Zeltplatz am Ausgang des Adventfjords zum Eisfjord, der seinem Namen nicht mehr alle Ehre macht, weil er auch im tiefen Winter nicht zufriert. Dieser Platz unterhalb der Landebahn ist eines der seltenen Urlaubsziele, die auch im Hochsommer fast nie überbucht sind. Reservieren ist überflüssig. Es kann zwar kühl werden bis hin zu leichtem Bodenfrost selbst im Juli, aber abgewiesen wird auch im Hochsommer niemand.

Für den, der Superlative mag: Es ist der nördlichste Campingplatz der Welt. 150 Zelte finden dort Platz, dann wird es allerdings eng in den Duschen.

Karsten Piepjohn ist ein schlanker Mann Anfang fünfzig, durchtrainiert, aber nicht voll Testosteron, eher geschmeidig und zäh. Auf älteren Bildern hat er noch einen Schnauzer à la Walross und eine randlose Brille. Gerne trägt er Sweatshirts und Trekkinghosen und ist mit einem Tourenrucksack unterwegs. Aktentaschen passen nicht zu ihm, er ist ein Mann fürs Gelände und lebt auf, wenn er in die Natur darf.

Karsten ist Polargeologe, er dreht die Steine um und liest aus ihnen die Geschichte der Erde. Was er findet, ist sehr erstaunlich. Wer hätte schon den ältesten Wald der Welt auf

Spitzbergen vermutet, wenn man weit und breit nicht einmal einen einzigen Strauch, geschweige denn einen Baum sieht. Von ihm werde ich später, als ich im Munin-Tal vor einem Baum auf dem Bauch liege, lernen, dass alles eine Frage der Perspektive ist.

»Stell dir Spitzbergen vor sechzig Millionen Jahren vor. Eine Landschaft so ähnlich wie das Wattenmeer. Dichte Wälder im Hinterland. Die Dinosaurier waren gerade ausgestorben. Wir Norddeutschen hätten uns zu Hause gefühlt.«

Karsten hat auch schon versteinerte Korallen im Geröll eines Flusses gefunden. Irgendwann war es hier also einmal sehr viel wärmer als heute. Spitzbergen ist gewandert – vom Südpol bis zum Nordpol.

Schon vor 120 000 Jahren hat es hier Eisbären gegeben. Das legen neuere Funde nahe. Wenn dem so ist, dann hat unser aller Eisbär seitdem mindestens eine Warmzeit überlebt.

Hatte ich nicht gelesen, der Lebensraum der Eisbären schwinde so rapide dahin, dass die nächste Generation sie nur noch als Zootiere erleben wird? Ist das nicht auch der Grund für eine tiefe Missstimmung, für das Grundgefühl, dass wir dabei seien, die Erde zugrunde zu richten und alle Anstrengungen vom Müllsortieren bis zu fleischarmer Ernährung diesen Prozess nicht würden wenden können?

»Warum halten sich so viele Eisbären im Sommer an den schneefreien Küsten Spitzbergens auf, wo sie doch nur fünfzig Kilometer schwimmen müssten, um zum Packeis zu kommen? Und Eisbären sind verdammt gute Schwimmer«, sagt Karsten.

Könnte es sein, dass sie auch ohne Eis an ihre Nahrung kommen? Wenn der Eisbär schon einmal ohne die Eismassen überlebt hat, dann könnte er sich vielleicht auch in Zukunft durchschlagen, oder? Es ist nicht ungewöhnlich, dass die Menschen an den Rändern der Welt eher in Jahrhunderten rechnen, etwa die Inuit oder die Samen. Karstens Dimensionen sind Millionen Jahre, und ich muss gestehen, dass so eine Betrachtungsweise etwas ungemein Beruhigendes hat.

Vielleicht überschätzten sich die Menschen, was ihren Einfluss auf die Natur angeht. Die Natur braucht den Menschen nicht zum Überleben.

Karsten hat schon zwei Dutzend arktische Expeditionen geleitet. Bei solchen Expeditionen sind die Sicherheitsanforderungen hoch. Mal zwei Monate in Kanada, mal einen Sommer auf einer russischen Nussschale durch die Laptewsee, und immer wieder auf Spitzbergen. Jedes Jahr verbringt er ganze Monate im Camp, hinter einem Ring aus Stolperdraht zur Bärenabwehr, allein mit ein paar Kollegen und den Steinen. Wenn die Bären die Drähte berühren, explodieren kleine Sprengsätze. Es ist Karsten zuzutrauen, dass er seine Sprengsätze immer wieder selbst testet.

Es kommt zu einer gewissen Gewöhnung zwischen Mensch und Tier. Einmal stand Karsten sechs Wochen unter Beobachtung einer Eisbärin mit einem kleinen Jungtier. Mutter und Jungtier wurden den Expeditionsteilnehmern so vertraut, dass sie auch einen Namen bekamen. Herta und Heinrich lagerten in etwa 300 Meter Entfernung vom Camp. Man schob Bärenwache – und als sich Herta und Heinrich einmal zu nahe an die Fleischvorräte heranmachten und der Junior schon seine Pfote am Stolperdraht hatte, feuerte Karsten einen Warnschuss in die Luft. Mama und Sohn trollten sich – und nahmen ihre alten Plätze wieder ein. Aus solchen Erfahrungen erwächst eine gewisse Gelassenheit.

Als wir zusammen Karstens Gewehr beim traditionellen Expeditionsausrüster Poulsen abholen, verzichtet der junge

Mann im Laden schnell auf die obligatorische Einweisung an der Waffe und reicht sie Karsten ohne viel Aufhebens. Und wie es der Zufall will, bekommt er eine alte Wehrmachtsflinte.

Was wir damals noch nicht wussten, war, dass nur zwei Wochen später, im August 2011, ein ausgehungerter junger Eisbär eine Gruppe von englischen Jugendlichen im Zeltlager außerhalb Longyearbyens angreifen sollte. Sie hatten zwar einen Stolperdraht um ihr Lager mit vier Zelten gelegt, der löste aber keinen Alarm aus. Ein Siebzehnjähriger wurde tödlich verletzt, ein weiterer Junge und zwei ihrer erwachsenen Guides kamen mit Kopfverletzungen davon. Die Jugendgruppe hatte keine »Bärenwache« aufgestellt, das Gewehr funktionierte erst im fünften Anlauf. Die Guides waren erfahrene Leute, hatten aber, wie es aussieht, alle Warnungen in den Wind geschlagen.

Es gibt offenbar ein grundsätzliches Problem bei der Bärenabwehr. Die Explosionskörper, im Jargon der Guides heißen sie »snubble blus«, waren ursprünglich für militärische Zwecke gedacht. Sie werden seit längerer Zeit nicht mehr hergestellt, und jeder, der welche besitzt, hütet sie wie einen persönlichen Schatz. Wer einmal einen Signalkörper oder eine aufblasbare Schwimmweste sein Eigen genannt hat, weiß, dass die Patronen regelmäßig überprüft werden müssen, sonst versagen sie im Ernstfall. Nichts ist schlimmer als vorgetäuschte Sicherheit – das haben die Jungen aus England büßen müssen.

In Longyearbyen darf man ohne Waffe spazieren gehen, wie in allen anderen geschlossenen Ortschaften auf Spitzbergen auch. Es gibt hier aber nur eine Handvoll Orte, der Rest ist freie Wildbahn – und dort gilt überall Waffenzwang.

Der dient vor allem dem Schutz der Eisbären: Sie sollen durch Warnschüsse vertrieben werden.

Wer einen Eisbären erlegt, muss unverzüglich dem Gouverneur von Spitzbergen Bescheid geben, der dann entscheidet, ob es sich um einen Fall von echter Notwehr handelt. Ansonsten drohen harte Strafen.

Schießtraining ist auch für die Studenten an der Universität Pflicht: Sie müssen zu Beginn ihres Spitzbergen-Semesters den Umgang mit der Waffe lernen. Zum praktischen Wissen gehört auch, dass Schüsse auf den Kopf sinnlos sind. Sie prallen am harten Eisbärenschädel ab.

Unter solchen Vorzeichen sind Spaziergänge auch im Ort nicht ganz unbeschwert, vor allem für Menschen, die zu einer gesunden Paranoia neigen und sich ständig umdrehen, ob nicht doch von hinten ein weißer Vierbeiner antrabt.

Weil der Mensch aber auslüften muss, führt mich mein Weg zum Strand, wo ich unversehens in eine Brutkolonie gerate. Eine Küstenseeschwalbe fliegt mit lautem Geschrei im Tiefflug auf mich zu. Sie gehört zu der Familie der Seeschwalben, und die Einwohner von Longyearbyen haben sich schon lange gefragt, warum Alfred Hitchcock seinen Film »Die Vögel« nicht hier angesiedelt hat, denn Küstenseeschwalben brauche man nicht zu dressieren: Sie greifen auch so Menschen an.

Die Küstenseeschwalbe ist eine eher kleine Vertreterin, aber wild entschlossen, ihren Nachwuchs zu verteidigen. Ich reiße die Hände schützend zum Kopf, die Zeigefinger in die Höhe gestreckt, und bewege sie schnell hin und her, wie ich das in einem Trekkinghandbuch gelesen habe. Das soll den Vögeln bei ihrem Angriff die Orientierung erschweren. Dann nehme ich die Beine in die Hand und renne stolpernd vom Steinstrand Richtung Dorf.

Die Vögel haben anscheinend das gleiche Lehrbuch gelesen wie ich: Sie drehen ab und lassen mich in Ruhe.

Es gehört irgendwie zu Spitzbergen dazu, dass oben am Straßenrand nach kurzer Zeit breit grinsend Malte auftaucht, der gerade mit dem Fahrrad unterwegs ist von seinem Arbeitsplatz in der Store Norske zu seiner Wohnung oben am Hang. Malte und Karsten sind Geistesverwandte, zwei Geologen, die stundenlang erzählen können.

Malte Jochmann ist blond, gesegnet mit einem schwer zu bändigen Haarschopf, ein leidenschaftlicher Gitarrenspieler und Hüttenfan, gebürtiger Münchner, und er zählt trotz seiner etwa dreißig Lenze schon zu den alten Hasen. Seit 2003 wohnt er fest auf Spitzbergen und arbeitet dort als Explorationsgeologe für die Norwegische Kohlegesellschaft. Malte forscht nach neuen Kohlevorkommen.

Die arktische Kohle gilt als sehr teurer in der Förderung, aber auch als besonders edel. Jede Zeche hat ihren eigenen Stolz, und die Kumpel von Spitzbergen erzählen gerne, dass ihre Flöze nicht schnöde verfeuert wird, sondern etwa in deutschen Hochöfen zum Einsatz kommt, in denen besonders hochwertiger Stahl geschmiedet wird. Es heißt, kein deutscher Motorblock entstehe ohne Kohle aus Spitzbergen.

»Wer die Geschichte der Erde verstehen will«, sagt Malte, »muss lernen, wie die Kohle an die Pole kam – Kohle ist, platt gesagt, alter Wald – und warum die Kontinente ständig unterwegs sind.« Denn keineswegs liege die Erde still. Unter einer dünnen Kruste stoße man schnell auf das flüssige Innere.

Malte doziert nicht, er erzählt. Während er erzählt, bin ich in Gedanken bei Island. Es gibt Länder, wie Island, in denen die Kruste besonders dünn ist, was Fluggäste in ganz Europa gelegentlich zu spüren bekommen, wenn es Vulkanasche regnet oder es danach auf den Shetlands nach Schwefel stinkt.

Malte wird dafür bezahlt, besonders fette Brocken der Urkohle auszumachen. Der Geologe in ihm freut sich aber besonders, wenn er im Gestein plötzlich auf einen versteinerten Gruß aus dem Tierreich stößt. So ist Malte etwa in Grube 7 auf den Fußabdruck eines »Pantodonten« gestoßen, eines Säugetiers so groß wie ein Flusspferd.

»Am Sandstein der Decke hingen zwei Reihen dunkler Pfannkuchen«, sagt Malte, »groß wie Suppenteller. Die Beulen waren auf einer Seite rund, auf der anderen gezackt.

»Der Fachmann erkennt darin Fuß- und Krallenabdrücke. Zu gerne wäre ich mit ihm in die Grube hinabgestiegen. Doch dieser Teil der Zeche ist gesperrt. Wo Kohle war, klafft jetzt ein Loch. Das Gebirge darüber setzte sich – und knackte bedrohlich.

Ein Flusspferd-Fuß hat es ins Museum von Longyearbyen geschafft, den gucken wir uns zusammen mit Karsten an und staunen ein bisschen. Das Flusspferd hatte etwa Schuhgröße 104, wenn man von den Zehenabdrücken auf die Gesamtgröße des Fußes schließen kann – und beim Anblick der Krallen bin ich doch froh, dass es nicht zu einer direkten Begegnung gekommen ist.

Abends sitzen Karstens Freunde in der »Kroa« und reden über die Freuden der Einheimischen auf Zeit. Wir essen Pizza in Wagenradgröße und trinken steuerbefreites norwegisches Bier. Die gemischte Runde um den Holztisch hat etwas vom Saloon des Wilden Westens. Das eigentliche Maß der Dinge ist die Geländetauglichkeit. Die Zivilisation dient nur zum Hemdenwechseln und Aufwärmen. Das wirkliche Leben ist da draußen, in der Tundra, auf dem Gletscher, unterwegs zu Fuß oder mit dem Schlitten.

Wenn man wie ich schon einmal einen betäubten Eisbären auf achtzig Grad Nord gestreichelt und eine Woche bei den Trappern am Austfjord gelebt hat, kommt man durchaus auch zu Wort. Nicht, dass das in dieser Runde etwas Besonderes wäre, aber solche Geschichten passen gut an den Tisch.

»Letzte Woche ist eine kleine Gruppe Grundschüler von einem Ausflug ins Gelände zurückgekommen«, erzählt Tony mit einem leichten Anflug von Amüsement. »Alle trugen ein Gewehr über der Schulter, keiner war älter als acht Jahre alt.«

Tony ist ein schlanker dunkelblonder Schwede mit freundlichen großen Zähnen, der amerikanische Autos und seine Freiheit liebt. Tony kam als Zimmermann für fünf Wochen, um Häuser zu isolieren. Dann traf er Hanneke aus Rotterdam und blieb.

Hanneke ist tatkräftig und gutgelaunt. In Spitzbergen und in der Barentssee fühlt sie sich zu Hause, beides sind wohl nicht zufällig Namensgebungen holländischer Entdecker. Sie gehört zu den Menschen, die auch eine Gruppe Rentner über einen Gletscher balancieren lassen können. Menschen, die solche Kunststücke vollbringen, nennt man »Guides«. Den Guides von Spitzbergen kommt eine Schlüsselrolle zu, denn nur die wenigsten Besucher haben einen gültigen Waffenschein.

Ein Denkmal erinnert an eine Touristin, die vor sechzehn Jahren unbewaffnet mit einer Freundin auf den Bergkranz oberhalb von Longyearbyen hinaufstieg und von einem Eisbären tödlich verletzt wurde.

Ohne Waffe keine Ausflüge. Allerdings sind nicht alle Guides alte Hasen. Das wird sich nach dem tragischen Tod des jungen Briten sicher ändern.

Die Guides kommen aus aller Welt und sind – neben den Forschern im Gelände und den einsamen Trappern in ihren entlegenen Hütten – die eigentlichen Helden von Spitzbergen. Helden müssen immerzu Rede und Antwort stehen. Weil die Fragen so originell nicht sind, trägt Hanneke ein T-Shirt unter der Goretexjacke, das die drei häufigsten Fragen auf den Punkt bringt.

a) Leben Sie hier?

b) Gefällt es Ihnen?

c) Haben Sie schon mal einmal einen Eisbären gesehen?

Die Antwort ist mit aufgedruckt: ein dreifaches Ja.

Hanneke und Tony wollen am Ende des Sommers in Tonys Heimat, nach Schweden, ziehen und dort erst einmal in einem Wohnmobil das Land erkunden. Zum Alltag in Longyearbyen gehören ständige Abschiede.

Aber die Runde um den Tisch bestürmt sie, wenigstens auf Spitzbergen zu heiraten. Womit alle einen schönen Vorwand hätten, mal wieder hier vorbeizuschauen.

Wer einmal von der Arktis gepackt ist, kommt immer wieder.

Dafür gibt es auf Norwegisch einen Ausdruck: »polarbiten« – wörtlich heißt das so etwas wie: »von der Arktis gebissen«. Karsten würde sich wahrscheinlich ohne zu zögern zu dieser ansteckenden Krankheit bekennen. Neulich hat er sogar Silvester in der hohen Arktis gefeiert, mit Malte und dessen Freundin im Sommerhaus in der polaren Nacht.

»Nirgendwo sieht man die Sterne besser.«

Besuch auf der *Polarstern*

Am nächsten Morgen um sechs läuft die *Polarstern* ein und legt sich auf Reede. Dort, wo sie Anker wirft, ist der Fjord 57 Meter tief und schwarzblau. Die *Polarstern* ist ein stämmiger blauer Dampfer, gedrungen im Aufbau wie alle Eisbrecher, mit dickwandigem Stahl und 20 000 PS auf der Schraube – und Deutschlands wichtigstes Aushängeschild in der Polarforschung. Das Schiff ist das ganze Jahr auf Reisen. Im Sommer befährt es monatelang die Arktis, und im Winter geht es auf die südliche Erdhalbkugel, in die Antarktis.

Nun liegt das schmucke Schiff mit Heimathafen Bremerhaven vor unserer Nase. Die See ist ruhig, vom Schiff löst sich ein rotes Schlauchboot; wir werden erwartet. Lange habe ich auf diesen Moment gewartet – es gibt da noch etwas nachzuholen.

Als mein Großvater vor hundert Jahren hier einlief, war er als Koch und Matrose an Bord der *Senta* dafür zuständig, mit dem Beiboot die Post für die Herrschaft zu holen. Schon damals gab es einen regen Polartourismus, und die *Senta* war eine kleine Sensation. Das Logbuch der Reise verzeichnet Begegnungen mit mehreren deutschen Kreuzfahrern, etwa mit dem HAPAG-Schiff *Blücher*.

»Auf der *Blücher* stehen alle an der Reling«, berichtete der Herzog. »Sämtliche Passagiere betrachten uns wie ein Weltwunder und schreien ›Hurra‹.«

Ob Hugo Bünz damals auch einen Blick in die Salons werfen durfte, in denen sein Dienstherr Herzog Ernst, der Hofmarschall und die beiden begleitenden Wissenschaftler Kognak schwenkten und Zigarren rauchten, geht aus dem Reisebuch des Herzogs nicht hervor, wahrscheinlich eher nicht. Dabei hätte ihm die Abwechslung nach der Fahrt auf der *Senta*, die kaum größer als ein mittlerer Fischkutter war, sicher gutgetan. Tagelang war auf der *Senta* noch die Rede vom Essen und Trinken an Bord der Kreuzfahrer.

Karsten und ich klettern auf einer Strickleiter fünf Meter die blaue Bordwand hoch. Oben wartet als Erstes das »Landgangsbuch« auf uns, das auf Englisch »Icebook« heißt. Nun steht uns nicht der Sinn nach Landgängen; wir sind ja gerade erst an Bord gekommen, und als uns der dritte Seemann fragt, ob wir uns schon ins Landgangsbuch eingetragen hätten, kommen wir uns ein bisschen wie auf einer schwimmenden bürokratischen Anstalt vor.

Aber dann besinnen wir uns und verstehen den tieferen, weil fürsorglichen Sinn der Übung. Bei Fahrten in der Arktis ist es wichtig zu wissen, wer wann an Bord kommt oder von Bord geht, damit man rechtzeitig nach Verschollenen zu suchen beginnt.

Das deutsche Forschungsschiff hat zwei Chefs, den Fahrtleiter und den Kapitän. Ihre Kabinen sind genau gleich groß. Der Mann für die Wissenschaft wohnt an Backbord, der Mann für die Seemannschaft an Steuerbord.

Michael Klages trägt den Titel »Fahrtleiter« auf der *Polarstern*. Der Wissenschaftler mustert uns neugierig. Karsten

Piepjohn ist ihm natürlich ein Begriff, sie sind Forscherkollegen, der eine zur See, der andere an Land. Wenn Karsten nicht im Gelände forscht, tüftelt er neue Expeditionen für die »Bundesanstalt für Geowissenschaften und Rohstoffe« in Hannover aus.

Michael Klages ist Mitte vierzig, hat leicht angegraute dunkle Haare und kluge Augen. Er trägt ein offenes Hemd, ist energisch und hemdsärmelig und könnte vom Sprechtempo her auch ein Fußballspiel kommentieren. Er schenkt uns zwei Stunden seiner Zeit und führt uns über alle Decks vom Maschinenraum bis zur Brücke, obwohl er an diesem Tag allemal Wichtigeres zu tun hätte. Heute wechselt die Besatzung nach sechswöchiger Reise, und am Abend läuft die *Polarstern* wieder aus.

Klages könnte auch acht Bälle gleichzeitig in der Luft halten. Alle an Bord duzen ihn, so scheint es uns jedenfalls, nur die beiden Machthaber auf der Brücke bleiben beim »Sie«.

Es geht lockerer zu als seinerzeit auf der *Senta.* In den Blauen Salon dürfen alle vom Marinemaler bis zum Hauptmaat, von der angehenden Ozeanografin bis zum Kapitän für große Fahrt. Die Konserven sind nicht mehr aufgeteilt wie anno 1911. Damals wies der Expeditionsleiter den Koch an, die feinere Ware vom Hamburger Schiffsausstatter für die Forscher, die anderen, erst in Tromsø an Bord genommenen Dosen für die Besatzung zu verwenden. Großvater hatte als Schiffskoch beide Sorten auf dem Herd. Rundlich und selbstbewusst, wie er war, vermutete ich, dass er auch von beiden ausgiebig gekostet hat, bevor er sie den zwei Klassen an Bord vorgesetzt hat.

Für die rund einhundert Mann und Frauen an Bord der *Polarstern* gibt es ein kleines Schwimmbad und eine Sauna mit zehn

Plätzen. Auch da gilt: Das Schwimmbecken und die Sauna sind für alle da, wenn sie die einfache Regel befolgen, vor dem Baden zu duschen. Jeden Morgen wird der Verschmutzungsgrad gemessen – und die Messgeräte lügen nicht.

»Eine Neufüllung des Beckens kostet eine Tonne Diesel«, sagt Klages – und ergänzt, als er unsere ratlosen Gesichter sieht: »Wir entsalzen das Meerwasser, und das frisst viel Sprit.«

Noch mehr Diesel kostet der Fahrbetrieb, wenn sich das Schiff mit seiner dicken Stahlhülle – »Containerfrachter sind Konservenbüchsen dagegen«, sagt Maschinenchef Ole Ziemann – mit bis zu acht Knoten Fahrt durchs Eis frisst, dass die Treppengeländer schwingen und die Neulinge an Bord aus den Kojen fallen.

Ole Ziemann erzählt, aus acht Arbeitsstunden an Bord würden gern immer wieder zehn: »Man kann sich ja hier nicht verdrücken.« Und seine Kollegen tief unten im Maschinenkontrollraum nicken.

Der Arbeitsrhythmus ist einfach: Sechs Wochen Arbeit, sechs Wochen frei. Und jeder bekommt seine jährliche Dosis Arktis und Antarktis.

Ziemann ist seit zwanzig Jahren an Bord. Neulich wurde ihm mitten in der Eiswüste der Antarktis der Blinddarm herausgenommen, von einem kundigen Rettungssanitäter, der sich via Bildleitung aus der Heimat Anweisungen für die Operation holte.

So eine Geschichte hätte Hugo sicher auch gefallen – Seeleute erzählen eben immer noch die besten Geschichten. Über die vereinzelt angebrachten Pin-ups hätte er sicher gestaunt. An der Zahl der Pin-ups kann man nach einer einfachen Faustregel übrigens den Frauenanteil an Bord bemessen. So ist es jedenfalls auf Bohrinseln, wo ja auch Menschen wochenlang auf engem Raum zusammenarbeiten und sich nicht ausweichen können. Wenn die Anzahl der Frauen in der Besatzung einen bestimmten Prozentsatz überschreitet, werden die Pinups in die Schränke gehängt, bis sie irgendwann verschwinden.

Auf der *Polarstern* steigt der Frauenanteil langsam, vor allem unter dem wissenschaftlichen Personal, wie wir an den Namensschildern auf den Forschungsboxen ablesen können.

Die *Polarstern* ist vollgestopft mit Labors. Die Forscher haben ihre Messegeräte und Rechner sturmsicher verzurrt. Mit den Bändern könnte man auch einen Elefanten auf ein Autodach schnallen.

Die *Polarstern* ist keine Laune eines reichen Adeligen wie anno 1911, als der Herzog Ernst von Altenburg aus eigener Tasche ein Schiff kaufte, ausstattete und die Mannschaft entlohnte. Dafür strich er auch den Ruhm weitgehend allein ein. Möglicherweise aber mussten seine 200 000 Untertanen im Herzogtum Sachsen-Altenburg den Gürtel enger schnallen.

Die *Polarstern* fährt bis ans Ende der Welt, und das zweimal im Jahr. Das kostet Geld, ein Tag mit voll laufender Maschine verschlingt etwa sechzig Tonnen Treibstoff.

Die Gelder stammen von der Allgemeinheit – und so muss sich das Schiff immer wieder rechtfertigen. Die Forscher vom Alfred-Wegener-Institut nehmen regelmäßig Parlamentarier mit an Bord, um ihnen den Zahn zu ziehen, die Wissenschaftler führen zu ihrem Vergnügen über den Nordpol.

»Die sollten auch mal Wache schieben, damit sie mitkriegen, dass das hier keine Kreuzfahrt ist«, sagt ein Seemann, der aber seinen Namen nicht im Buch lesen will.

Für uns neu ist, dass die deutschen Forscher in der Meeresstraße zwischen Grönland und Spitzbergen, der Framstraße, einen eigenen maritimen »Hausgarten« haben, den sie jährlich besuchen. Alle Welt möchte heute wissen, wie warm das Wasser am Austritt der Arktis ist, und die deutschen Forscher nehmen hier seit Mitte der Neunzigerjahre Maß. So wussten sie mit als Erste, dass nach der massiven Erwärmung des Oberflächenwassers 2006/2007 die Kurve gerade wieder nach unten zeigt: Es wird wieder kälter.

»Das ist das beherrschende Thema der Meeresforscher weltweit«, sagt Michael Klages.

Doch niemand kann mit Sicherheit sagen, welche Haltbarkeitsdauer die Nachricht von der möglichen Trendwende hat. Ein kleiner Knick in einer Aufwärtskurve bedeutet nicht automatisch eine Trendumkehr. Aber deshalb besucht die *Polarstern* ja jährlich ihren Hausgarten.

An Michael Klages kann man wiederum lernen, dass es auch in der Wissenschaft um Chuzpe und das richtige Timing geht. Den Namen »Hausgarten« hat er nämlich selbst erfunden. Noch ist diese Ecke des Nordpolarmeeres nicht offiziell in den Seekarten verzeichnet, dafür aber schon jetzt ein Fixpunkt der deutschen Polarforschung.

Es dürfte der einzige Hausgarten sein, der mehrere tausend Kilometer vom Haupthaus entfernt ist. Wissenschaft braucht einen langen Atem, was nicht jeder Politiker auf Anhieb versteht, und so ein Hausgarten in der Tiefsee bedarf natürlich auch der Pflege, sprich des alljährlichen Besuchs.

In den Tiefseegarten lässt die *Polarstern* dann große metallene Gestelle, sogenannte Verankerungen, mit allerlei Behältern hinab, die dann – mit Proben gefüllt – ein Jahr später langsam wieder hochgehievt werden.

Auf der *Polarstern* werde Tag und Nacht in zwei Schichten

gearbeitet, versichert uns Klages. Doch die Arbeit in der Tiefsee hat auch ihre beruhigenden Momente. Ein bisschen Zen ist dabei, wenn die Gestelle langsam abgesenkt werden. Bei einer Tiefe von ein paar tausend Metern gehen da schon mal zwei Stunden drauf, bis die Winde die empfindliche Fracht auf den Meeresboden hinuntergelassen hat. Was nicht heißen soll, dass alle besinnlich zuschauen würden.

Eines hat sich in der Seefahrt seit den Zeiten der *Senta* nicht geändert: Trinken an Bord ist kein Tabu. Auf Bohrinseln ist das anders. Wer dort beim Trinken erwischt wird, fliegt raus.

Auf See ist Alkohol preiswert, weil unverzollt. Im Hafen bleiben die Vorräte dagegen verschlossen. Wer aber unmäßig trinkt, wird vom Fahrtleiter persönlich trocken gelegt. Der hat dabei das Wohl des Schiffes im Auge.

»Wenn hier einer im Suff auf die Reling klettert, runterfällt und ertrinkt, leiden ja alle. Das hält die ganze Expedition auf.«

Im Speisesaal gibt es zwar keine zwei Klassen, dafür aber feste Essenszeiten.

Beim Gang vom Maschinenraum über die Brücke, auf und ab auf vielen Decks und aufgehalten von schlichten Fragen meinerseits, ist uns die Zeit davongelaufen. Nur noch acht Stunden bis zum Auslaufen. Klages muss sich schleunigst um 51 neue Wissenschaftler und eine ausgefallene Internetverbindung an Bord kümmern und übergibt uns an Karin Lochte, eine blonde sportliche Frau, die sich für eine Woche eingeschifft hat. Statt *Captain's Dinner* also Kaffee mit der obersten Managerin des Alfred-Wegener-Instituts, das dieses Schiff auf die Reise schickt.

Alfred Wegeners Wirken hätte sicher ein paar Schulstunden in meinem Geografieunterricht verdient gehabt. Er entwickelte die Theorie der Kontinentalverschiebung. Ein deutscher Polarforscher von Weltrang, der als Meteorologe das Wetter zwischen Europa und Amerika erforschte, wovon seither jeder Flugreisende von und nach Amerika profitiert. Wegener hat den Interkontinentalflug erst möglich gemacht.

Warum habe ich von solchen Großtaten jahrzehntelang nichts gehört?, frage ich mich nicht zum ersten Mal. War die reformierte Oberstufe tatsächlich so schlecht, fehlt es der Zunft an Selbstbewusstsein – oder habe ich ganze Epochen verschlafen? Vielleicht sind wir Deutschen auch einfach zu bescheiden nach all unserem Größenwahn?

Die Direktorin rührt in ihrem Bordkaffee, lehnt sich vor und plaudert aus dem Nähkästchen – von vertraulichen Runden und dem Ringen der Energiekonzerne um die Bodenschätze der Tiefsee. Die Russen wollen loslegen und berufen sich aufs Seerecht.

»Die Wissenschaft«, so sagt sie, »braucht mehr Zeit auf diesem unbekannten Terrain. Wer weiß schon, ob die Bohrungen zu verantworten sind?«

Die Konzerne verweisen wohl gerne auf eigene Erkundungen, halten sie aber geheim. Eines ist klar: Die nächste Runde im Poker um die Rohstoffe spielt in der Arktis. Die norwegische Regierung hat schon einen aparten Begriff dafür geprägt: Europas neue Petroleum-Provinz. Man könnte hinzufügen: kalt, riskant, aber anders als die Golfstaaten demokratisch regiert.

Karin Lochte wird eine ganze Woche mitfahren. Sie will dabei sein, wenn die *Polarstern* auf die Suche nach Methan geht. Seit einiger Zeit tritt vermehrt Gas aus in vierhundert Metern Meerestiefe. Möglich, dass die zwischenzeitliche Erwärmung die unterirdischen Gebirge destabilisiert – eine Vorstellung, die schon den Schriftsteller Frank Schätzing in »Der

Schwarm« beschäftigte. Bei vierhundert Metern Tiefe bleibt das Gas aufgrund des atmosphärischen Drucks und einer bestimmten Temperatur üblicherweise in Eisform, aber die Dinge sind im Fluss.

An der Reling lassen wir uns noch von zwei Seebären erzählen, dass die *Polarstern* auf dieser Tour noch nie so viele Wale gesehen habe und der Kabeljau nach Spitzbergen zurückgekehrt sei. Dafür seien einige Vogelarten ausgewandert.

»Der Klimawandel nimmt – aber er gibt auch«, sagt Karsten voll Lakonie. Den empirischen Beweis für die Rückkehr des Kabeljaus lieferten zu Abwechslung einmal die Seeleute – sie hatten ihre Angeln ausgeworfen.

Die Sentabucht

Es ist nur zu menschlich, Spuren zu hinterlassen, wenn man auf eigenem Kiel mit einem kleinen Holzboot übers Nordpolarmeer gekommen ist. Achtzig Grad Nord – so weit nördlich wie noch nie eine deutsche Segelyacht zuvor.

Besonders stark ist das Bedürfnis, sich dort zu verewigen, wo »Jahrtausende dahingegangen waren, ohne Kunde von dem Dasein dieses Landes zu den Menschen zu bringen«, schrieb der Polarforscher Julius Payer 1873 in sein Tagebuch.

Entdecker nennen eine Bucht nach ihrem Schiff, eine Insel nach ihrem Landesfürsten, das Meer nach ihrem Steuermann.

Der Herzog von Sachsen-Altenburg wollte da nicht zurückstehen.

Als die *Senta* 1911 kurz vor dem 80. Breitengrad umdrehen musste, weil sie nicht gegen das Packeis ankam, segelte sie zurück in den Eisfjord und dann wieder nördlich in den kleineren Billefjord zum Nordenskiöld Gletscher. Die Expedition des Herzog Ernst erreichte ihr Ziel nicht ganz, aber sie scheiterte auf eine humane Weise.

Geplant war dann die wesentlich kürzere Route über einen Gletscher. Alle elf Männer an Bord halfen mit, die dreihundert Kilo schweren Schlitten an Land und an die Zunge des Gletschers zu bringen. Die *Senta* ankerte in einer flachen Bucht, und der Herzog taufte sie Sentabucht, nachdem er sich auf der Karte der deutschen Admiralität vergewissert hatte, dass sie noch keinen Namen trug.

In Longyearbyen hat noch niemand den Namen Sentabucht gehört, bis Hanneke ein dickes Buch anschleppt, das auf vielen hundert Seiten alle Buchten, Flüsse und Berge auf Spitzbergen anführt, und tatsächlich findet sich dort ein kleiner Hinweis:

»Die Sentabucht liegt südlich der Adolfbucht, östlich von Cap Napier, nordwestlich in Bünsowland. Genannt nach der *Senta*, dem Schiff, das der Herzog von Sachsen-Altenburg 1911 für seine Expedition nach Spitzbergen benutzte.«

Wir schiffen uns mit zwei Dutzend Tagestouristen Richtung Billefjord ein. Der Dampfer geht im Sommer täglich nach Pyramiden.

Es ist nicht ganz klar, ob wir ein Quartier finden werden. Am Ziel unserer Reise soll es eine einfache Übernachtungsmöglichkeit geben, eine Schlafgelegenheit mit einer Kochplatte. Wir packen unsere Rucksäcke voll mit ein paar Vorräten: getrocknete Tomaten, Thunfisch in Dosen, Nudeln und Sugo, ein indisches Fertiggericht, Müsli und Schokolade.

Karsten übergibt das Gewehr dem Kapitän, so ist es Vorschrift, später an Land ist er für den Schutz und ich fürs Kochen zuständig.

Unser Dampfer *Langøysund* stammt von 1954 und ist eines dieser tapferen Schiffe, die nach zwanzig Jahren auf der Vogelfluglinie irgendwann ab den Siebzigern zwischen den griechischen Inseln eingesetzt wurden. Nun also in der Arktis. Die schlechteren Vertreter dieser Bauart sind vermutlich alle schon untergegangen, mit den übrig gebliebenen Veteranen lässt sich gut reisen. Die Farbe hält das Schiff zusammen, das Holz an den Wänden ist noch massiv, und drinnen kann man bei einem Becher Kaffee und dem leichten Vibrato der Maschine auf den Polsterbänken ein bisschen einnicken, während der Dampfer durch die Wellen stampft.

Draußen ist es kalt und nass, und ab und zu kommt eine Welle über den Bug, wo ein junger nordischer Vater unverdrossen seinen einjährigen Sohn Arni an die Witterung gewöhnt. Arni ist ein rechter Wonneproppen, ihm verrutscht seine Räubermütze, und dann schaut er verwegen wie ein Pirat mit nur einem Auge. Seine Eltern, blonde athletische Outdoorfreunde mit dem Fernglas am Riemen, sind in jagdlichen Tönen gekleidet, selbst Arnis Kinderwagen ist in Olive gehalten.

Nach drei Stunden erreichen wir den Nordenskiöld-Gletscher, eine imposante Eiswand, ein paar hundert Meter breit und fünfzig Kilometer lang. Drei kegelförmige Nunataks in Mittelgebirgshöhe ragen aus dem Meer von Eis.

Im Schutz des Gletschers lässt der Wind nach, kleinere Eisstücke stoßen an die Bordwand. Alle Blicke kleben am Gletscher. Wir warten darauf, dass er kalbt und junge Eisberge entstehen. Wenn sich einzelne Brocken über die Abbruchkante ins Meer schieben, schäumt die See an der Abbruchstelle, und die Luft ist erfüllt von einem großen Krachen. Selbst die Guides, die das ja jeden Tag sehen, drehen den Kopf dahin. Man weiß ja nie, wie hoch die Wellen schlagen, wenn ein wirklich großer Brocken kommt.

Das Eis hat alle Farben von Transparent bis fast Schwarz. Je älter, desto dunkler, je dunkler, desto größer ist auch das spezifische Gewicht. Ein kleiner schwarzer Brocken ergibt mehr Wasser beim Tauen als ein heller. So etwas merkt man sich unwillkürlich, weil es ja irgendwann von Nutzen sein könnte.

Das Schiff hält Abstand zur Kante, die sich etwa dreißig Meter vor uns auftürmt. Unser Guide ist ein Veteran seiner Zunft und könnte auch als Stuntman durchgehen, so dynamisch wie er auf die Deckskiste springt. Er heißt Stein, seine Augen blitzen, er trägt eine schöne gestrickte Wollmütze und nutzt die ehrfürchtige Stimmung für eine Showeinlage. Er lässt den Matrosen einen fußballgroßen Eisblock mit der stumpfen Seite eines Beils zerlegen und schenkt Aquavit »on the rocks« in Plastikbecher ein. Das Alter des Eises gibt er genauso sicher wie willkürlich mit 3750 Jahren an.

Es ist erst mitten am Tag, und die Hälfte des Aquavits in meinem Becher geht in die Bucht – für Hugo. Eine große Robbe taucht auf und schwimmt seelenruhig am Boot vorbei.

Hier haben sie gelegen. Die Bucht ist ungewöhnlich flach, von See aus sind in Strandnähe große Steine zu sehen, die aus dem Wasser gucken. Der Platz gibt Rätsel auf. Er ist zwar nah am Gletscher, aber die Bucht ist im Bereich des Ufers voller Steine, die ein Holzschiff trotz aller Eisverstärkung schnell beschädigen könnten. Wahrscheinlich haben sie vor der Bucht geankert, und alle Ausrüstungsgegenstände mit dem Fangboot an Land gebracht.

Der Herzog ist mit den Seinen dann tagelang über den Gletscher gezogen, hat kartiert und gemessen, während die Mannschaft zurück nach Longyearbyen fuhr und den Proviant ergänzte. Für den Fall eines Scheiterns oder einer verfrühten Heimkehr hatte der Herzog Leuchtraketen in der Bucht deponiert. Der Kapitän hatte in das Depot auch noch etwas Schnaps und Apfelsinen gepackt.

Daran erfreuten sich dann die Rückkehrer nach Schneestürmen und allerlei Gefahren im zerfurchten und zerklüfteten Gelände.

Tatsächlich ist die Bucht so flach, dass der Kapitän das Schiff beim Abholen auf Grund setzte. Mit ablaufendem Wasser neigte sich die *Senta* um fast neunzig Grad, bis die nächste Flut sie wieder in die Horizontale brachte.

Das alles spielt sich vor meinem inneren Auge ab, und mir ist ein bisschen weh ums Herz.

Für die anderen Passagiere ist die Bucht nur eine Bucht, der Dampfer wird sie sicher nicht in sein festes Programm übernehmen. Nur meine Finger sind steif vom Fotografieren und meine Nase rot vom Sturm.

Exkurs: Schröder-Stranz

Der sichere Weg zum Ruhm ist spektakuläres Scheitern.

Kaum eine deutsche Expedition ist so viel beschrieben worden wie die Schröder-Stranz-Expedition im Jahr darauf. Wissenschaftler haben versucht, ihren Weg nachzuzeichnen.

Arved Fuchs ist ihrem Kurs der *Senta* gefolgt.

Ein Jahr nach seiner eigenen Spitzbergenfahrt lieh Herzog Ernst seinen guten Namen einer Expedition, die das Rätsel der Nordostpassage lösen sollte. Die Nordostpassage ist etwa achttausend Kilometer kürzer als der Seeweg durch den Suezkanal. Damals war sie nicht passierbar; heute schafft man es sogar ohne Eisbrecher, östlich am Nordpol vorbei nach Asien zu gelangen.

Die Schröder-Stranz-Expedition auf dem Schiff *Herzog Ernst* blieb im späten Sommer im Eis stecken, nicht weit von der Stelle, wo auch die *Senta* umdrehen musste.

Der Namensgeber der Expedition, ein junger Leutnant ohne Polarerfahrung, der zuvor als Soldat in Deutsch-Südwest gekämpft hatte, ging mit einigen Mitstreitern von Bord, um über das Eis weiter zum Nordostland zu ziehen.

Diese Gruppe ging komplett verloren. Ein Teil der anderen Besatzungsmitglieder verließ das Schiff und überwinterte in Hütten von Fallenstellern. Eine dritte Gruppe schlug sich zu Fuß nach Longyearbyen durch. Vielleicht hätten alle zusammen gefahrlos an Bord überwintern können.

Die Expedition schlug fehl, weil es an Bord der *Herzog Ernst* an Führung fehlte, nachdem sich der eigentliche Expeditionsleiter abgesetzt hatte. Von fünfzehn Teilnehmern kamen sieben zurück.

Eine schreckliche Geschichte und eine Blamage für das Deutsche Reich, das sich 1912 anschickte, eine ernsthafte Seenation zu werden; ein Ruf, der durch schneidige Unvernunft nun in Misskredit geraten war.

Um die Geschichte abzuschließen: Auf der Suche nach den Verschollenen wurden mehrere Expeditionen gestartet.

Scheitern kann auch eine Chance sein. Denn nichts hätte

klarer machen können, dass Forschung in der Arktis kein Herrensport ist, sondern eine Sache von gut vorbereiteten Experten.

Ein Gedanke, aus dem später die DFG, die Deutsche Forschungsgemeinschaft, geboren wurde.

Pyramiden

Irgendwann haben sich alle am Gletscher sattgesehen.

Unser kleiner Dampfer steuert jetzt westlich über die Bucht nach Pyramiden, zu einer Siedlung, die erst richtig spannend geworden ist, seitdem die Menschen sie verlassen haben. Pyramiden ist einer der Namen, die man auf Anhieb versteht: Der Hausberg trägt eine mächtige Cheopspyramide oben auf seiner Spitze in neunhundert Metern Höhe.

Der Kai ist riesig und komplett aus Holz. Zwei museumsreife Rechner stehen in Plastik verpackt auf der Pier. Aus dem Fischerboot am Strand haben sie die Bordwand ausgesägt, um besser an den Motor zu kommen.

Hier legten die Seeschiffe mit Kurs Murmansk an. Kohle für Russland, so lange es rentabel war. 1997 war Schluss. In den sowjetischen Zeiten gehörte Russland zu den Staaten, die den Spitzbergen-Vertrag unterzeichnet hatten und damit auch das Recht haben, hier Rohstoffe abzubauen.

Karsten kennt Pyramiden noch aus einer Zeit, als hier die Schlote des Kraftwerkes rauchten und die Loren ein- und ausfuhren. Auf einer Expedition hatte er sein Lager auf der anderen Seite des Fjords aufgeschlagen und eines Tages aus reiner Neugier das Schlauchboot genommen.

»Vom Strand weg hat mich eine Familie von Bergleuten zum Abendessen eingeladen. Herzliche Leute, die Verständigung klappte auch irgendwie, und am nächsten Morgen dann das taube Gefühl nach einem Abend mit Wodka aus Wassergläsern.«

Vier blaue Container stehen am Rande der Piers, von dort streben zwei verwegene Gesellen mit Gewehren auf unser Schiff zu, nehmen die Leinen an und vertäuen die *Langøysund* an der Brücke. Am Ufer liegt Treibholz aus Sibirien, Lärche, die über den Nordpol angetrieben wurde.

Die zwei verwegenen Gestalten entpuppen sich als Dimitri und Jewgeni und treiben die Gruppe zur Eile an. Für den Gang durch die Geisterstadt sind nur neunzig Minuten vorgesehen, und so geht es recht eilig über einen matschigen Weg vom Hafen zur Stadt. Die Guides nehmen die Gruppe in die Mitte, damit sich keiner zwischen den verlassenen Gebäuden verirrt.

Dimitri hat auch die Schlüsselgewalt über die Wohncontainer am Hafen, teilt uns Betten zu und leiht uns seinen Topf zum Kochen. Dimitri ist ein Geografiestudent aus St. Petersburg und für zwei Monate als Mädchen für alles hier. »No Problem!« ist einer seiner häufigsten Ausdrücke.

Gemeinsam mit uns wohnen in den Containern noch zwei freundliche Sachsen, die mit ihrem Guide Henning unterwegs sind.

Dimitri marschiert vorneweg. Es ist still, die Möwen krächzen, ab und zu hallen Hammerschläge durch die Siedlung. Es tut sich was in Pyramiden. Generatoren brummen. Ein paar Kilometer neue Versorgungsrohre für Heißwasser sind verlegt.

Wo früher tausend Menschen wohnten, leben jetzt zehn und üben Wiederaufbau und Völkerverständigung.

Drei norwegische und drei russische Tischler setzen gemeinsam Fenster ein, die die Winterstürme zerfetzt haben. Abends sitzen sie dann an getrennten Tischen. Es gibt ein Hotel im Wartestand und ein kleines Museum, in dem ein ausgestopfter Eisbär einem Rentier Gesellschaft leistet und alten Kladden mit Erfolgsmeldungen der einzelnen Brigaden im Bergbau. Planwirtschaft in der Arktis lebte von Zielen. Wer doppelt so viel aus den Schächten förderte, wie das Plansoll es vorgab, gehörte zu den Helden der Arbeit und bekam dafür einen Orden umgehängt.

An Pyramiden kann man sehen, wie schnell die Natur sich alles zurückholt, wenn sich der Mensch getrollt hat, und wie dominant Gerüche sein können. Hanneke hatte uns schon vorgewarnt: Im Hühnerstall riecht es auch zehn Jahre nach dem Exodus der Russen noch immer nach Hühnern.

Als Dimitri unterwegs die gute Versorgung rühmt – es gab sogar Kühe und frisches Gemüse, ein Schwimmbad und einen Kulturpalast –, hängt ein bisschen Sowjetnostalgie über der einstigen Mustersiedlung in der Arktis. Ob es Arbeitern in Russland heute noch so gut geht?

»Ach ja«, würde meine lettische Freundin Sandra sagen, die diese Melodie von den Insassen des Sowjetreichs gut kennt und manchmal selbst anstimmt. »Die guten alten schlechten Zeiten.«

Die eigene Kohle – im Überfluss vorhanden – trieb ein Kraftwerk an. Das sorgte für heißes Wasser, das in großen Rohren durch die Siedlung floss und dem Permafrost ein Schnippchen schlug. Kuhställe und Gewächshäuser wurden beheizt. Die Tiere lieferten Dung, der half den Pflanzen beim

Wachsen: Es etablierte sich ein geschlossener Kreislauf der Versorgung. Nur den Lichtmangel in den vier Monaten Sonnenpause konnten auch die Russen nicht abstellen.

Pyramiden war ein Testfall, ob man ein Leben aus sich selbst heraus schaffen könnte, in einer Gegend, die außer Wasser und Kohle nichts zu bieten hat.

Nach zwei Stunden wird es wieder still in Pyramiden. Die Tagestouristen dampfen zurück nach Longyearbyen.

Jetzt, da die Menge sich gelichtet hat, ist es Zeit für eine Ortsbegehung der besonderen Art. Als Erstes zeigt uns Dimitri die Telefonzelle von Pyramiden. Sie besteht aus einem einfachen Holzstock neben dem Weg zwischen Hafen und Stadt, mitten im Gelände voll von Schutt und Steinen.

»Wenn du das Handy genau über den Stock hältst, dann bekommst du Kontakt zum Sputnik da oben. Es geht aber nur, wenn du das Telefon etwas hochhältst, mit der Spitze in Richtung Nordenskiöld-Gletscher.«

Es funktioniert tatsächlich.

Im Hotelgebäude haben eine Kellnerin mit Dutt und eine Köchin im Kittel geduldig den ganzen Tag auf Kundschaft gewartet. Alle bewegen sich auf Strümpfen, die erste Hausregel in der Arktis heißt: Schuhe aus.

In einer Ecke sitzen drei Norweger, in denen wir die Tischler wiedererkennen. Auf den säuberlich gedeckten Tischen stehen Glasschälchen mit frischen Knoblauchzehen, der obligatorische Kohlsalat und Kartoffelsalat mit Erbsen. Bier gibt es auch in der Literdose.

Meeresrauschen und Möwengeschrei laufen als Endlosschleife wie im Fahrstuhl des Hotel Admiral am Nyhavn in Kopenhagen, nur dass es hier echt ist, denn unter dem Hotel Tulip rauscht das Meer, und daneben liegt das ehemalige Wohnheim für Paare und Familien, das komplett von Möwen bewohnt ist. Sie haben sich die Innenräume erobert und nisten in den Fensterbänken.

Das Haus hieß bei den Einwohnern von Pyramiden schlicht »das Irrenhaus«. Die Gänge waren etwas breiter angelegt, weil sie auch als Kinderspielplatz herhalten mussten, wenn sich vom 15. November bis zum 15. Februar die Sonne nicht mehr blicken ließ.

»Das Wohnheim für Männer hieß ›London‹ und das für Frauen ›Paris‹«, erzählt uns Dimitri.

Wenn sich London und Paris näher kamen, landeten sie im Irrenhaus.

Am nächsten Tag will Karsten in den Wald. Die Sonne lacht, ein heftiger Wind kommt vom Meer. Zum Bild könnte es passen, wenn der Wind um die Häuserecken der Geisterstadt pfiffe, aber diese sind abgerundet, um den Bewohnern von Pyramiden die Winterstürme etwas erträglicher zu machen. Die Landschaft ist so karg, es wirbelt noch nicht einmal Sand durch die Luft.

Und doch: Am Boden ist der Sommer ausgebrochen. Überall Farbtupfer und sogar frisches Grün. Am stärksten leuchtet die Wiese mit dem sibirischen Gras, das die Bergleute mitgebracht haben und das zu Füßen der großen Leninstatue kniehoch wächst.

Auf dem Weg passieren wir den Kulturpalast und das Schwimmbad. Es muss das Selbstwertgefühl der einfachen Leute enorm gehoben haben, dass die Zweckgebäude tatsächlich wie kleine Paläste aussehen mit herrschaftlichen Eingängen und Tribünen, die Decken aus geschnitztem Holz und die Wände getäfelt.

»Unten an der Treppe in einer eigenen Loge saß die Concierge und guckte bestimmt streng«, sagt Karsten und grinst.

Nun macht die Natur aber keinen großen Unterschied zwischen Hütten und Palästen. Der Kulturpalast ist das letzte Haus im Ort und am nächsten am Schmelzwasserfluss gelegen. Im vergangenen Jahr floss auf einmal ein Bach unter dem Haus durch.

Zwei Kilometer weiter sind russische Arbeiter mit Baggern koreanischer Bauart damit beschäftigt, die Dämme zu erhöhen, um die Wassermassen davon abzuhalten, Pyramiden den letzten Stoß zu versetzen.

Oberhalb des Ortes liegen die Gänseseen, und Karsten kann bezeugen, dass arktische Gänse auch gackern. Mit seiner letzten Expedition kampierte er am See, und die Tiere störten die Nachtruhe empfindlich.

Diese beiden Seen waren die Wasserreservoirs von Pyramiden und durch künstlich aufgeschüttete Dämme gestaut, auf deren Rändern in regelmäßigen Abständen abgesägte Säulen herausragen. Die Säulen lassen an große Brennscheren denken und entpuppen sich bei genauerem Hinsehen als ehemalige Wärmetauscher. Das System war arktisch und erprobt. Die Wärmetauscher kühlten den Damm, wenn der Permafrost nachließ und der Damm zu instabil wurde.

Nach zwei Stunden erreichen wir das Munintal und wandern entlang dem Fluss langsam aufwärts. Ringsherum ist eine grandiose Landschaft: Tafelberge, spitze Formationen, die an Kathedralen denken lassen, eine einsame Hütte in Blau mit gelben Streifen, geziert von einen Tonnendach und mit einer kleinen Grillstelle versehen. Sie diente wohl als Sommerhäuschen für Pyramiden.

Der Muninfluss hat Hochwasser, und langsam dämmert

uns, dass wir den ältesten Wald der Welt wohl nicht in seiner vollen Schönheit sehen werden: Die Versteinerungen aus dem Zeitalter des Devon vor 350 Millionen Jahren sind von milchigem, schnell fließendem Wasser bedeckt.

Die drei Männer aus dem Wohncontainer haben sich unserer Exkursion angeschlossen, Henning und die Sachsen. Sie tragen Wathosen und versuchen ihr Glück auf der anderen Seite. Dem einen leihe ich noch meine Wanderstöcke, der andere strauchelt in der starken Strömung und taucht mit seiner Kameratasche kurz bis zur Hüfte ein, rappelt sich dann aber doch hoch.

Doch all die Mühen lohnen sich am Ende. Eine kleine Ausbuchtung in dunkler Farbe und mit der Oberfläche einer Ananas zeigt dem Auge des Geologen, dass hier einmal ein Wald war, vor 350 Millionen Jahren.

»Das sind Abgüsse, erhalten dadurch, dass Lehm und Schutt die bewaldeten Täler füllten. Die Pflanzen verwesten, zurück blieben Röhren, die sich wieder mit Schlamm füllten, der auf die Dauer hart wie Beton wurde.«

Karsten ist etwas betrübt, dass er uns nicht mehr Waldstücke präsentieren kann. Mich entschädigt wenig später eine kurze Rast auf einer Polarweide. Nun darf man hier keine Bäume erwarten, in deren Ästen man ruhen könnte. Wir gehen in die Knie und sehen nicht den ältesten, aber den wohl niedrigsten Baum der Welt: eine Polarweide.

Fast wäre ich draufgetrampelt. Der Baum ist gerade einmal drei Zentimeter hoch und bedeckt mit seinen grünen Blättern und Zweigen einen halben Quadratmeter.

Drei Tage Pyramiden vergehen wie im Flug. Wir wandern durch die Maschinenhalle, wo noch halbvolle Bierflaschen Radeberger Pilsner in der Schmiedewerkstatt stehen, und zum

Flaschenhaus oberhalb des Dorfes, einer luftigen Konstruktion aus fünftausend Wodka- und Bierflaschen in Zement und mit einem weiten Blick ins Tal.

Dann holt uns das Schwesterschiff der *Langøysund*, die *Polargirl* ab. An Bord werden uns Kohlblätter, Kartoffelsalat und Mink serviert. Die Stücke vom Zwergwal liegen frisch gegrillt in einer großen Stahlwanne auf Deck und könnten als Rindfleisch durchgehen.

Muss ja nicht sein, denke ich im stillen Verzicht, Wale könnte man ja auch in Ruhe lassen.

Der Schritt zurück in die Zivilisation von Longyearbyen ist von leichtem Bedauern begleitet. Doch dann erscheint nachts um elf vor der Lodge die Schneeammer und singt ihr Lied, und ein Polarfuchskind sitzt vor dem Küchenfenster der ehemaligen Baracke.

Ich nehme Abschied von der kalten Schönheit und von einem bestimmten namenlosen Stein vor meinem Fenster. Ein schlichter Sandstein, eine Tonne schwer, der hier auf dem Parkplatz den Weg begrenzt.

An ihm kann man sehen, was sich alles auf dem Sand abgelagert hat: Blätter und Holzstückchen. An diesem Stein, den niemand auf Spitzbergen besonders aufregend findet, kann man die Schichten der Erde ablesen.

Von der Siedlung Longyearbyen zum Campingplatz sind es sechstausend Schritte.

Ich habe Karsten versprochen, zum Abschied vorbeizukommen. Auf den letzten Metern mitten in der Einflugschneise passiert man den wahrscheinlich nördlichsten Ponyhof der Welt. Es ist nicht so, als fehlte es in Spitzbergen an Platz, aber der Zufall will es, dass dieser Ponyhof direkt in der Einflugschneise liegt und die Pferde sich die Umzäunung mit drei Landefeuern teilen.

Noch etwas ist – gelinde gesagt – etwas skurril: Ein Straßenmast trägt zwei Hinweisschilder – eines zum Campingplatz, eines zum Tal der Bären.

Wenigstens ist hier der Blick auf nahende Tiere im Sommer ungehindert: Es ist immer hell. Vier Monate scheint die Polarsonne ohne Unterlass.

Das Camp selbst bietet die schönste Aussicht auf schneebedeckte Berge, ein paar Sommerhütten am Fjord und das Meer. Ein solides Holzhaus mit Männer- und Frauendusche, einem geheizten Aufenthaltsraum und bis zu 150 Zelten in der Hochsaison.

Hier landen die, die nützliche Tipps nötig haben, weil sie doch dichter an der Natur leben als Kreuzfahrttouristen und Pauschalreisende. Andreas Umbreit ist der Betreiber des Platzes und Verfasser des einschlägigen Spitzbergen-Handbuchs. Von ihm stammt die dringende Empfehlung, außerhalb des Zeltes zu kochen. Eisbären hätten eine feine Nase.

Karsten, der gerade aus seinem grünen Tonnenzelt herauskrabbelt, darin eine bequeme Matratze, einen Rucksack und ein Notebook, hält nicht so viel von den Ratschlägen.

»Man kann zwar das Essen aus dem Zelt schaffen, aber die feine Nase der Bären riecht ja auch den Menschen …«

Das wirklich letzte Wort in dieser Sache soll ein Trapper haben, der vierzig Jahre lang als Einsiedler in einer Hütte lebte, mit den Tieren der Arktis als Nachbarn.

»Eisbären sehen Menschen nicht als ihre Beute an. Aber sie könnten eine Ausnahme machen – und man weiß nie wann.«

Drittes Kapitel

Tagestrip zum Nordpol

In dem ein Trecker vom Himmel fällt.
Die Kleinen den größten Teil vom Kuchen bekommen.
Ein Tourist fast am Pol versinkt und der
Autor kalte Füße bekommt.

Der kürzeste Weg zur Kuppel der Welt beginnt gleich hinter dem Campingplatz von Spitzbergen, allerdings muss man die richtige Zeit erwischen.

Wenn das Licht *wieder* da ist nach der langen polaren Nacht und die Kälte *noch* da ist, beginnt die Saison für einen Ausflug zum Nordpol.

Das ist kein großes Abenteuer mehr, selbst der englische Prinz Harry hat es neulich glücklich überstanden. Nicht dass Harry ein Schlappschwanz wäre. Aber der englische Hof will sichergehen, dass der Nummer drei in der Thronfolge kein Haar gekrümmt wird. Sein Einsatz als Soldat in Afghanistan musste abgebrochen werden, der Nordpol galt dem britischen Geheimdienst als vergleichsweise sicher.

Wie sich die Zeiten doch ändern.

Es war eines Tages im April, wir hatten gerade auf dem Zeltplatz von Longyearbyen die oben erwähnte Lektion von Andreas Umbreit in Sachen Eisbärenschutz bekommen, bei Filmaufnahmen hatte ich auch einmal probeweise geschossen, und die Schulter schmerzte noch vom Rückschlag der Pumpgun, da lag ich im Röhrenzelt auf dem Rücken, streckte die Nase in den polaren Himmel und sann friedlich vor mich hin. Auf einmal erhob sich ein infernalischer Lärm vom nahegelegenen Flugplatz. Die Russen sind da …

Die Russen besitzen neben der aufgegeben Siedlung Pyramiden noch eine zweite Kohlegrube namens Barentsburg –

und dazu gehört auch ein betagter Transporthubschrauber aus Breschnews Tagen, ein riesiges Fluggerät, das beim Start lange blaue Rauchfahnen zurücklässt und den Gestank halbverbrannten Öls.

Hinter der Mi8, so sein offizieller Titel, war ein vergleichsweise modernes Düsenflugzeug zu erkennen, ebenfalls mit russischem Hoheitszeichen.

Die Russen haben mehr zu bieten als klapprige Fluggeräte, die nach der Devise funktionieren: Was nicht dran ist, kann auch nicht kaputtgehen. Sie sind nicht umsonst die Meister der Arktis. Zu Sowjetzeiten hatten sie eine komplette Logistik für den kalten Kontinent, schon allein, um ihre Straflager zu betreiben. Eine Flotte von Atomeisbrechern hielt die Fahrrinne offen, Frachter folgten in ihrem Kielwasser.

Aus der Spätzeit der Sowjetunion stammt diese Antonow 74, ein russisches Spezialflugzeug, das im April einmal wöchentlich von Spitzbergen aus zum Nordpol durchstartet.

Ein seltsamer Anblick: Die Turbinen liegen oben, damit bei der Landung keine Eissplitter eindringen. Die Antonow 74 kommt mit 300 Metern Lande- und 250 Metern Startrollbahn aus. 1987 landete sie auf einer driftenden Eisscholle bei der sowjetischen Polarstation SP-27. Mehr Platz war nicht, mehr brauchte sie auch nicht.

Die Heckklappe ist offen, ein paar Schlittenhunde bellen in ihren Käfigen, Skier werden hochgereicht und Schlitten im Laderaum verzurrt. Wer so ausgerüstet ist, will nach der Landung weiter zum Pol – auf zwei Beinen oder auf Skiern. Die letzten hundert Kilometer, der letzte Breitengrad.

Organisiert als Gruppe dauert das drei Wochen, Training vorab inklusive. Der ganze Spaß kostet rund 21 450 Euro pro Person.

Eine kleine Rechenstunde:

Vom Äquator bis zum Pol sind es rund 10 000 Kilometer. Wenn man die Distanz in neunzig Breitengrade unterteilt, ist ein Grad etwa 100 Kilometer. Wer auf dem 89. Breitengrad mit der Antonow landet, hat noch 100 Kilometer auf treibenden Eisschollen vor sich.

Eine »Pol-Eroberung light«, über die Amundsen und Scott wohl gelächelt hätten. Aber sie zählt. Wer sollte schon bestimmen, wo eine Reise zum Pol zu beginnen hat – vor der eigenen Haustür etwa?

Mit der Literatur über den Nordpol und seine Eroberer könnte man mühelos ein ganzes Hauszelt füllen.

Die neuere Geschichte des Nordpols beginnt mit dem Sommer 2000, als eine russische Patrouille zu ihrem großen Erstaunen einen eisfreien Pol vorfindet. Tatsächlich war nicht der ganze Pol eisfrei, aber es gab offene Spalten im Packeis, die ein bisschen größer waren als zuvor.

Wenn man einmal dort gewesen ist, stellt sich die Frage umso dringlicher: Warum wollen Menschen ans kalte Ende der Welt? Und sind sie dann enttäuscht, weil alles so kinderleicht war? Keine Strapazen, keine abgefrorenen Zehen, keine Ungewissheit, nur ein bisschen Reisefieber in den betagten russischen Polarmaschinen, weiche Knie auf dünnem Eis am Pol, Schwindel vom hastig heruntergekippten Schaumwein.

Kann man genießen, wenn man sich die Anreise so leicht macht?

Der Knecht Andreas Meincke, eine Generation vor meinem Großvater, kam weiter als ich. Als er sich nach geglückter Heimkehr in Minden polizeilich anmeldete, musste er unter anderem die Frage nach dem letzten Aufenthaltsort beantworten.

»Nordpol«. So ist es vermerkt.

Für den Nordpol waren Menschen bereit, Zehen und Finger zu opfern. Ein Mann trieb 250 Tage auf einer Eisscholle, nachdem sein Schiff im Eis steckenblieb und zerquetscht wurde. Er überlebte – und wurde der Nestor der modernen Kreuzfahrt-Touristik in den Norden. Reinhard Krause, das historische Gewissen der Polarforscher vom Alfred Wegener Institut, hat die Geschichte vom Rostocker Kapitän Wilhelm Bade zusammengetragen.

Heute kann man das Abenteuer straffen. Morgens hin und abends zurück; ein Tagestrip.

An der Gangway in der Warteschlange steht Mikhail Moysin aus St. Petersburg. Er hat den Tagestrip gebucht und dafür 7000 Euro bezahlt – der Weg ist ihm ziemlich schnuppe. Ihm geht es vor allem darum zu sagen: »Ich war am Nordpol.«

Mikhail Moysin ist ein junger Mann Anfang dreißig mit blondem Haar; ein erfolgreicher Geschäftsmann aus der Handysparte und jetzt beim Start sehr aufgekratzt und noch ziemlich nüchtern.

Seine Kleidung ist eher praktisch als polar. So rüstet man sich für einen Frühlingstag in Garmisch: Goretexjacke, Pudelmütze, Tagesrucksack, zwei Wasserflaschen. Er sagt, er träume seit zwei Jahren davon, auf der Spitze der Welt zu stehen und nach unten zu gucken, und klettert dann ins dunkle Innere der Maschine.

Die russische Maschine ist klassenlos, auch zwischen Gepäck und Passagieren wird nicht künstlich unterschieden: Es gibt ein paar Sitze, aber nicht genügend für alle. Der Steward etwa ruht auf den Rucksäcken. Hinten im Frachtraum bellen die Hunde.

Der Ausblick ist begrenzt, schon weil es nur wenige Fenster

gibt. Es geht auch nicht in erster Linie um schöne Aussichten. Auf den Rucksäcken kommt man sich schnell nahe.

In der Nähe des Fensters sitzt Louisa Allana, blond, sehnig, durchtrainiert und etwas nervös. Sie ist Anfang dreißig und fixiert auf einen Platz im Buch der Rekorde. Die Australierin will vom Basiscamp aus starten und dann weiter Richtung Pol.

»Ich hoffe dass ich die erste australische Frau am Pol auf Skiern sein werde«, bei jedem zweiten Wort nickt sie; es ist ein bisschen wie Singen im dunklen Keller, denn gleich darauf spricht sie von ihrer Angst und wie froh sie ist, endlich loszulaufen.

Vielleicht hat sie auch Angst davor zu entdecken, dass die Zwiebel innen hohl ist. Wer weiß, vielleicht widerfährt ihr dasselbe wie den Pinguinen aus dem Hollywoodfilm *Madagaskar*, die aus dem New Yorker Zoo ausbrechen, am Südpol landen, in die Eiswüste starren und nur einen Satz, den der kompletten Negation, ausrufen.

»Hier ist ja nichts!«

Es ist besser mit der Illusion zu leben als mit der Ernüchterung, sagte ich mir und blieb am Boden. Was mich nicht daran gehindert hat, mir später vom Tagestrip alles hundertmal erzählen zu lassen. Tatjana, Thomas und Gunnar flogen allein. Es war vordergründig eine Frage des Preises, die Russen wollten für den Tagestrip ab Spitzbergen 21 000 Euro für unsere Crew. Nach tagelangem Feilschen gingen sie runter auf 7000 Euro für drei Passagiere: für Dolmetscherin Tatjana, Tonmann Thomas und Kameramann Gunnar.

Wer weiß, vielleicht hätte ich auch noch in die Maschine gepasst, aber etwas sperrte sich in mir, zog mich in die Gegenrichtung.

Nicht die Angst vor Eisbären oder vor der Kälte hielten mich zurück. Es war sogar unverschämt warm in diesen Apriltagen.

Eigentlich ist der Reiz der Vergänglichkeit ein starker Motor, Dinge zu tun, die unvernünftig sind. Andererseits gibt es da auch die Angst vor der Enttäuschung. Nichts ist schlimmer, als am Ziel seiner Träume zu sein. Der Nordpol ist nicht zu steigern. Wo soll man noch hin, wenn man dort schon war? Die Kuppel der Welt.

Die Reise an sich war wohl bemerkenswert: Auf den Bändern, die meine Kollegen zurückbrachten, sieht man das rustikale russische Cockpit mit seinen hundert Kippschaltern, in denen an passenden Stellen Aschenbecher klemmen, die Mechanik aus der vor-digitalen Welt, rauchende Piloten.

Sie waren schon ein Dutzend Mal am Pol; das eigentliche Abenteuer, sagen sie, sei die Landung. Mikhail Babayan ist der Pilot und Chef des Ganzen.

Nach zwei Stunden Flugzeit von Spitzbergen setzt die Antonow auf dem 89. Breitengrad, hundert Kilometer vor dem Pol, auf einer stabilen Eisdecke auf.

Es ist nicht so leicht, in der Arktis eine Landebahn zu bauen. Fast genüsslich berichtet der Pilot nach der Landung von der kleinen Katastrophe vom letzten Winter.

Bevor der tonnenschwere Jet aufsetzt, wird üblicherweise erst einmal ein Traktor vorgeschickt, der die Landebahn freilegt. Dieser Trecker trudelt am Fallschirm herab. Doch eines Tages geht der Fallschirm nicht auf. Die Zugmaschine fällt wie ein Stein zu Boden, erreicht im Sturz nach einigen hundert Metern die meterdicke Eisdecke, durchschlägt sie und sinkt dann 4000 Meter tief, bis sie den Meeresboden erreichte.

Dort liegt der Traktor jetzt. Die Meeresungeheuer der Tiefsee haben sich wahrscheinlich an seinen Anblick gewöhnt.

Dem Trecker folgt in aller Regel ein Fallschirmspringer. Die beiden – Mann und Maschine – können dann loslegen mit dem Bau der Landebahn.

Hier haben sich Russen eingerichtet, nicht weil der Pol ihnen gehörte, sondern weil sie geschäftstüchtig sind.

Das Camp Barneo muss jedes Jahr neu gebaut werden, im Sommer ist der Nordpol heutzutage eisfrei. Die Planierraupe für die Landebahn wurde mit dem Fallschirm abgeworfen. Das Klo ist eher spartanisch, unbeheizt und ohne fließend Wasser, ein Dixihäuschen, Duschen gibt es nicht, der Müll liegt tiefgefroren herum, bis er Ende April im Meer versinkt (vorher dokumentiert er den Speiseplan des Camps). Übernachtet wird in geheizten Gruppenzelten für je zwölf Mann.

Diesmal geht alles glatt. Die Heckklappe öffnet sich, die Hunde freuen sich über die frische Luft auf dem 89. Breitengrad. Nun teilt sich die Gruppe. Einige Passagiere wollen zu Fuß bei gutem Wetter den Nordpol erreichen, genauer gesagt den letzten Breitengrad durchwandern, *the last degree*. Das dauert eine Woche, ganz klassisch mit Skiern und Hundeschlitten. Viel Gepäck haben sie nicht dabei.

»Den Schlitten soll der Hund ziehen«, murmelt Kingsley Brown durch seinen Mundschutz, einer dieser baumlangen jungen Männer, die gar kein Ende zu nehmen scheinen, und stapft nordwärts. »Wir haben wenige Sachen zum Wechseln, dazu gibt es ja auch keine richtige Gelegenheit. Nur warme und etwas leichtere Kleidung, die wir in Schichten tragen.«

Auch diese Route wird zu einer Leistungsschau der Outdoor-Ausrüster. Wer einmal in einem modernen mehrstöckigen Ausrüstungsgeschäft war, weiß dass es eine komplette eigene Terminologie zu lernen gibt. Wichtig etwa ist der Unterschied zwischen »soft shells« und »hard shells«. Wer nur nach einer Allzweck-Regenjacke fragt, kommt bestimmt verwirrt zurück.

Unseren Tagesurlauber erkennt man an seiner Allzweck-Goretexjacke. Er hat nicht so viel Zeit wie die baumlangen jungen Männer – und ist schon in den betagten russischen Hubschrauber umgestiegen, der die letzten Kilometer überbrücken soll. Am Pol selbst ist die Eisdecke zu dünn und zu beweglich für den großen Flieger. Ein kurzer Flug, in geringer Höhe.

Durch die verkratze Scheibe sieht man nicht viel, nur dass der Nordpol nicht ganz flächig von Eis bedeckt ist, sondern immer wieder offene Stellen durchschimmern.

Und dann ist das Ziel erreicht. Eine zwei Meter dicke Eisscholle auf 4000 Meter tiefem Wasser. Zwanzig Menschen klettern auf das Eis.

Zu sehen ist nichts.

Das Satellitengerät beweist anscheinend, dass die Reisegruppe nun auf dem Nordpol steht, am Drehpunkt der Erde. Pilot Mikhail Babayan zeigt es triumphierend herum. Vor zehn Jahren wäre er damit auch sicher durchgekommen, aber heute haben alle ihre eigenen GPS-Geräte dabei und versuchen selbst, die exakte Position 90 Grad zu finden. Mikhail glückt das sogar, aber nur für ein paar Sekunden, denn die Scholle treibt mit etwa 400 Metern pro Stunde. Aber das sind Kleinigkeiten, wenn man schon einmal am Pol ist.

Die Tagestouristen machen sich schnell auf die Suche nach Mitbringseln.

»Ich bin nicht enttäuscht, dass es hier keine Berge gibt, dass man keinen Horizont sieht, nur Weiß rundherum«, murmelt Mikhael. Mikhael nimmt seine Trinkwasserflasche und entfernt sich ein paar Meter von der Touristengruppe. Mit einem

Knie sinkt er ein, kann sich aber gerade noch retten. Vorher hat er noch die Flasche gefüllt – mit Polwasser als exklusives Andenken.

Wer überall gewesen ist, kann Vergleiche anstellen. Einer in der Gruppe, um die sechzig, bärtig, mit amerikanischem Akzent, ein Mann mit dem einschlägigen Namen Richard Everest, ist mit seinem Freund unterwegs zum Nordpol.

»In der Antarktis gibt es, anders als hier, richtige Berge, aber ansonsten sieht es ähnlich aus. Genauso kalt und weiß.«

Nun, da ist vielleicht der Wunsch der Vater des Gedanken. Kalt ist es hier wahrlich nicht, und auch Mister Everest hat seine Handschuhe ausgezogen, um mit einem Wodka auf die Eroberung des Nordpols anzustoßen. Keiner will in dieser Feierstunde den anderen die Stimmung verderben. Auch ohne viele Worte ist allen auf dem Eis klar, dass es viel zu warm ist.

Nach der Euphorie kommt die Erschöpfung. Mikhail schläft auf dem Rückweg mit offenem Mund ein. Sein Schnarchen wird vom Gebrumm der Triebwerke überdeckt.

Die frische Luft am Nordpol hat alle ein bisschen müde gemacht. Eine Reise, von der man noch den Enkeln erzählen wird. Wer weiß, ob man dann noch am Nordpol landen kann.

Auch der Flugkapitän ist sehr entspannt, jetzt, wo er Landung und Neustart im Eis hinter sich hat.

»Ach, reden wir doch nicht übers Geschäft. Reden wir doch lieber von der einzigartigen Erfahrung, die Sie heute gemacht haben.«

Er hat sich damit einer Technik bedient, die man »Framing« nennt und die aus der kalifornischen Schule der Neuro-Linguistik (NLP) stammt. Erfahrenen Verkäufern ist die Technik wohl vertraut, es gilt, dem Erlebten einen Rahmen zu geben.

Der Kunde soll gegen neidische Reaktionen seiner Umgebung immun gemacht werden. Tatjana, Thomas und Gunnar schwärmen noch heute von dem Trip. Meine Skepsis prallte an ihnen ab.

Und wenn ich ehrlich bin, wurmt es mich noch heute, dass ich damals im Zelt liegen blieb, als meine Kollegen den Tagestrip zum Nordpol unternahmen.

Wem gehört der Nordpol

Der Nordpol ist kein Festland, ist nicht mit dem Nordkap zu verwechseln und, anders als der Südpol, nicht von Bergen umgeben. Der Nordpol ist ein Punkt im 4000 Meter tiefen Nordpolarmeer. Bei allem, was er nicht ist: Er bleibt die Achse der Welt.

Der Nordpol zählt auf einmal. Längst erobert und ausgemessen, ist er jetzt wieder ein Magnet. Der russische Duma-Abgeordnete Arthur Tschilingarov setzte Ende Juli 2007 von Bord des Tieftauchbootes MIR 1 in 4261 Meter Tiefe eine russische Titan-Flagge auf dem Meeresboden ab.

Ein großrussischer Akt, ein Versuch, sich als Weltmacht wieder ins Spiel zu bringen?

Die Aktion löste weltweit beträchtliche Unruhe aus.

Arthur Tschilingarov ist ein enger Vertrauter von Wladimir Putin. Für die Idee, eine Flagge am Nordpol zu versenken, nutzte er die Firma Deep Ocean Expedition, die auch Tauchfahrten zum Wrack der Titanic anbietet.

Der Chef der Firma übertraf die Russen noch und versenkte mit Hilfe des zweiten Tiefseetauchboots, der MIR 2, eine Plakette mit seinem Namen darauf in noch größerer Tiefe und noch etwas näher am Nordpol. Aber die Russen verstanden es besser, die Expedition für ihre nationalen Ziele zu kapern.

Solche PR-Aktionen können auch nach hinten losgehen.

Wenn überhaupt, dann haben die Russen durch diese Aktion die anderen Konkurrenten erst richtig wachgerüttelt. Am Ende entscheidet die UNO, nachdem sie vorher den fachlichen Rat des Internationalen Seegerichtshof eingeholt hat.

Die Zeit der Kanonenboote ist vorbei, auch wenn einige Nationen tatsächlich Schiffe in Marsch setzen. In der Meeresenge zwischen Grönland und Kanada liegt mitten im Fahrwasser eine Insel namens Hansø. Die Insel ist an sich völlig unansehnlich, einen Quadratkilometer groß, und wird von achtzehn Robben und siebenundsiebzig Möwen bewohnt. Ab und zu schwimmt ein Wal vorbei.

Doch sie wird von beiden Ländern für sich beansprucht. Rohstoffe sind dort nicht zu vermuten, aber die Lage zwischen Kanada und Grönland hat ihren strategischen Charme.

Dänen und Kanadier ziehen dort abwechselnd ihre Fahnen hoch und reißen die des anderen herunter. Netterweise stellen sie einander auch Alkoholika hin, einen Aquavit gegen einen kanadischen Seagram-Whiskey.

»We have agreed to disgaree«, fasst Aleqa Hammond, die frühere grönländische Außenministerin, den Verhandlungsstand zusammen.

Kanada hat nautisch aufgerüstet, die Dänen schicken ab und zu einen Inspektionskutter vorbei.

Ein kleiner kalter Krieg – oder doch nur Theaterdonner?

Fast könnte man glücklich sein, dass die Frage nicht durch

Drohgebärden entschieden wird, auch wenn die Nationen sich alle bemühen, einen Fuß in die Arktis zu bekommen.

Als ich vor nunmehr fast dreißig Jahren meinem Professor in der Abschlussprüfung in Politikwissenschaft gegenübersaß, wusste ich in einer zentralen Frage keine Antwort (und bestand trotzdem).

»Wo entstand das internationale Recht?«, wollte Peter Cornelius Mayer-Tasch wissen.

Und die richtige Antwort wäre gewesen: auf See, auf dem Meer, außerhalb der Hoheitsgebiete. Dort im Niemandsland musste man sich irgendwie einigen.

Für die Weltmeere und vor allem für den Tiefseebergbau hat sich die Völkergemeinschaft drei Institutionen geschaffen. Eine ist in Hawaii, eine in Hamburg und eine am Hudson, am Hauptquartier der UNO in New York.

Die Hamburger Institution hat viel Spott geerntet, weil dort 21 Richter in den ersten Jahren nur einen einzigen Fall bearbeitet haben.

Die UNO ist kein Musterbeispiel der Demokratie, schon ihrer Mitglieder wegen, die von A wie Afghanistan bis Z wie Zimbabwe reichen. Aber sie kann, wenn sie gut ist, vermitteln und schlichten.

Die Russen können den Nordpol nicht einfach vereinnahmen, sie müssen wissenschaftliche Beweise beibringen und 21 Richter aus aller Welt überzeugen, dass sich ihre unterseeischen Landrücken gen Nordpol fortsetzen.

Der Fall ist noch nicht in Hamburg angekommen. Aber das Urteil wird wegweisend.

Viertes Kapitel

Norwegen –
Wo die Berge ins Meer fallen

Handelt von den Untiefen der norwegischen Seele.
Von Norwegens vergeblichem Versuch, sich von seiner schlechtesten Seite zu zeigen.
Und von einer Fußreise durch das Dovretal nach Nidaros.
Erklärt, warum Luther das Pilgern hasste und es in Norwegen lange unter Todesstrafe stand.
Fragt, wo genau den Norwegern die Mitte abhandengekommen ist.
Folgt dem schönsten Fjord der Welt und trudelt uns auf einem Postboot Richtung russische Grenze.

Von oben hat man den besten Blick auf Bergen und seine sieben Berge. Ole hat mich heraufgefahren und dabei unentwegt sein Land gepriesen. Mir verschlägt es glatt die Sprache. Ich kann nur noch nicken.

Ja – Norwegen ist schön.

Ole ist ein kräftiger Mann mit lebhaften Augen, blonder Tolle, leicht schiefen Zähnen und ansteckendem Lachen; ein Mann, der seine Bestimmung gefunden hat. Ole ist von Beruf Seilbahnfahrer, vor allem aber ist er Norweger und als solcher von großer Freundlichkeit und starker Heimatliebe erfüllt. Er fährt Landsleute und ausländische Gäste tagaus, tagein den Hausberg von Bergen hinauf und zeigt ihnen die Schönheiten. Ole bedauert, dass er nicht mehr alle Gäste persönlich ansprechen kann, seitdem es die Ticketschalter am Eingang gibt.

»Leider lassen sie uns keine Tickets mehr verkaufen. Da hatte man noch mehr Gelegenheit, allen Menschen die Stadt zu erklären und ein bisschen mit Bergen anzugeben«, sagt er, fletscht die Zähne zu einem freundlichen Lächeln, drückt auf den Knopf und setzt damit seine Bahn in Bewegung.

Eine Million Gäste nimmt die kleine Bergbahn jedes Jahr mit auf den Hausberg Fløyen. Ole hat genügend Zuhörer. Er hat genau sechs Minuten Zeit zum Schwärmen, dann endet die Fahrt, und die freie Natur beginnt.

Die Natur ist derart frei, dass ich froh über die Bergstiefel an meinen Füssen bin, denn einige Trampelpfade ins Tal sind so steil, wie die letzte Eiszeit sie hinterließ. Planierte Wege gibt es auch, aber das mindert das Vergnügen.

Ab und zu müssen alle Norweger auslüften. Das ist in Norwegen ein Menschenrecht. Ole weiß, dass sein Job alle Krisen überleben wird. Norweger müssen nun mal raus in die freie Natur. Er macht ihnen die kleinen Fluchten möglich.

»Der Norweger geht gerne raus in die freie Natur, an die gute frische Luft. Daran kann ihn keiner hindern, es gibt da keine Grenzen«, sagt er mit ein bisschen Stolz.

Norwegen hat vor einigen Jahren seinen einhundertsten Geburtstag gefeiert, was außer bei den Landeskindern und ein paar Historikern allgemeine Verwunderung ausgelöst hat. Natürlich ist das Land viel älter als hundert Jahre, auch älter als die Hansezeit und die Bryggen, das wiederaufgebaute Handelsviertel unten am Hafen, das Bergen mit aller Welt verknüpfte. Aber es zählen die Jahre der wirklichen Unabhängigkeit von den großen Brüdern, vor allem von den Schweden.

Die Norweger waren eine bedeutende Handelsmacht, sind aber erst spät zum eigenen Staat gekommen. Sie haben Nachholbedarf.

Norwegen war vierhundert Jahre lang eine dänische Kolonie. In dieser Zeit hat Norwegen als Name nicht existiert. Ein armes Land, eine Art Sizilien am Polarkreis, bis es sich im 19. Jahrhundert zur drittgrößten Seefahrernation der Welt hochschraubte und am Weihnachtsabend 1968 die erste Ölquelle in der Nordsee anstach. Norwegen hatte immer ein paar reiche Reederfamilien und Kaufmannsdynastien, aber die Mehrheit des Volkes war arm.

Norwegen hat bis dahin nie im Überfluss gelebt.

Allmählich wurde es sagenhaft reich und musste sich auf

einmal in eigenen Märchen einrichten. Andere Ländern müssen Öl importieren, Norwegen hat eine eigene Ölministerin.

Auf der Erdölmesse in Stavanger habe ich die damalige Amtsinhaberin einmal gefragt: »Was hast du heute Nacht eingenommen?«

Und sie sagte leise lächelnd: »Ein paar hundert Millionen Kronen werden es schon gewesen sein.«

Die Ministerin ist nicht mit mir verwandt noch sonst wie besonders verbunden.

Das »du« ist die normale Anrede. Das lernt man schon im Sprachunterricht. Ein junger Deutscher fragte einmal seinen Norwegischlehrer, ob er überhaupt jemanden siezen müsse. Der dachte kurz nach und sagte dann augenzwinkernd: »Den König, vielleicht.«

Wo andere skandinavische Staaten die Fahnen ihrer Nachbarn mit aufhängen, da weht hier an hundert Stellen nur die eine. Ich fühle mich an meine Sommer in Dänemark als Kind erinnert, wo die dänische Flagge selbst im Fußbett unserer Holzbotten prangte.

Der Nationalismus der Norweger ist von täuschend harmloser Art. Sie wollen niemanden überfallen. Aber sie wollen die Schätze ihres Landes auch nicht unbedingt teilen.

Sie sind sich sicher, im schönsten Land der Welt zu leben. Das Ölgeld ist geparkt und liegt fast vollständig auf der hohen Kante für die Zeit, wenn die Ölquellen erschöpft sind. Das wird irgendwann in den nächsten dreißig Jahren der Fall sein. Auch sonst ist Norwegen gesegnet. Es gibt viel Sonne, aber auch reichlich Regen, nämlich statistisch gesehen an zweihundert Tagen im Jahr, und der nächste Regenschauer steht immer unmittelbar bevor. Wassernot wird in Norwegen vermutlich nie auftreten.

Ole lehnt sich oben auf dem Hausberg über das Geländer, blickt in die Tiefe unter sich, auf Schiffe und Lagerhäuser und ein Flaggenmeer und betreibt Länderkunde: »Zwischen den Skandinaviern gibt es immer Rivalitäten. Die Dänen sind die Lustigen, die Schweden sind schwermütiger, wirken manchmal irgendwie zerrissen, und die Norweger liegen irgendwo dazwischen.«

Nach einem erneuten Blick ins Tal fährt er fort: »Natürlich bin ich stolz, ein Norweger zu sein. Wir finden, wir leben in einem der besten Länder der Welt. Uns geht es gut, wir haben Geld. Kurz gesagt: Wir haben es richtig gut.«

Das klingt zu schön, um wahr zu sein. Es stimmt auch nicht so ganz. Es gibt sichtbare Armut in Norwegen, etwa in den Vierteln der Einwanderer. Es gibt Alleinerziehende, die sich ziemlich strecken müssen, um über die Runden zu kommen. Die Mieten in den Großstädten sind astronomisch. Es gibt Kleiderkammern der Heilsarmee, Straßen mit Schlaglöchern und Schulen mit abblätternder Farbe. So wie überall in der Welt.

Der Unterschied ist nur, dass Norwegen alles Geld der Welt hätte, um diese Missstände sofort abzustellen. Norwegen hält sich absichtlich zurück. Nur Protestanten können so sparen. Die Kassen sind voll, und die Taschen bleiben dicht.

Norwegen war lange Zeit ein Armenhaus. Jetzt ist es das wohl einzige schuldenfreie Land Europas und verfügt über den zweitgrößten Rentenfonds der Welt.

Es gibt sicher direktere Wege, hinter das Geheimnis von Norwegen zu kommen. Doch in diesem Fall greift die chinesische Weisheit: »Wer es eilig hat, der gehe einen Umweg.« Und tatsächlich gibt es kaum eine bessere Art, das Land zu bereisen, als auf einem alten Postschiff.

Unten im Hafen wartet eine alte Dame auf uns. Etwas versteckt und abseits vom Kreuzfahrtrummel liegt das Linienschiff *MS Lofoten* am Kai. Es ist nachmittags um vier, die Sonne lacht, und das tut sie nur an jedem dritten Tag in Bergen.

»Es regnet immer in Bergen, wissen Sie; aber es regnet in Strömen, wenn man eine Reise antreten soll«, prophezeite 1882 der Postbootpassagierreisende Sophus Tromholt.

Doch nun scheint die Sonne, und sie bleibt uns treu bis hoch in den Norden.

Die Postbootflotte ist ständig auf Achse zwischen Kirkenes und Bergen auf etwa 2500 Kilometer Seeweg. Auch die Schiffe, die fast schon fünfzig Jahre auf dem Buckel haben, sind immer im Einsatz. Eines davon ist die *MS Lofoten*, ein Dampfer mit weißen Aufbauten und leicht gerundeten Formen, eine schlanke Schönheit, verglichen mit den heutigen schwimmenden Hotelkästen mit ihren überhängenden Aufbauten.

Die *MS Lofoten* ist Baujahr 1964: viel Holz und Messing an Bord, ein gut vernehmbarer Schiffsdiesel, gebaut in einer Zeit, als Kabinen noch nicht so wichtig waren.

»Schlafen kann man auch ja auch noch zu Hause«, sagt Harald Weinrich grinsend, ein stattlicher Mann mit drahtigen weißen Haaren und drei Streifen an der Uniform. Ein Deutscher auf dem norwegischen Aushängeschild.

Weinrich stammt aus Hamburg-Altona. Vor zwanzig Jahren verschlug es ihn in den richtigen Norden. Er vereint den breitbeinigen Gang eines Chief Steward mit der langjährigen Gelassenheit eines Reiseleiters zur See. Und außerdem ist er gelernter Zauberer. Als solcher kennt er alle Tricks: »Ach, Ihren Namen finde ich gar nicht auf der Liste: Doch … da … Sie sind mit einem anderen Herrn in einer Kabine im Unterdeck, aber Verpflegung haben Sie nicht gebucht.«

Alles frei erfunden, um mal zu sehen, wie der Gast reagiert.

Dann teilt uns Weinrich freundlich zwei Einzelkabinen mit Halbpension zu – wie gebucht. Mein alter Reisekumpan Andreas ist mit von der Partie. Unsere erste gemeinsame Norwegenreise liegt fünfunddreißig Jahre zurück. Damals konnten wir es in einem Zelt miteinander aushalten, irgendwann haben wir uns aber das Schnarchen angewöhnt.

Routinierten Reiseleitern entziehe ich mich für gewöhnlich durch rasche Flucht. An Bord ist das nicht so einfach. Auch Harald Weinrich weckt in mir zunächst eine gewisse Reserve, aber das legt sich irgendwann auf unseren 2465 Kilometern an Bord. Selten habe ich einen Mann erlebt, der so tief in dieses Land eingestiegen ist und es noch immer liebt.

Das Land der vielen Untiefen

Bevor man sich in schwieriges Gewässer bewegt, braucht man Rat von möglichst unvoreingenommenen Menschen.

Vor der Reise habe ich mich bei jungen Deutschen und jungen Norwegern umgehört. Darf man Norwegen als Deutscher kritisch sehen? Sollten wir uns zurückhalten aus Respekt vor dem was war, und wenn ja, wie lange noch?

Schnell wurde mir klar, dass es nicht leicht ist, ein kleines Land am Rand Europas zu sein. Kleine Länder ziehen meistens den Kürzeren, wenn sie sich mit den Großmächten einlassen. Die Erinnerung an diese Unterwerfung ist umso schmerzhafter, wenn sie von der überlegenen Seite nicht geteilt wird.

Für meine deutsche Nachbarin Inge, Jahrgang 1920, war die Besatzungszeit in Narvik als Wehrmachtshelferin eine willkommene Abwechslung in einem schönen Land. Für meinen Großvater Hugo ein ruhiger Posten abseits des Krieges. Norweger haben diese Zeit verständlicherweise anders in Erinnerung.

Doch wie sieht es heute aus? Wir lieben ihre Fjorde. Sie lieben unsere Autos. Norweger bewundern deutsche Technik. Das schließt auch die Pflege der alten Wehrmachtskanonen ein, etwa der Adolfskanone, ein Ungetüm von Schießanlage, das von 64 Mann gleichzeitig bewegt werden musste. Sie wurde im Zweiten Weltkrieg von der NS-Organisation Todt auf der Halbinsel Trondenes aufgestellt und sollte die Einfahrt zum Hafen Narvik vor englischen U-Booten und Kriegsschiffen bewachen. Narvik ist der eisfreie Hafen in Nordnorwegen, über den das kriegswichtige Eisenerz aus den schwedischen Gruben verschifft werden konnte.

Die Adolfskanone kam nie zum Einsatz, das sind mildernde Umstände und ist vielleicht ein Teil der Erklärung, warum sie heute eine norwegische Touristenattraktion ist.

Andere Hinterlassenschaften werden nicht mit solcher Hingabe gepflegt. Im Gegenteil; man versucht gerne, sie zu verdrängen.

»Nach dem zweiten Bier hören Norweger nicht mehr höflich zu, wenn es um die gemeinsame Vergangenheit geht«, sagte mir die junge deutsche Schriftstellerin Anne Bubenzer und erzählt in ihrem gemeinsam mit Gabriele Haefs verfassten Buch »Lesereise Oslo« die Geschichte der Schäreninsel im Oslofjord, auf der halb Oslo seine Unschuld verloren hat. »Es passiert so viel auf Hovedoya …«, lautet ein Schlagertext aus den Sechzigerjahren. Weniger bekannt ist, dass dort Tausende von norwegischen Frauen nach 1945 ohne Gerichtsverfahren interniert wurden, deren einziges Verbrechen es war, sich mit einem deutschen Soldaten eingelassen zu haben. 1946, so Bubenzer, wurde das Lager aufgelöst.

Fast alles, was uns trennt, hat mit der deutschen Besatzung Norwegens im Zweiten Weltkrieg zu tun. Dabei war man sich zumindest am Anfang gar nicht so fremd.

Es ist Linn Husby, die mir das recht freimütig erzählt. Sie erinnert sich noch an die Erzählungen der Großmutter: »Meine Oma war zwölf, als deutsche Soldaten das Land besetzten.« Sie lebte damals in Trondheim. »Die Soldaten waren freundlich«, erinnert sie sich, »sie schenkten den Kindern Butterbrote mit Wurst. Die älteren Mädchen gingen auch mit den Soldaten aus, ›dating‹ sagt man heute dazu.«

Linn ist eine zierliche, freundliche, blonde Norwegerin, ausgebildete Journalistin, Jahrgang 1983, und möchte gern besser Deutsch lernen. Sie arbeitet als Freiwillige bei Aktion Sühnezeichen Friedensdienste, der Organisation, die 1960 die ersten jungen deutschen Freiwilligen nach Nordnorwegen schickte, um dort mit dem Bau einer Kirche und eines Behindertenheimes ein Zeichen der Versöhnung zu setzen.

Frieden und Versöhnung sind keine Einbahnstraße (mehr), deshalb ist Linn jetzt für ein gutes Jahr in Berlin.

»Wir wurden eigentlich gut behandelt, wir waren ja in den Augen der Nazis auch Arier«, sagt Linn Husby achselzuckend.

So paradox es klingt, aber genau diese bevorzugte Behandlung haben sich die Norweger lange übelgenommen. Zwar ging die königliche Familie eindeutig auf Gegenkurs zu den Okkupanten und verlegte ihren Sitz ins Londoner Exil, doch nicht alle Landsleute waren immun gegen die neuen Herren. Einigen waren sie sehr willkommen.

Bis heute kann man an der Namensgebung ermessen, wie tief die Scham ist, dass nicht alle Norweger in den Widerstand gingen. Es gibt nämlich nicht eine einzige Straße ins Oslo, die nach dem Dichter Knut Hamsun benannt ist. Der nach Ibsen bedeutendste Schriftsteller des Landes war ein erklärter Bewunderer Hitlers. Nach 1945 wurde sein Vermögen eingezogen. Er starb mittellos.

Linn findet, dass Hamsun mindestens eine Straße verdient hätte; und sie steht damit nicht allein.

»Es ist falsch, dass nichts an Hamsun erinnern darf. Er ist einer unserer ganz großen Dichter. Vor allem sein Buch ›Hunger‹ ist fantastisch. Wie er den Gegensatz zwischen Land und Stadt beschreibt. Am Ende seines Lebens hat er dumme Sachen gesagt. Aber da war er schon nicht mehr ganz bei sich.«

Linn darf das sagen. Sie ist unverdächtig. Ich denke an die Hamsunstraße in Hannover und schweige.

An Bord der MS Lofoten überlässt es die Mannschaft im Wesentlichen ihm, dem Deutschen Harald Weinrich, die Vorzüge des Schiffes und der Route zu rühmen, was ihm mühelos vorwärts und rückwärts in drei Sprachen gelingt.

Vor Harald ist niemand sicher, er wird per Lautsprecher überallhin übertragen, nur in den Kojen hat man seine Ruhe. Von ihm erfahren die Passagiere, dass sie vierunddreißigmal aussteigen und sich die Beine vertreten können, auch mitten in der Nacht, wenn das Postboot neue Gäste an Bord nimmt oder Pakete auslädt. Manchmal reisten auch frischgefangene Riesenkrabben mit.

»Die Schiffe warten nicht – und sie kehren auch nicht um«, sagt Harald Weinrich. »Was haben Passagiere schon alles angestellt, wenn sie ihr Schiff verpasst haben«, sagt er mit einem rhetorischen Seufzer und zeigt auf einen Packen Visitenkarten von Hubschrauberpiloten und Taxifahrern.

Der Seeweg ist häufig erheblich kürzer als der Landweg, und der alte Dampfer entsprechend schwer einzuholen.

Eines der entgegenkommenden Schiffe trägt den Namen *Richard With*. Er war der erste Kapitän, der sich traute, auch in der dunklen Zeit zu fahren, nur nach Kompass, Karte und Uhr. Das ist nun 120 Jahre her.

Es war die Geburtsstunde der legendären Postboote, die seit damals ununterbrochen die Häfen abklappern auf dem Reichsweg Nr. 1, wie die Hurtigruten-Strecke ehrenhalber heißt.

Norwegen hat keine durchgehende Bahnverbindung in den zweitausend Kilometer entfernten Norden, und die Straßen sind so kurvig, dass man in den Zeiten vor Erfindung der Servolenkung dicke Muskeln bekam, bis man die 277 423 Kurven zum Nordkap geschafft hatte – die Zahl habe ich frei erfunden, es könnten auch mehr sein.

Regelmäßig räumen die norwegischen Postboote alle Titel ab, wenn es um die schönste Seereise der Welt geht. In ein paar Tagen auf Kurs Nord wird die Lofotenwand über eine Länge von einhundert Kilometern majestätisch aus dem Meer wachsen. Die Fjorde changieren auf dem Weg ins Inland langsam von Meeresblau zu Gletschergrün. Die Berge fallen fast ins Meer.

Täglich legt ein Schiff in der alten Hansestadt Bergen ab und eines in Kirkenes am Endpunkt der Reise, der Grenzstadt zu Russland. Die Linienschiffe folgen ihrem eigenen Fahrplan, und wenn sich zwei Postschiffe auf gegenläufigem Kurs begegnen, dann lassen sie die Sirenen sprechen. Um jeden Tag ein Schiff abfahren zu lassen, müssen elf davon ständig unterwegs sein.

Es ist sehr verlockend, die grandiose Landschaft einfach an sich vorbeiziehen zu lassen und sich ansonsten dem geregelten Rhythmus der Bordküche zu überlassen – wie auf dem Dampfer *Immer essen* aus dem amerikanischen Film »Tote tragen keine Karos«. Warum auch nicht, wenn es mariniertes Rentier, Lachs mit Krabbensoße und zum Nachtisch Eisbombe gibt?

Natürlich meldet sich gelegentlich Harald Weinrich mit Durchsagen, vor allem, um für seine kostenpflichtigen Landausflüge zu trommeln. Doch auch er bindet die eigentliche Geschichte diese Landes Fremden nicht auf die Nase, jedenfalls nicht übers Mikrofon. Für kurze Durchsagen in drei Sprachen ist sie auch nicht geeignet.

Da man, wie Goethe einst sagte, nur sieht, was man weiß,

blickt man von Bord aus auf ein Norwegen der Berge und Fjorde und hin und wieder auch auf die Schwanzflosse eines Orcas. Das kann ja auch genügen. Orcas gehören bekanntlich zur Familie der Delfine, sie verfügen über einen gewaltigen Appetit auf frische Heringe und machen vor den Lofoten Winterpause. Ich hatte schon einmal das Vergnügen, ihnen unter Wasser zu begegnen, aber das war zu einer anderen Jahreszeit.

Während wir auf der schönsten Seereise der Welt sind, nimmt die *MS Lofoten* doch jeden Morgen frische Zeitungen an Bord, und auch jetzt, vier Wochen nach dem Massaker von Utöya und der Bombe von Oslo, berichten die norwegischen Zeitungen seitenlang über mögliche Geistesverwandte und Vorbilder des Attentäters, über Hausdurchsuchungen, Verhöre und Waffenfunde.

Norwegens Landesvater Jens Stoltenberg hat die Losung ausgegeben: »Unsere Antwort auf Gewalt ist noch mehr Demokratie, noch mehr Humanität, aber niemals Naivität.«

Man könnte den Schluss der Aussage auch so interpretieren, dass Norwegen ein zu freundliches Selbstbild pflegte und künftig etwas genauer hinschauen wird.

Märchenland mit Abgründen

Es gibt einen Tag, da ist ganz Norwegen ein Fahnenmeer.

Fahnen an sich sind schön, auch gegen stolze Stämme ist nichts zu sagen. Die Norweger sind da in bester Gesellschaft.

Das Problem ist, dass es an solchen nationalen Feiertagen den Neuankömmlingen weh ums Herz wird. Weil es so schön aussieht und weil man selbst nicht dazugehört.

Am 17. Mai erscheinen alle fünf Millionen Norweger in Tracht. Die junge Norwegerin Linn Husby erzählt von einer Debatte um die Fahnen am Nationalfeiertag.

»Das ganze Land ist auf den Beinen. Ich trage die Tracht aus meinem Geburtsort Arendal, meine Mutter die aus Trondheim, wo sie herstammt. Natürlich sind auch die Immigranten im Festzug willkommen. Sie dürfen mitlaufen und auch Tracht tragen. Aber die Mehrheit findet, dass die Fahnen ihrer Herkunftsländer am 17. Mai nichts zu suchen haben. Es soll ein norwegischer Tag bleiben.«

Das sind dann die Tage, an denen die Einwanderer fremdeln und sich fragen, wie lange sie hier gelitten sind. Ohnehin zeigt ihnen eine starke Gruppe innerhalb der Bevölkerung nun seit Jahrzehnten, dass sie unerwünscht sind. In den Stunden nach dem Bombenanschlag von Oslo und dem Massaker auf Utöya, als noch nicht klar war, dass der Täter kein Islamist, sondern ein Norweger war, leerten sich die Straßen der Einwandererviertel von Oslo. Die Menschen hatten Angst vor spontanen Racheaktionen, notierte der Korrespondent der *Süddeutschen Zeitung*.

»Glück im Unglück war, dass es ein Norweger war«, sagt Harald Weinrich, der Deutsche, der das Land seit zwanzig Jahren kennt. »Wenn es ein Einwanderer gewesen wäre, dann hätte es Pogrome gegeben«.

Seit dreißig Jahren gehört zum norwegischen Parteienspektrum auch eine rechtspopulistische Partei, die bisher zwar nie in der Regierung saß, aber immer mitbestimmt und ihre Themen und vor allem ihre Hysterie den anderen Parteien aufzwängt.

Sie heißt »Fortschrittspartei«, und spätestens seit der Terrortat ist sie auch außerhalb des Landes ein Begriff, weil der Attentäter sieben Jahre lang ihr Funktionär war. Sie vertritt die Protestwähler und bedient und schürt zuverlässig deren Ressentiments. Diese Partei möchte gerne das Ölgeld schneller unter die Leute bringen und die Einwanderer zurückdrängen. Wohlstandsnationalismus nennt man so eine Politik, wo alle anderen erst an den Tisch dürfen, wenn die Norweger satt sind.

Die Fortschrittspartei ist groß geworden in der Auseinandersetzung mit der Staatspartei der Sozialdemokraten, der sie Verrat am Norwegertum vorwirft. Das ist Nationalismus pur. Die Wähler und Anführer der Rechtspopulisten schämen sich keineswegs für ihre ethnischen Scheuklappen. Die Fortschrittspartei räumt seit Jahrzehnten zuverlässig ein Fünftel der Stimmen ab und hat einen Teil der populären Presse als Verstärker. Diese schürt gerne den Neid mit enthüllenden Berichten über Einwandererfrauen mit mindestens fünf Kindern, die von der Stütze lebten und bei der Wohnungsvermittlung bevorzugt würden.

Ein knappes Jahr vor dem Anschlag veröffentlichte einer ihrer führenden Köpfe, der Osloer Parteichef Christian Tybring-Gjedde, einen Gastkommentar in der Zeitung *Aftenposten*: Eine ungebremste Zuwanderung werde Norwegen in Stücke reißen. Weil sie diese Entwicklung befördere, sei die sozialdemokratische Arbeiterpartei »ein Dolch im Rücken der norwegischen Kultur«.

Solche Töne waren vor dem Attentat sehr alltäglich, und das in einem Land, das ansonsten so stolz ist auf seine Liberalität und Offenheit, wo der Ministerpräsident gelegentlich mit dem Fahrrad zum Amt kommt, wo Spitzenpolitiker ohne Leibwächter unterwegs sind und der Vorstandsvorsitzende der größten Bank beim Einkaufen im Supermarkt gesichtet wird – mit kurzen Ärmeln.

In so einem Land trauen Menschen einander nichts wirklich Böses zu.

Der Attentäter und Massenmörder von Oslo und Utöya hatte neun Jahre Zeit, seinen Plan vorzubereiten. Er konnte unbemerkt verdächtig große Mengen an Düngemittel und chemischen Stoffe horten, mit denen er die Autobombe von Oslo präparierte. Niemand schlug Alarm. Auch nicht der Bauer vom Nachbarhof, der sich über den jungen Mann aus der Stadt wunderte, weil er so gar keine Ahnung vom Landbau hatte, aber sechs Tonnen Kunstdünger bestellte.

Er konnte in den einschlägigen Foren der Einwanderungsfeinde hetzen, flog aus den gemäßigten Zirkeln der rechten Szene heraus, ohne dass sich die norwegische Sicherheitspolizei für ihn interessierte.

Es ist ganz menschlich zu beteuern, dass gegen den Wahnsinn kein Kraut gewachsen ist und dass niemand diesen Mann hätte stoppen können. Doch es bleibt ein unbehagliches Gefühl.

Niemand ist ein Hellseher. Aber schon vor zehn Jahren war nicht zu übersehen, dass Norwegen keine wirklich offene Gesellschaft ist, auch wenn dort viele ihre Türen nicht abschließen.

Es war im Sommer 2002. Norwegen hat das Problem aller Länder, die auf den ersten Blick als Paradies durchgehen können, nämlich große Sorge um den Zustrom.

Die Frage nach der richtigen Außendarstellung trieb die damals noch christlich-konservative Regierung an. Sie heuerte kurzentschlossen einen professionellen russischen Journalisten für eine Reportage über das Elend der Flüchtlinge an. Schauplatz war die Flüchtlingsunterkunft in Kasper südlich von Oslo.

Man hatte auch uns eingeladen, als internationale Beobachter an der Übung in Sachen Abschreckung dabei zu sein. Es war ein höchst vergnüglicher Nachmittag, jedenfalls für alle bis auf einen: den russischen Journalisten. Denn statt hinter der Kamera zu stehen, war er plötzlich im Mittelpunkt – und eine traurige Figur. Eine kleine Menschenmenge hatte sich vor dem Eckgebäude des Sozialministeriums versammelt. Kameraleute richteten ihre Objektive auf den großen dunkelblonden Mann Mitte vierzig.

Sergej Pankratow genoss mehr Aufmerksamkeit, als einem Reporter lieb sein kann. Statt Fragen zu stellen, musste er selbst Rede und Antwort stehen.

»Lasst mich in Ruhe!«, herrschte er die Kollegen an. Er hatte einen undankbaren Job. Er sollte ganz unabhängig berichten – und Norwegens Regierung finanzierte den Dreh.

»Er ist ganz frei«, versicherte die Staatssekretärin im dritten Stock des Ministeriums, eine resolute Dame mit blondem Haar, randloser Brille und einem Khaki-Hemd mit weißem T-Shirt darunter, die sich am Schreibtisch befragen ließ. »Er soll nur die Wahrheit erzählen gegen all die falschen Berichte, die in Russland über Asyl in Norwegen kursieren.«

Für die wahre Geschichte setzte man ihn in ein Auto und fuhr ins Lager Kasper. Wir fuhren hinterher.

Pankratow und seine Frau durften dann als Erste ins Gebäude, ein gelb gestrichenes dreistöckiges Haus hinter einem Zaun auf einem weitläufigen Gelände mit allerlei Bäumen – vorwiegend Birken –, Sandboden und einer Schaukel. Der Hausmeister verschloss die Tür hinter ihnen, sie sollten ungestört an der wahren Geschichte arbeiten – und die stand unter der Überschrift »Abschreckung«.

Der Komfort im Flüchtlingsheim war in der Tat ziemlich schlicht. Hier kamen die Flüchtlinge hin, denen man ihre Fluchtgründe nicht glaubte und denen man nur ein Dach über dem Kopf gönnen wollte. 156 Flüchtlinge lebten hier, Platz gewesen wäre für 300 Personen.

Das Lager erinnerte an eine Jugendherberge in den Siebzigerjahren, und so schlicht war offenbar auch das Essen, trotz der frischgestärkten weißen Kochmützen, die die beiden blonden Herren im Erdgeschoss auf dem Kopf trugen.

Einer ihrer Gäste, Jean Paul, ein dreißigjähriger Flüchtling aus Kamerun, zog die Schultern hoch: »Über das Essen ist nichts zu sagen – immer nur Brot und Reis.«

Dann, nachdem das russische Beobachterpaar den Hausrundgang hinter sich hatte, durften wir einen Blick auf ein typisches Drei-Bett-Zimmer werfen. Ziemlich eng, besonders wenn man hier einen Monat auf seine Abschiebung wartet. Immerhin gab es auch einen Billardtisch und ein Fernsehzimmer.

»Wir haben das extra so ausgesucht«, hatte uns die Staatssekretärin in Oslo mit auf den Weg gegeben, »weil es dort vieles nicht gibt. Keine Sprachkurse, keine Arbeitserlaubnis, keine

Schule, keinen Kindergarten, keine Selbstverpflegung und kein Taschengeld.«

Das ist wahrlich eine lange Liste.

Wir alle warteten vor der Tür auf Pankratows abschließende Bewertung. Was wird er seinen Landsleuten erzählen, die ja offenbar glauben, dass dies das Land sei, in dem Milch und Honig fließen? Was soll er dem Publikum daheim in Russland erzählen?

Im Hintergrund schaukelten Kinder, eine zehnjährige künftige Balletttänzerin balancierte stundenlang auf einem Balken, und Erwachsene saßen müßig im Schatten und spielten Karten.

Soll er ihnen erzählen, dass Norwegen neu angekommenen Kindern keine Schulausbildung biete und Erwachsenen keine Perspektive?

Russen bekommen im Allgemeinen kein Asyl in Norwegen.

Pankratow sagte irgendetwas Ausweichendes in die Kameras, dass es nicht seine Absicht gewesen sei, ein zugespitztes Bild zu vermitteln.

Seine Frau dagegen nahm kein Blatt vor den Mund; den Begleitern vom Ministerium blieb der Mund offen stehen.

»Das Lagerpersonal ist vorbildlich, die Zustände sind in Ordnung – und überhaupt: In Taschkent würde das auch niemanden von der Flucht abhalten.«

So kann es ausgehen, wenn das reiche Norwegen darum bemüht ist, sich einmal von seiner schlechtesten Seite zu zeigen.

Heute wird Kasper von einer Privatfirma betrieben, nimmt weiterhin Flüchtlinge auf, hat aber offenbar die Taktik geändert. Das Wohnheim rühmt sich auf der eigenen Homepage seiner schönen Natur und seiner Kinderfreundlichkeit. Die dreizehn ständigen Betreuer sorgen dafür, so heißt es, dass die

Bewohner einen positiven und aufbauenden Aufenthalt hier verbringen können.

So eine Tonlage passt auch besser zum humanitären Auftritt von Norwegen in der Welt, wo es sich als ein Land bewährt hat, dass den Schwachen zur Seite steht und dort diskret vermittelt, wo, wie etwa im Nahen Osten, die Konfliktparteien nicht mehr weiterwissen. Zu dieser anderen, weltzugewandten Seite passt auch die alljährliche Verleihung des Friedensnobelpreises in Oslo.

Zur Ehrenrettung der Norweger muss auch gesagt werden, dass sie sich nicht haben auseinanderdividieren lassen. Der Mörder von Oslo und Utöya hat sein Ziel nicht erreicht. Im Gegenteil: Hundertausende zogen auf die Straßen, lagen sich in den Armen, es entstand ein starkes Wir-Gefühl, das vielleicht zum ersten Mal in der Geschichte auch die sechshunderttausend »Neuen Norweger«, die Zugewanderten, mit einschloss. Auf Hass haben die Norweger mit Größe reagiert.

Die kurze Fahrt der *Rockness*

Zurück auf unserem Dampfer. Die See ist ruhig, die Vorfreude groß. Vor uns liegen mächtige Gletscher und grüne Matten, spiegelblanke Fjorde und rieselnde Bäche.

Das Schiff hat ein paar Millionen Meilen unterm Rumpf, immer mit derselben Maschine. Ich stehe an der Reling mit dem tröstlichen Gefühl, dass dieses Schiff es immer wieder nach Hause geschafft hat, kann aber doch den anderen Gedanken nicht verdrängen, wie schnell große Schiffe umschlagen können und wie viel Seemannschaft es braucht, um in den Fjorden zu fahren. Manövrieren in den langen engen Fjorden ist eine besondere seemännische Herausforderung. Die Besatzungen der Postboote nehmen das Risiko jeden Tag und jede Nacht auf sich.

Wer von Bergen aufs offene Meer Richtung Süden will, muss durch eine enge Passage. Ein schwieriger Kurs und doch eine Routinefahrt für einen Frachter wie die *Rockness*. In der engen Fahrrinne kommen die Bilder wieder hoch von diesem riesigen Schiffsrumpf in hellem Rot.

Damals, noch als ARD-Korrespondent unterwegs, war ich mit meinen Kollegen gerade zurückgekommen nach zwei Tagen auf einer schwankenden Bohrinsel 160 Kilometer vor der Küste. Bei unserer Ankunft im Hubschrauberterminal in Bergen saßen die Ölarbeiter mit offenen Mündern vor dem Fernseher. Keiner konnte so richtig fassen, was da geschehen war – und wie schnell es sich ereignet hatte. Wir stellten uns dazu.

Was aus der Luft wie Schrammen aussah, waren Lecks, wahrscheinlich hatte die *Rockness* Grundberührung. Lotsen vermuten, die *Rockness* habe Probleme mit der Steuerung gehabt – und das in einer Fahrrinne, die hier in den Schären vor Bergen kaum breiter ist als tausend Meter.

Bereits nach fünfundzwanzig Minuten war die Reise des Schiffes zu Ende. Der Frachter kenterte in weniger als einer Minute. Er war vollbeladen mit Steinen, eine Fracht für Emden.

Schnell schoben die Lotsenschlepper den Riesenrumpf aus der Fahrrinne dicht ans Ufer, auch aus Sorge, dass er wieder kippen könnte. Ein Schiffsrumpf mit Platz genug für sechs Fußballfelder, der rot leuchtete in der dunklen Januarnacht.

Ich musste plötzlich an einen gestrandeten Wal denken, der auf dem Trockenen liegt.

Dem alten Postschiff kann das nicht so leicht passieren. Harald Weinrich, der Zauberer, erzählt genüsslich und virtuos die Geschichte vom schweren Novembersturm 2008 auf der Barentssee. Weinrich war aus seiner Stammkabine ausquartiert worden und lag in der altern Reederkabine auf Backbordseite. Im rhythmischen Geschaukel konnte er nicht richtig einschlafen. Das Schiff neigte sich nach links und wieder nach rechts.

»Das war unangenehm genug.« Aber plötzlich blieb es auf einer Seite liegen. »Das war dann richtig unangenehm.«

Ein besonders schwerer Brecher hatte die zwei Rettungsboote auf Backbord gefüllt. Ein Blick aus der Kajüte zeigte nur Wasser und noch mal Wasser.

»Ich habe dann die Fluchtwege gecheckt, viel blieb da nicht, nur eine Platte, die ich hätte eintreten können, bis auf einmal mit einem mordsmäßigen Krach eines der beiden Rettungsboote auf Backbord auseinanderbrach und das Schiff sich wieder aufrichtete.«

Die *MS Lofoten* ist der richtige Arbeitsplatz für einen begnadeten Erzähler, zumal Weinrich keinen Zweifel daran lässt, dass der Oldtimer sehr solide konstruiert ist. Der Aufbau ist flach und der Schwerpunkt tief.

Die *Rockness* hatte da weniger Glück. In jener Nacht, die Hubschrauber kreisten über dem Schiffsrumpf und Norwegens Rettungsmaschinerie lief an, malten sich die Passanten aus, wie es zu dem Unglück gekommen war. Die *Rockness* kam in der Passage vom Kurs ab. Rammte ein Hindernis unter Wasser. Das Schiff geriet aus dem Gleichgewicht, die Ladung verrutschte. Das Schiff kenterte, trieb kieloben, eine Luftblase bildete sich im Schiffsinneren – ein kleiner Hoffnungsschimmer für die eingeschlossenen Seeleute.

Ein Radioreporter ließ sich vom Helikopter aufs Deck abseilen. Als er auf den Rumpf klopfte und rief: »Hört mich einer?«, kamen aus der Luftblase Lebenszeichen. Ein Loch wurde geschweißt, zwischendrin verständigte man sich durch Zettel. Auf einem stand: »Uns geht es o.k., aber bitte beeilt euch. Ein Seemann liegt im Sterben.«

Drei Seeleute konnten bei dieser Rettungsaktion noch geborgen werden. Es war ein riskanter Einsatz, weil niemand berechnen konnte, wann die *Rockness* sich weiter drehen würde. Doch die Helfer machten weiter, die Hubschrauber kreisten, die Suchscheinwerfer auf Deck gerichtet. Sie suchten jetzt auch die Wasserlinie ab.

Einer der Helfer ließ sich am Ufer erschöpft nieder und deutete auf das Schiff. »Wir waren rund um das Boot und haben Signale ausgesandt, aber niemand antwortet.«

Der Einsatzleiter Tryggve Hillestadt der Polizei in Bergen zuckt resigniert mit den Achseln. »Wir konnten unsere Rettungsleute nicht ins Boot schicken, das wäre zu gefährlich in dieser instabilen Lage.«

Am nächsten Tag müde graue Gesichter.

Die *Rockness* wird in ein Trockendock geschleppt.

Die Tanks sind nicht ausgelaufen. Ein Frachter dieser Größe hat etwa 1000 Tonnen Schweröl geladen – zum Eigenverbrauch: eine schwere dickflüssige Masse. Wenn das Schiff schnell in die Tiefe geht, können die Tanks platzen, und es kommt zu einer Ölpest.

Am Nachmittag wird ein Seemann tot aus dem fünf Grad kalten Wasser geborgen.

Jeder Mann sollte einen guten Freund haben, mit dem er noch in der Nacht der Abiturfeier den Rucksack schultert – und auf eine große Reise geht. Als Andreas und ich 1976 auf einer Vespa nach Norwegen fuhren, stöhnten wir über die exorbitanten Preise und wollten gerne wild campen, wie wir das von Schweden gewöhnt waren. Doch Stunde um Stunde verging in schön geschwungenen Links- und Rechtskurven zwischen Bergen und Fjorden, ohne dass auch nur eine einzige geeignete Fläche für ein kleines Zweimannzelt nebst Roller in Sicht gekommen wäre.

Am Ende landeten wir wie alle anderen auf einem offiziellen Campingplatz.

Jetzt stehen Andreas und ich gemeinsam an der Reling, wohlausgeruht nach einer Nacht in unseren Einzelkabinen, und nähern uns Norwegens Schmuckstück, dem Geirangerfjord, vorbei an Wasserfällen mit poetischen Namen wie »Brautschleier« oder »Die sieben Schwestern«. Sie führen Schmelzwasser von den Gletschern. Das macht den Fjord grün. Der Geirangerfjord liegt einhundert Kilometer tief im Landesinneren, aber der Umweg lohnt sich.

»Hurtig« gehört zu den norwegischen Worten, die ich Andreas als Erstes beibrachte. Hurtig hieß früher so viel wie Express. Heute bedeutet es, dass wir in sechs Tagen an der russischen Grenze und in fünf Tagen wieder zurück in Bergen sind. Mit dem Flugzeug könnten wir das zweimal an einem Tag schaffen.

So haben sich die Zeiten geändert. Die Postschiffe können sich mühelos als fahrende Zentren für Entschleunigungstherapie vermarkten. Harald Weinrich erzählt bei dieser Gelegenheit gern von der Wintersaison mit Booten voll von Schriftstellern, die mit großen Bücherkisten an Bord kommen und nur lesen und schauen, schauen und lesen – und schließlich auch schreiben, wenn es der Seegang erlaubt.

Wir fahren im Kielwasser des letzten deutschen Kaisers. Wilhelm II. liebte die Fjorde, und diesen besonders. Elf Reisen sind verbürgt, der Kaiser kam natürlich mit dem eigenen Schiff, der *Hohenzollern*.

Wenn man die Strecke häufiger fährt, dann ergeht es einem, wie einst im Geschichtsunterricht: Die Gedanken gehen auf Wanderschaft. Hier klettern sie die steilen Gebirgswände hinauf zu den kleinen Höfen, die man dort oben nur erahnen kann.

»It was not me that started climbing, it was you that quit«, sagte einst der berühmte norwegische Bergsteiger und Poet Arne Næss.

Dieser Satz sagt einiges über Norwegen aus und ist nicht ganz einfach zu verstehen. Man muss wissen, dass nur drei Prozent des Landes landwirtschaftlich nutzbar sind. Der Rest ist zu steil oder zu karg. Als Kind habe ich mir vorgestellt, dass die Kühe zwei kürzere und zwei längere Beine entwickeln, um den Höhenunterschied auszugleichen.

Wer hier nicht klettern konnte, hatte schon verloren. So haben die Norweger besondere Talente entwickelt. Sie haben eine ganz besondere Leidenschaft für den Tunnelbau, und sie sind sehr, sehr findig, wenn es darum geht, Höhen zu überwinden.

Kaum jemand hat in deutscher Sprache diese Schräglage so eindringlich beschrieben wie Hans Magnus Enzensberger in seinem Buch »Ach Europa«, in dem er mit jungen Norwegern auf die aufgelassenen Berghöfe ihrer Großeltern steigt.

Die kleineren Kinder und die Kühe wurden angeleint, damit sie nicht in den Fjord stürzten.

Wenn man in 250 Meter Höhe über dem Geirangefjord steht, könnte man beinahe ins Wasser spucken.

Der historische Bauernhof Skageflå ist seit Generationen verlassen. Das Ausflugsboot macht unten am Ufer einen kurzen inoffiziellen Halt, ein paar jüngere Wanderer springen an Land, die Touristen fahren weiter auf den grünen Gewässern von Norwegens schönstem Fjord.

Nun sind viele Fjorde atemberaubend schön, und es ist müßig, darüber nachzudenken, welcher der schönste ist. Doch in diesem Fall trat die UNESCO als Schiedsrichter auf und verlieh dem Geirangerfjord und dem Næøyfjord das Prädikat »Weltnaturerbe«.

Zum Hof oberhalb des Fjordes, nach Skageflå, führt ein enger Steig. Wer da ins Schnaufen kommt, kann sich an dem Gedanken erfreuen, dass das norwegische Königspaar 1993 mit einem Mittagessen in eben jener Hütte seine silberne Hochzeit feierte und fünfundzwanzig Mitglieder des europäischen Hochadels hier ebenfalls hochkeuchten. Angeblich regnete es wie aus Kübeln, als die königliche Yacht *Norge* morgens um sieben unten im Fjord anlegte, aber Sonja und Harald V. von Norwegen hatten ihren Gästen ja auch ein »typisch norwegisches Erlebnis« versprochen. Der Rest der Gesellschaft nahm den Helikopter.

Seit dem Mittelalter bewohnt, wurde Skageflå 1916 aufgegeben. Von den Schaffarmen der Umgebung ging es Skageflå noch recht gut mit ihren zwei Bergwiesen. Doch ein Bergrutsch zerstörte 1873 die meisten Anbauflächen. Das Dasein war hart, die Wege schwierig und der Platz knapp. Immerhin hatte die geografische Lage den großen Vorteil, unerwünschte

Besucher abzuschrecken. Häufig musste der Steuereintreiber, so die Legende, unverrichteter Dinge wieder abziehen, weil die Hochgebirgsbauern die Steigen abmontiert oder ihm die Leiter vor der Nase weggezogen hatten.

Kein Wunder, dass die Geografie hier die Charaktere geprägt hat und nur die blieben, die es hier aushalten konnten. Die Bergbauern über den Fjorden gelten als zäh, freiheitsliebend, und man sagt ihnen nach, dass sie die Natur im Zweifel mehr lieben als die Menschen aus dem Nachbartal. Kurz gesagt: Sie sind die Schweizer des Nordens.

Nicht belegt ist, ob auch der Kaiser auf den Bergbauernhof wanderte. Dann wäre es mit der Stille vorbei gewesen, denn der Kaiser reiste mit riesigem Gefolge. Bis zu 2000 Menschen sollen sich in seinem Kielwasser bewegt haben. Die Bauern und Fischer und Hoteliers von Geiranger standen hüteschwingend am Hafen, wenn der hohe Gast kam.

Wilhelm II. hat sich gerne kutschieren lassen, in großen offenen dunkelbraunen Zweisitzern, einem Umbau auf Basis eines Chassis von Opel. Ein Exemplar kann man im Museum von Geiranger bewundern.

Kaiser Wilhelm hat es als einer der weniger Deutschen in diesem Land sogar zu einem eigenen Denkmal gebracht, weil er aus seiner Privatschatulle Millionen für den Wiederaufbau des Städtchens Alesund aufbrachte, als dieses 1904 bis auf drei Häuser komplett abbrannte.

Seine sommerlichen Nordlandfahrten waren ihm offenbar ein inneres Anliegen und kein verdeckter Imperialismus.

Die Zeiten haben sich geändert. Was haben sie sich in den hohen Fjorden alles einfallen lassen, um sich über Wasser zu halten, von Nerzen bis zur Pizza!

Wir quartieren uns gegenüber von Geiranger in einem Fjordhotelchen in Hellesylt ein, starren ins viele hundert Meter tiefe grüne Fjordwasser und lassen uns freigelassene Nerze über die Füße laufen. Die Zeit der Nerzfarmen begann, als der Schiffsbau in den Siebzigern zurückging. Eine Weile lief das gut. Den Pelzmänteln auf der Stange roch man es ja nicht an, dass die Nerze mit Fischabfällen gepäppelt wurden.

Die Farmen sind seit langem dicht – wer trägt heute noch Pelz? –, aber die Nerze sind geblieben.

Etwas weiter Richtung Meer ist die Heimat einer im Norden weltberühmten Pizza, eine Erfolgsstory, die auch einiges über den Mutterwitz der Einheimischen verrät. Hing an diesen steilen Hängen doch noch nie eine Tomate, und trotzdem kommt von hier die Pizzamarke Grandiosa, der wohl außer Eingeweihten niemand den Heimatort »Strande am Geiranger« zutrauen würde.

Arm im Land der beheizbaren Bürgersteige

Die überaus einflussreiche Morgenzeitung *Verdens Gang* liefert uns zum Frühstück eine Geschichte aus der Kategorie »Aufreger«.

Auf der Titelseite prangt das Foto einer älteren Dame aus Trondheim, die sich in ihrer Wohnung bei einem Sturz ein Dutzend Rippen gebrochen hat und acht Monate lang auf einen Platz im Pflegeheim warten musste. Die Dame heißt Aagot Thronæs, kletterte früher immer gerne auf die Bergspitzen und ist einhundert Jahre alt.

Nun, man kann sich darüber freuen, dass das Leben am Fjord mit viel Fisch auf dem Teller und dem Auf und Ab der steilen Berge offenbar guttut. Aber man kann sich auch fragen, ob ein so reiches Land seinen Alten gegenüber nicht etwas spendabler sein könnte.

Nun gibt es durchaus Ansätze von Luxus. Länder, die sich beheizbare Bürgersteige leisten, sind aus dem Gröbsten heraus – sollte man meinen. Gerne erinnere ich mich an winterliche Spaziergänge auf der Karl-Johans-Gate in Oslo, die man dank Heizschlangen rutschfest und zugänglich gemacht hatte. Der Strom kam aus Wasserkraft, und außerdem brauchte man kein Streusalz.

Diese diskrete Art des Luxus verträgt sich mit dem norwegischen Selbstbild und dem Gleichheitsprinzip, denn Arme wie Reiche können nun auf der Prachtstraße ganzjährig flanieren, ohne auszurutschen. Anders verhält es sich mit sichtbarem Reichtum Einzelner. Auch wenn einfache Hütten in besonders begehrten Lagen mittlerweile einige Millionen (Kronen) kosten, bleiben es Berghütten, und es wäre sehr unnorwegisch, etwas anderes aus ihnen machen zu wollen.

Die Schauspielerin Liv Ullman besitzt so eine Hütte am Oslofjord, und in ihrem Klohäuschen hat sie die Ehrenbürgerurkunde von New York aufgehängt. Dieses Thema kam auf, als wir sie, die aus New York zum Heimatbesuch angereist war, für ein Interview gewinnen konnten.

In erster Linie ging es um ihre Rolle in dem Film »Herbstsonate« und ihre Beziehung zu Ingmar Bergmann (Lebenspartner und Regisseur) und Ingrid Bergmann (Schauspielerin), die im Film ihre Mutter spielt. Richtig lebendig, fast ein bisschen leidenschaftlich wurde sie aber beim Thema Ehrenurkunde.

Ob das nicht ein bisschen respektlos sei, sie im Klohäuschen aufzuhängen?

»Nein«, sagte sie. Klohäuschen hätten von jeher den besten Ausblick. Und wo verbringe man sonst schon so viel Zeit?

Mit Booten lässt sich Reichtum gut zur Schau stellen. Gegen die Luxusyachten an der Riviera nehmen sich die norwegischen Statussymbole allerdings immer noch wie gehobene Mittelklasse aus.

Dazu kommt eine Geografie, die ebenso schön wie unwegsam ist, und eine Infrastruktur an Brücken, Fähren, Landeplätzen und Tunneln, die enorme Summen verschlingt. Enzensberger spricht von der norwegischen Entschlossenheit, das ganze Land zu bewohnen. Neunundvierzig Flugplätze, die regelmäßig angeflogen werden, seien nun mal kostspieliger als zwei oder drei.

Recht hat er. Mittlerweile – eine Generation später – sind es sogar fünfundsiebzig Flugplätze. Wer so viel in die Verkehrswege steckt, muss an anderer Stelle sparen. Andere Länder hätten ein Linienschiff des Baujahres 1964 schon verschrottet. Schade eigentlich, denn auf diesen alten Pötten wie der *MS Lofoten* ist man dicht am Wasser und dicht am Geschehen. Der Atlantik riecht nach Salz und Tang und Meer, und wenn man sich über die Kaimauer von Andoy beugt, dann kann man die große Schiffsschraube sehen, so klar ist das Wasser.

Ein ums andere Mal stehen wir auf Deck und schauen zu, wie die *MS Lofoten*, dieser kompakte Koloss aus Stahl, mit einer gewissen Selbstverständlichkeit an den vielen kleinen Kais anlegt.

Ein Tau mit Öse wird um einen Poller gelegt, am Bord belegt, und dann strafft sich das Tau und stoppt das 87 Meter lange schlanke Stahlschiff. Der Matrose an Deck und der Helfer an Land schauen ungerührt zu, wie sich das Tau spannt und leise ächzt. Sollte es einmal reißen, könnte der Rückschlag sie in Stücke reißen.

Pilgern in einem reichen Land

Während sich unser altes Postboot für eine knappe Stunde an der Mole ausruht, streben wir neugierig von Bord. Wir wollen hinter den Geist von Molde kommen.

Das Städtchen Molde ist für sein alljährliches Jazzfestival und sein stattliches Fußballstadion berühmt, das mit zwölftausend Plätzen etwa halb so viele Sitze hat wie die Stadt an Einwohnern aufbieten kann.

Der berühmteste Sohn der Stadt und drittreichste Mann des Landes, der Selfmademan Kjell Røkke, hat es auf eigene Kosten bauen lassen. Als Junge ging er nach Alaska, um, wie seine Biografen ihn rühmen, die Fischfangflotte zu revolutionieren. Zurück in seiner Heimat übernahm er dann die größten Werften und kaufte auch auf dem Kontinent Schiffsbaubetriebe dazu, etwa in Rostock.

Røkke hat so viele Beteiligungen, dass die sieben wichtigsten Wirtschaftsprüfer des Landes alle Hände voll zu tun hätten, das System Røkke zu verstehen. So etwas kann auch ein Schutz sein. Røkke ist fast zu groß für Norwegen.

Røkke verfügt nach eigenen Angaben über keine Ausbildung, er habe lediglich »die Universität der Gosse« besucht.

Ein Aufsteiger, hemdsärmelig, ruppig und selbstverliebt. Mit dem früheren deutschen Bundeskanzler Gerhard Schröder verbindet ihn eine Männerfreundschaft.

Den Fjord hinauf liegt Trondheim. Über diese Stadt ist zu Recht schon viel Schönes geschrieben worden. Leider lässt der deutsche Schriftsteller Frank Schätzing diese malerische Stadt in seinem Buch »Der Schwarm« zu einem der ersten Opfer einer riesigen Flutwelle werden: Der Kontinentalsockel ist durch die vielen Bohrungen löchrig und instabil geworden, kippt in den tiefen Meeresgraben und löst einen Tsunami aus, der westlich über Schottland Richtung Amerika läuft und rückwärts das enge Flusstal überschwemmt.

Trondheim ist mit seinen mittelalterlichen Holzhäusern und dem Dom und einem Helden all das, was Oslo gern wäre.

Hier verehren die Norweger den König Olaf, einen der frühen Märtyrer des Christentums. Es spricht für die Norweger, dass sie, rein militärisch gesehen, einen Verlierer zu ihrem Nationalhelden machen. Olaf wurde nach verlorener Schlacht von den siegreichen norwegischen Bauernheeren außer Landes gejagt.

Aber Geschichtsschreibung und Legendenbildung folgen eigenen Gesetzen. Olaf floh zunächst zu seinem Schwager Jaroslav nach Kiew, kehrte dann aber der sicheren Zuflucht den Rücken, zog erneut in die Schlacht und wurde tödlich verwundet. Nach seinem Tod wurde ihm von allen Seiten großer Respekt gezollt, selbst seine Feinde priesen seine noble und tapfere Haltung. Olaf wählte statt der Sicherheit die Herausforderung und hörte auf seine innere Stimme.

Olaf ist noch etwas anderes zu verdanken. Seinem Beispiel folgend wurden die Norweger nach langer Abstinenz wieder zu Wallfahrern.

In Italien oder Spanien ist Pilgern nichts Ungewöhnliches. Doch in Norwegen war es ein Akt der Auflehnung. Pilgern war lange tabu und in seinen Anfängen alles andere als eine

Volksbewegung. Als vor zehn Jahren die ersten Pilgerpfade wiederentdeckt wurden und die ersten Pilger seit der Reformation den Wanderstab in die Hand nahmen, war das eine kleine Sensation. Norwegen ist durch und durch protestantisch. Nach Luthers reiner Lehre ist Pilgern eine Anmaßung. Damit keine Zweifel aufkommen, wurde das Pilgern 1537 unter Todesstrafe gestellt.

Ein guter Anlass, um das Schiff zu verlassen, sich mit dem Bus ins Landesinnere befördern zu lassen und ein paar Tage zu Fuß zu bewältigen. Das Postboot wartet nicht, aber es kommt ja jeden Tag ein neues.

So schön man an Bord auch schauen, speisen und träumen kann, es fehlt doch ein wenig die Bewegung. Hier in den Weiten des Hochlands treffen wir am Abend in der Herberge auf eine zehnköpfige norwegische Wandergruppe und kommen schnell mit ihnen ins Gespräch. Das Bewusstsein, dass sie Pioniere sind, lockert ihnen die Zungen. Denn hier läuft seit einigen Jahren auf den Hochebenen des Dovretals und im Grenzland zu Schweden ein Großversuch. Wie bleibt man auf dem Teppich, wenn man so reich ist? Wie verteidigt man sein Glück gegen Überfluss und Überdruss?

Zehn Tage lang wird diese Gruppe insgesamt unterwegs sein, vom Dovrefjell nach Trondheim. Die Tagesetappen umfassen etwa zwanzig Kilometer. Die Landschaft ist nicht so dramatisch wie an der Küste. Hochebenen wechseln sich mit grünen Tälern ab. Es ist eine Gegend, in der man auch mal einen Tag lang wandern kann, ohne die Sorge, gleich in einen Fjord zu fallen.

Dennoch sind die ersten schon etwas fußlahm und tauschen am abendlichen Kamin Ratschläge über Blasenpflaster und Heilsalben aus. Die Teilnehmer sind zwischen fünfzig und sechzig, einige von ihnen frisch geschieden oder nach überstandener Krebsoperation, andere eher aus Spaß an der frischen Luft. Reuige Ölmanager oder Spitzenpolitiker nach dem ersten Burnout sind eher nicht dabei. Dafür ein evangelischer Pastor, der nichts dagegen hat, dass man ihn Pilgerpastor nennt.

Eivind Luthen schlägt sich mit sehr irdischen Dingen herum, wie etwa der richtigen Wegführung. In seinem Marschgepäck hat er Pinsel und Farbe dabei wie ein wandernder Malermeister.

»Wir arbeiten seit einigen Jahren daran, diese alten Wege zu neuem Leben zu erwecken. Hier im Hochland finden wir den Weg so vor, wie er vielleicht ursprünglich war, nicht so verändert wie unten in den Tälern.«

Es ist schon ein erhebendes Gefühl, in den Fußtapfen derjenigen zu wandern, die hier vor 700 Jahren unterwegs waren. Aber wie immer bei Pionieren ist auch dieser Weg voll Dornen.

Wenn der Pilgerstrom eines Tages zunimmt wie auf dem Jakobsweg (was nur das Wetter verhindern könnte), dann ist die Frage der Wegführung von großer wirtschaftlicher Bedeutung. Direkt am Weg rentieren sich Restaurants und Herbergen, alles was fußläufig zu weit weg ist, hat im Kampf um Aufmerksamkeit verloren.

Ein Mann wie Eivind muss abwägen, auf welche Seite er sich schlägt: Nach so langer Zeit ist nicht immer klar, wo der richtige Pfad verläuft. Über die Pässe, wie es wahrscheinlich korrekt ist, oder durch die Täler, wie es die Dörfler gern sehen würden.

Das Wandern auf der weiten Hochebene hebt die Sinne.

»Jeder überflüssige Besitz ist eine Einschränkung der Freiheit«, sagt Thoreau – und so freuen sich Hanna, Jens und Siv, dass das Leben einfach wird, wenn man mit kleinem Gepäck reist. Die Soziologen nennen das »Reduktion von Komplexität«.

Hanna sagt es noch etwas schlichter und treffender: »Man vergisst alles andere als die unmittelbare Wirklichkeit, weil es ja nur darum geht, von hier nach dort zu gelangen.«

Hanna ist eine große schlanke Frau um die sechzig, mit einem leuchtend roten Poncho und sehr strahlenden grünen Augen. Meistens geht sie allein vorweg, aber manchmal lässt sie sich bis ans Ende des Zuges zurückfallen, wo die barfüßige Siv läuft. Siv hat Probleme mit einem Fußgelenk und Rückenschmerzen und deshalb irgendwann am zweiten Tag einfach die Bergschuhe ausgezogen.

Sie schwört auf das Gehen. Die Schuhe baumeln zusammengeknüpft über ihrer Schulter.

»Irgendwann«, so sagen die beiden Frauen, »kommt aber trotzdem der Punkt, ab dem die Beine von selbst laufen und die Gedanken sich sammeln.«

Norwegische Männer auf dem Weg zu sich selbst neigen offenbar zur Verschlossenheit und müssen erst langsam aufgeweicht werden. Der zweite begleitende Pastor, Hans Jakob Dahl, hat dafür eine Erklärung parat: »Männer sind auf so einer Wanderung die Individualisten, sie bleiben für sich. Frauen finden besser ihren Platz in der Gruppe. Kann sein, es liegt daran, dass Frauen bei uns im Norden ohnehin sehr selbstbewusst sind. Bei uns stellen die Frauen auch die Mehrzahl der Pilger, ganz anders als auf dem Jakobsweg in Spanien.«

Als wir mittags an einer Heuhütte rasten, zeigt sich, dass auch der nordische Mann in seiner ganzen Isolation durchaus in der Lage ist, ein anständiges Fußbad zu genießen und über die richtigen Streckübungen und Wanderstöcke zu diskutieren.

Pilger brauchen neben Wasser und gutem Schuhwerk vor allem ein Ziel – unseres heißt Trondheim, dort, wo schon das nächste Postboot wartet.

In der Nähe des Domes sollen die Gebeine des Heiligen St. Olaf aufgebahrt sein. Luther hätte sich wahrscheinlich im Grabe umgedreht ob dieser Heiligenverehrung.

Doch den Pilgern von heute geht es weniger um den alten Heiligen als um eine neue Art des Sehens.

»Wenn man beten wollte«, sagt Hanna und bekommt auf einmal diesen sehnsüchtigen Blick, »und dann über einen Stein stolpert, dann vergisst man vielleicht, was man eigentlich vorhatte. Man denkt über den Stein nach, und plötzlich ist man ganz woanders.«

Die Zeiten haben sich geändert. Pilgern steht schon lange nicht mehr unter Todesstrafe in Norwegen.

Im Gegenteil, der Pastor marschiert ganz vorne mit.

Ein Volk sucht seine Seele und findet sie unter freiem Himmel.

Das kommt Norwegern ohnehin entgegen, selbst Königin Sonja pilgert, allerdings wandert sie inkognito, der Besinnung zuliebe. Es wäre übrigens sehr unnorwegisch, sie dabei nicht in Ruhe zu lassen und etwa um ein Autogramm zu bitten.

Auch Königinnen haben ein Recht auf Natur und Ruhe.

Bevor wir wieder an Bord klettern, lassen wir uns die sieben Prinzipien des Pilgerns mit auf den Weg geben: Freiheit, Einfachheit, Langsamkeit, Ruhe, Sorgenfreiheit, Teilen und Spiritualität –und frönen ihnen ab sofort wieder auf dem Seeweg.

Die Überquerung des Polarkreises habe ich in der Kabine verschlafen. Ich kann also nicht erzählen, wie es dort aussah. Nur so viel: Es tut nicht weh, und das Wetter änderte sich auch nicht schlagartig.

Zwei Tage später steigt Christoffer Lockert in Bodø, einem Hafen oberhalb des Polarkreises, zu. Der erste Anblick ist eine Enttäuschung: Christoffer sieht nicht so aus, wie wir uns einen Nachfahren der legendären Fischerkapitäne vorstellen. Kein Seemannsbart, keine Tätowierungen, kein breiter Gang. Wir sitzen zusammen auf dem Oberdeck des Postschiffs und sehen vor uns das Bergmassiv der Lofoten auftauchen.

Christoffer ist ein Mann in den Vierzigern, mit gelichtetem Haar und einem Kamelhaarmantel. Er ist auf dem Weg ins Dorf seines Urgroßvaters: Nyksund war einmal eine Goldgrube der Heringsfischerei. Christoffer erinnert uns an die Zeiten, als Kabeljau schnell in den Süden musste. Von den Lofoten ging die Reise bis nach Bergen, Oslo und Hamburg.

Christoffers Urgroßvater hat eine wichtige Rolle in der norwegischen Küstengeschichte gespielt. Olaus Lockert gab das Geld für die Gründung der Hurtigrute, als alle anderen zögerten. Mehr als 120 Jahre ist das jetzt her.

Christoffer wird in Nyksund das Familienhaus neu aufbauen, bevor das Dorf ganz verfällt. Sein Urgroßvater hat in der goldenen Zeit viele Heringe aus dem Nordatlantik gezogen und unterschrieb in der entscheidenden Stunde einen Scheck.

Der legendäre Gründer der Postbootlinie Richard With hatte von verschiedenen Geldgebern 10 000 Kronen zusammengesammelt, um unten in Alesund den Dampfer *Arendal* zu kaufen und damit den Startschuss zu einer ganzjährigen durchgehenden Schiffsverbindung zu geben.

Er war es leid, auf seiner Ware sitzenzubleiben.

»Es ist ein Hundeleben, hier vor Anker zu liegen und Heringe einzusalzen, ohne sie loszuwerden. Hier müssten andere Seiten aufgezogen werden. Statt mit Rahsegelfrachtern hin und her zu dümpeln, müssen wir ein Dampfschiff anschaffen.«

Der Dampfer *Arendal* hatte bereits einige Routen zwischen den Lofoten und der weiter nördlich liegenden Inselgruppe der Vesteralen bedient. Aber es gab keine regelmäßige Verbindung, vor allem nicht in der dunklen Jahreszeit. Nun stand die *Arendal*, ein Boot von 220 Bruttoregistertonnen (halb so groß wie ein heutiges Küstenmotorschiff) zum Verkauf.

Das historische Projekt wäre fast am schnöden Geld gescheitert. Der Verkäufer verlangte für den gebrauchten seetüchtigen Dampfer 20 000 Kronen. With konnte nur die Hälfte auf den Tisch legen.

Da schaltete sich Christoffers Vorfahre ein, der damals als Kaufmann auf den Lofoten zu Wohlstand gekommen war.

Mit keiner anderen Sicherheit als einem Blatt Papier als Quittung lieh er die fehlende Summe. Nach heutigen Begriffen waren 10 000 Kronen ein Vermögen.

Wir verlassen das Postboot zusammen mit Christoffer auf den Lofoten, mieten ein Auto und fahren lange über Land, immer nördlich, bis die Straße in einem Schotterweg endet und vor uns der offene Atlantik liegt.

Nyksund ist heute ein halbverfallenes Dorf mit vierzig Häusern in allen kräftigen Tönen der Farbpalette auf beiden Seiten einer kleinen Landzunge, geschützt vor den Winden und Wellen durch eine Mole. Nyksund ist in seinem morbiden Charme eine der schönsten Ecken der Welt. Geradeaus geht es zum Nordkap, links nach Amerika. Die Dorsche fanden immer ihren Weg hierher. Doch dann kam der Tag, als es mit der Fischerei bergab ging. Die Fischer waren zu fleißig gewesen oder vielleicht auch zu gierig.

Kaum zu glauben, dass dieser kleine Ort mal ein Zentrum des Fischfangs war und von hier aus der getrocknete Klippfisch bis in den Süden Europas exportiert wurde. Bis dann irgendwann Schluss war. Norwegen wollte den Fischfang auf einige größere Orte konzentrieren.

Die Bewohner von Nyksund ließen sich damals vom Staat auszahlen und zogen in den nächstgrößeren Ort Myre. Vorher hatten sie schriftlich für dreißig Jahre auf alle Ansprüche verzichtet.

Das war 1972, und viele dachten, damit sei das Kapitel Nyksund ein für alle Mal geschlossen. Doch sie hatten nicht mit Christoffer, dem Enkel, gerechnet – und mit einigen anderen Menschen, die sich in den Ort verliebten.

Fast wäre Nyksund komplett im Hafenbecken verschwunden, vom Staat geopfert für größere Nachbarorte mit tieferen Häfen.

Doch seit einigen Jahren kommt das Leben zurück. Jetzt wird wieder gehämmert. Die Zahl der festen Einwohner stieg von drei auf fünfzehn in diesem Jahr.

Ein altes Paar besucht den Ort seines Kennenlernens. Tormod war Fischer, Irene Köchin. Er trägt eine blaue Kapitänsmütze, sie unterfasst ihn sorgsam. Tormod Kroknes erzählt, während er mit dem Stock rhythmisch auf die Hafenmole klopft. Etwa davon, dass Nyksund früher während der Fischsaison fünfhundert Einwohner hatte, auch reisende Zirkusleute und fahrende Marketenderinnen. Sie erinnern sich an die Blütezeit von Nyksund, als man sich hier trockenen Fußes über den Hafen hangeln konnte.

»Wir haben damals eine Kette über den Hafen gespannt, jeweils vorne und hinten am Boot haben wir sie festgemacht, so konnte man über die ganzen Boote im Hafen laufen. Es hört sich heute vielleicht komisch an, aber hier lagen die Schiffe dicht an dicht«, sagt Tormod, und seine eisblauen Augen leuchten. »Die Kais waren doppelstöckig ausgebaut, damit man bei Hoch- und bei Niedrigwasser die Fische schnell von Bord bekam. Mehrere hundert Fischer drängten sich hier. Die Saison war kurz – von Januar bis April.«

Geschlafen wurde auch doppelstöckig: Pro Fischerboot gab es eine Köchin, die ihnen abends an Land ein warmes Essen servierte, wenn sie sich hundemüde aus dem Seezeug schälten.

So lernten sich der Fischer und seine Frau kennen.

Acht Männer teilten sich vier Betten. Hinter dem Vorhang regierte die Köchin, teilte Essen aus, trocknete die Wäsche und sah zu, dass alle rechtzeitig aus den Betten kamen.

Während ihr Mann Tormod uns die Arbeitsteilung von vor siebzig Jahren erklärt, lässt ihn seine Frau Irene nicht aus den Augen. »Das Abendessen habe ich gekocht, als die Männer auf See waren. Das haben sie dann gegessen, wenn sie an Land kamen – und einer davon war mein Mann.«

Fischer Tormod war auch dabei, als im Jahre 1946 die Fischer besonders reichen Fang machten. Fünf Kriegsjahre lang waren die Bestände notgedrungen geschont worden, die Besatzer ließen die Fischer nicht ungehindert auf See; und in der ersten Saison nach dem Krieg sprangen die Kabeljaus fast von selbst in die Boote.

Wer die schwerbeladenen Fischerboote nicht mit eigenen Augen gesehen hat, wird das für Anglerlatein halten.

Seit ein paar Jahren gibt es in Nyksund wieder ganzjährige Bewohner, Menschen, die hier den Neuanfang wagen, die die Abgeschiedenheit mögen und die dunkle Zeit, die »mørketida« nicht scheuen.

Der Mittelpunkt des Dorfes ist die Herberge von Ssemjon, direkt am Hafenbecken gelegen und so weit aus Holz gebaut, wie das irgendwie geht. Ssemjon ist Mitte dreißig, mit einem akkurat gebundenen Zopf und von bemerkenswerter Freundlichkeit. Er hütet das Rezept für die beste Fischsuppe. Ssemjon ist trotz seines russischen Namens ein Düsseldorfer, der hier vor zwölf Jahren als Tourist landete und nach drei Tagen beschloss, für immer zu bleiben. Ssemjon mag am liebsten die dunkle Zeit, zwei Monate ohne jeden Sonnenstrahl. Das hat ihm den Respekt der Nordnorweger eingebracht.

Seine Fischsuppe, mit der er die Herzen der Nordnorweger erobert hat, kocht er strikt nach Rezept und nur nach Rezept. Ssemjon Gerlitz hat das, was ein Gastwirt hier zum Überleben braucht: eine Schankerlaubnis und zwei sichere Rezepte. Ssemjon selbst ist allerdings Vegetarier und würde nie auch nur einen Löffel davon kosten. Wenn er sich nicht ganz sicher ist, ob er sich vielleicht bei den Zutaten verrechnet hat, ruft er seine Mutter in Deutschland an.

»Wenn man hier ein Café aufmacht, gibt es eigentlich zwei Sachen, die man haben muss: Waffeln und Fischsuppe. Danach wird man hier so ein bisschen bewertet. Wie in Deutschland jeder Bäcker nach seinen Brötchen bewertet wird, wird man hier nach seiner Fischsuppe und seinen Waffeln bewertet. Und da habe ich bis jetzt noch nie schlechte Resonanz gehabt.«

In der Fischsuppe treffen sich die Vergangenheit und die Zukunft von Nyksund. Nicht alles hat so viel Bestand in diesem

Ort, der so lange eine Geisterstadt war. Am Ortseingang rechts den Hügel hoch zeigt uns Tormod ein paar verkohlte Ruinen. Das sind die Überreste einer Nerzfarm. Danach kamen schwer erziehbare Jugendliche aus Deutschland, und mit ihnen kam auch ein Deutscher namens Karl-Heinz, der auf sie aufpassen sollte und als besondere Qualifikation das Rettungsschwimmabzeichen vorzuweisen hatte. Das war nützlich, denn das Hafenbecken ist tief, die Tide gewaltig und so mancher Junge voll Leichtsinn.

Die weggezogenen Nyksunder kamen manchmal heimlich her, um nachzugucken, was aus ihrem einst stolzen Ort geworden war – und waren »not amused«. Mehrere Häuser hingen über den Hafenrand, bewohnt von Möwen, kurz davor, endgültig ins Wasser zu stürzen. Allen voran das größte und schönste Haus von Nyksund: ein rotes mehrstöckiges Holzhaus, das letzte Gebäude rechts auf dem Weg aus dem Hafen.

Die alten Nyksunder hätten gerne einen Schlussstrich unter die ganze Sache gezogen, aber irgendwann war es zu spät für einen Kanister Benzin und ein Streichholz. Denn irgendwann interessierten sich auch die Militärs für Nyksund, so dicht an der norwegischen Schifffahrtsroute Richtung Spitzbergen und Murmansk. Nyksund wurde, so heißt es offiziell, »Nato-Ersatzhafen«, was in der Praxis bedeutete, dass das Hafenbecken passierbar bleiben musste.

Vor dem Dorf hängen Hunderte von Fischen zum Trocknen im Wind. Die Fischer hatten ein gutes Jahr. Von hier aus gehen die Kabeljaue auf eine weite Reise: In Portugal und in Afrika schätzt man den norwegischen Trockenfisch. Doch die goldenen Zeiten der Fischerei sind Vergangenheit, es gibt weniger Dorsch und bessere Netze, und der Dorsch hat sich nie von der radikalen Überfischung erholt. Es gibt Jahre, da warten die Fischer der Vesterålen vergebens.

»Touristen sind zuverlässiger als Dorsche«, sinniert Tormod, während er langsam mit uns zur Mole geht. »Nyksund müsste man den Touristen eigentlich zeigen, wenn es ein Unwetter gibt. Wenn die Leute sehen, mit welcher Kraft die meterhohen Wellen über die Mole und die Klippen schlagen, da hätten sie was zu gucken! Aber immer stürmt es ja nicht, vielleicht kann man das doch nicht so gut planen, aber trotzdem, das wär's!«

Wir schauen bei Christoffer Lockert vorbei, dessen Hammerschläge durch die Stille des Nachmittags übers Hafenbecken hallen. Sein Haus ist im modernen norwegischen Holzvillastil mit Balkon und Giebeln gehalten und weicht vom klassischen Muster der alten engen Fischerhäuser ab.

Wie immer, wenn sich ein Ort neu erfindet, gibt es Traditionalisten und Modernisierer. Christoffer gehört zu den Anhängern des neuen Stils, einige hinzugezogene Künstler und Aussteiger hätten es gerne ein bisschen malerischer. So wird auch gegen ihn gestichelt, aber einen wie Christoffer, dessen Großvater Olaus B. Lockert laut Schiffsregister von 1950 ein Fischerboot mit Namen *Snogg* besessen hat, mit einem Außenborder von 5 PS, Marke »Sterk«, und einer Länge von 21 Fuß, den ficht das nicht besonders an.

Zwischen zwei alten Häusern am Hafen liegen Reste eines großen Schlachtfests, zwei riesenhafte Walknochen, die so groß sind, dass ein halbes Dutzend Menschen darauf sitzen könnte.

Der Atlantik donnert heute nicht, er rollt leise gegen die Mole, und die Sonne neigt sich leicht gen Abend. Gegenüber, bei Ssemjon, beschließen Tarmod und seine Frau den Ausflug an den Ort ihres Kennenlernens mit einem Essen ins Ssemjons Gaststube.

Dass die beiden alten Fischersleute die Suppe schweigend löffeln, ist kein Zeichen der Missachtung. Beim Essen redet man nicht, wenn man Jahrgang 1925 ist und sein Leben lang vom Fisch gelebt hat.

Das Mädchen Anni-Frid und sein deutscher Vater

Halbzeit an Bord. Weiter nördlich legt das Schiff am Hafen Harstadt an, und wir machen einen Abstecher nach Narvik, einem der norwegischen Orte, mit dem manch älterer Deutsche angenehme Erinnerungen aus der Kriegszeit verbindet. Harald Weinrich berichtet von der Begeisterung zweier älterer Frauen, die beim Anblick der Fjorde in den Ausruf mündete: »Das alles hätte uns gehören können!«

Narvik selbst ist heute keine Schönheit mehr, liegt aber schön. Deutsche Bomber hatten den Auftrag des Führers, die Kaianlagen zu zerstören. England sollte vom schwedischen Eisenerz abgeschnitten werden. Als Nachfahre deutscher Soldaten sollte man sich schon deshalb Kommentare zu den Baulichkeiten verkneifen. Narvik wurde 1940 bei Kämpfen zwischen alliierten und deutschen Truppen zerstört.

Nördlich der Stadt liegt Finnmark. Dies ist das Gebiet der verbrannten Erde, eine Ecke, wo man im Spätsommer keinen Hund mehr vor die Tür schickt und die die deutschen Truppen 1944 bei ihrem Rückzug dem Erdboden gleichgemacht haben.

Eigentlich wollten wir bis nach Björkåsen, vierzig Kilometer südlich von Narvik, um zu erfahren, was man dort heute noch von einem sehr speziellen kleinen Mädchen namens Anni-Frid weiß. Doch dann wird uns vom Stadthistoriker von Narvik ausgerichtet, dass niemand von ihrer Familie dort mehr lebe und auch das Haus nicht mehr stehe.

Jemand hat hier seine Wurzeln, der nicht bleiben durfte. Es war am 15. November 1945, als hier ein kleines Mädchen zur Welt kam. Der Vater war deutscher Soldat, die Mutter war eine Norwegerin. Mutter und Kind mussten 1945 fliehen: Frauen, die sich mit deutschen Soldaten eingelassen hatten, wurden verfolgt und entehrt. Das kleine Mädchen wurde auf den Namen Anni-Frid getauft, nannte sich später Frida. Man kennt sie unter ihrem Künstlernamen. Das »A« bildet den ersten Buchstaben einer weltweit berühmten schwedischen Band: ABBA.

Anni-Frid ist eines von etwa neuntausend »tyskerbarna«, Kinder, die nach der Niederlage des Deutschen Reiches ausbaden mussten, was dem Land angetan wurde. Norweger sind Protestanten. Das kann Rache bis ins dritte Glied bedeuten.

Wir waren dabei, als am Anfang des Jahrzehnts die schon ergraut und zittrig gewordenen ehemaligen Deutschenkinder aus ihren kaputten Leben erzählten.

Sie heißen Hansen, Grube und Andersen. Namen, mit denen man nicht auffällt, schon gar nicht in Norwegen. Doch sie haben eines gemeinsam, und das hat sie ihr Leben lang zu Außenseitern gestempelt. Viele sind in Frührente und fühlen sich um die Kindheit betrogen. Sie hoffen auf ihre Anwälte und etwas Glück vor Gericht.

Wir treffen sie morgens um acht in einer Frühstückskneipe in Oslo, zu einer Zeit, als man in den Kneipen noch rauchen durfte. Die Luft hängt voll Tabakqualm, es ist der scharfe würzige Geruch von Selbstgedrehten. Die zwanzig Menschen, die sich hier aneinanderdrängen, sind allesamt Kinder von deutschen Soldaten und norwegischen Frauen.

»Alle reden von Mobbing. Wir wissen wirklich, was Mobbing bedeutet – und keiner hat jemals Notiz davon genommen«, sagt Anne Marie Grube, eine der Klägerinnen, auf Norwegisch. Sie alle sprechen Norwegisch untereinander.

Ihre Leidensgeschichte beginnt mit dem Tag, der für die meisten Norweger ein Grund zum Jubeln ist: der Rückkehr des Königs aus dem englischen Exil im Jahr 1945. Tausende säumten den Kai unten am Oslofjord. Schutzmänner standen Spalier, als König und Königin im offenen Holzkreuzer vorfuhren und an Land gingen. Ein Meer von norwegischen Fahnen erwartete sie. Doch die Euphorie über die wiedergewonnene Freiheit wandelte sich schnell in das Bedürfnis nach Abrechnung.

Der Zorn richtete sich zuerst gegen die Symbole der Besatzung: Hitlerbilder wurden zu Hunderten in den Amtsstuben von der Wand gerissen, das Schild am Bahnhof mit der Aufschrift »Militärrampe Oslo« wurde vom Sockel heruntergestoßen, dann richtete sich die Wut gegen die Kollaborateure rund um den NS-Sympathisanten und norwegischen Regierungschef Quisling und seine Helfershelfer. Und zuletzt und am längsten gegen die norwegischen Frauen, die sich mit deutschen Soldaten eingelassen hatten.

Wie überall in den besetzten Gebieten hatte es sexuelle Kontakte zwischen den Einwohnern und den Besatzern gegeben, in Norwegen mit dem offiziellen Segen der SS. Die Norweger galten als Arier.

Aus den Verbindungen entstanden etwa neuntausend Kinder. Auf öffentlich angebrachten Zetteln wurden die Frauen mit Namen genannt, als »Tyske Ludder« bezeichnet, das versteht man auch so – und verunglimpft. Sie mussten Spießruten laufen, wenn sie bei der Polizei vorgeladen waren, die ganze Stadt schaute zu. Historisches Bildmaterial von 1945 zeigt eine blonde schöne Frau mit hochgesteckten Haaren im schwarzen Persianer. Viele dieser Mütter hätten ihre Kinder am liebsten vergessen.

»Meine Mutter gab mich ins Heim, als ich zwei war«, erzählt Synnöve Andersen, graue kurze Haare, nach hinten gekämmt, ein bitterer Ausdruck im Gesicht, tiefe Falten zwischen Nase und Mund. »Täglich gab es Prügel und brühheiße Bäder, als ob das Wasser gar nicht heiß genug sein könnte. Jede Woche, bis ich fünfzehn war. Immer wieder hieß es: Deine Haare sind fettig.«

»Als ich drei war, ging meine Mutter nach Deutschland. Mich steckten sie in eine Art Irrenhaus mit zwanzig anderen Jungs«, sagt Paul Hansen. »Die Kriegskinder galten als Idioten. Ich weiß bis heute nicht, warum.«

Vor dem Osloer Gericht ging es damals um Schadenersatz, um eine halbe Million Mark pro Kopf.

Die Vertreter des Staates sprechen von Verjährung, der Staat sei nicht verantwortlich. Sieben Kriegskinder haben geklagt, ein paar hundert warten auf den Ausgang des Verfahrens.

Der damalige Staatsminister Bondevik, ein gelernter Pfarrer, hatte ihnen zur Jahrtausendwende ein wenig Hoffnung gemacht, indem er sich im Namen des norwegischen Staates bei den Kriegskindern für die Ungerechtigkeit und Diskriminierung entschuldigte, der sie ausgesetzt gewesen waren.

Viele Kinder suchten lange nach ihren Vätern in Deutschland.

Für ein Kind interessierte sich sogar eine deutsche Jugendzeitschrift, die ihre Leser mit einspannte.

ABBA war damals sehr populär und ständig vertreten in der BRAVO. In einer Ausgabe gab es ein Foto von Frida und eine Geschichte über ihren biografischen Hintergrund, mit den Namen ihrer Mutter und ihres Vaters. Darin stand, dass Frida als kleines Kind mit ihrer Mutter und ihrer Großmutter nach Schweden geflohen sei. Die Mutter starb sehr bald, wohl auch vor Gram – die Großmutter brachte die kleine Frida durch, die dann als Teenager eine große Karriere als Sängerin begann. Ihr Halbbruder las die BRAVO, und so kam es zu einer denkwürdigen Familienzusammenführung.

Frida gab dazu 1996 eines ihrer seltenen Interviews.

»Es stellte sich heraus, dass Alfred Haase aus Karlsruhe mein Vater war. Er wollte einen Beweis dafür haben. Er hat ein Foto von sich als junger Offizier. Und genau das gleiche hatte ich von meiner Mutter bekommen. Ein Zweifel war nicht möglich.«

Die beiden trafen sich 1977 in Schweden, auf der Insel Lidingö vor Stockholm, wo einzelne Mitglieder der Gruppe damals wohnten.

»Aber es ist schwer, mit zweiunddreißig Jahren einen Vater zu bekommen«, sagte Frida nach dem Treffen.

Die sieben Kriegskinder, die 2001 die norwegische Regierung verklagt hatten, unterlagen vor Gericht, da die Verjährungsfrist in den 1980er Jahren abgelaufen sei. Auch der Europäische Gerichtshof wies 2007 Klagen als verjährt ab. Das Parlament wies die Regierung an, sich mit den Betroffenen zu einigen. Im Gespräch waren Summen zwischen 3000 und 25 000 Euro.

Das Postboot ist bei unserem Landgang weitergedampft. Um es einzuholen, nehmen wir ein Tragflächenboot von Harstadt nach Tromsö. Dabei merken wir – nicht zum ersten Mal –, dass Norwegen recht unsentimental sein kann. Der Decksmaat hält uns einen Voicerecorder unter die Nase und brummt: »Name und Alter – bitte jetzt sprechen.« Das Gerät bleibt an Land. Für den Fall, dass das Schiff untergeht, weiß man wenigstens, wer an Bord war und wer nicht.

Hinter Tromsö liegt Norwegens Hoffnung. Schon mit den Namen hat man sich große Mühe gegeben. Bei der Einfahrt nach Hammerfest liegt links eine künstliche Insel mit kilometerlangen Rohren, großen Kompressoren und einem irreführenden Namen. Das ist die »Milchinsel«, aber die Zeit, da dort Kühe weideten, ist Vergangenheit.

Am Rande des Hafenbeckens künden vierstöckige Neubauten mit bunten Balkonen und ein Haus der Kultur vom neuen Wohlstand der Stadt. Wenn da nicht die neuen Schätze unter dem Meeresboden wären, dann wäre Hammerfest völlig in Vergessenheit geraten.

»Snøhvit«, »Schneewittchen«, heißt das Gasfeld mit zweihundert Milliarden Kubikmeter unter dem Meeresgrund und »Melkøya«, »Milchinsel«, die Fabrik – schöne Namen. Sie stehen für den gewaltigsten und gefährlichsten Eingriff ins europäische Nordmeer.

In Hammerfest hat man lange auf einen Retter gewartet; die Stadt starb vor sich hin. Nun ist er da, ein Energiegigant mit vielen Milliarden, und keiner fragt mehr, ob das Projekt nicht vielleicht eine Nummer zu groß sein könnte, am wenigsten der Bürgermeister Alf Jacobsen, der sich gern als personifizierte Zuversicht vor die Kamera stellen lässt.

»Sicher ist Schneewittchen eine Herausforderung an Umwelt und Klima«, räumt er ein. »Aber hier im Norden und in Hammerfest gibt es nur sehr wenige Leute, die kritisch sind. Selbst die Fischer, die hier draußen fischen, haben ihr Okay dazu gegeben.«

In der Tat, im Umkreis von zweihundert Kilometern finden wir nach langen Recherchen einen Ortsansässigen, der den Mund aufmachen möchte. Ein kleines Dorf am Nordkap, zwanzig Fischer, hundertfünfzig Einwohner. Johnny Ingebrigtsen und sein Matrose Willy lassen es im Moment ein bisschen ruhiger angehen, ihre Quoten sind erschöpft.

Früher fuhren sie mit sechs Mann raus, heute reichen zwei. Die Fischer von Gjesvær haben es schon schwer genug: Vor der Küste liegen die schwimmenden russischen und spanischen Fischfabriken und nehmen ihnen die Arbeit weg. Und nun auch noch das. Fischer Johnny Ingebrigtsen hat sich noch nie das Maul verbieten lassen. Er steht in seinem Bootshaus und flickt Netze.

»Wir wissen, dass während der Bohrungen einige Chemikalien freigesetzt werden, die bis jetzt für uns unbekannt waren. Der Ölindustrie wurde erlaubt, darüber zu schweigen. Es kann sein, dass diese Chemikalien Eier und Laich bedrohen. Ich glaube, dass sie einen wesentlichen Einfluss haben werden, und das ist ziemlich gefährlich.«

Man kann Snøhvit, Schneewittchen, auch anders sehen: als europäischen Befreiungsschlag.

Snøhvit ist eine Pilotanlage, deutsches Knowhow in der Kühltechnik, norwegisches Wissen in der Förderung. Und das auf einem Markt, den bisher die Amerikaner beherrschten.

Gas wird gekühlt und komprimiert und dann verschifft. Ein Großteil der Anlage ist vormontiert und aus Spanien hergeschafft, weil das arktische Klima zu rau ist.

Eine blonde drahtige Person, die bei Wind und Wetter zwischen den Rohren herumturnt, ist die zweiundzwanzigjährige Technikerin Lynn Kristin Övretveit aus Bergen. Es ist ihre zweite Stelle, sie hat schon auf einer Bohrinsel gearbeitet. Sie verfügt über die richtige Mischung aus Wetterfestigkeit und Frohsinn, die Pioniere brauchen, wenn der Wind mit Windstärke sechs und aufwärts bläst, und sie hat eine gute Nase für den Gasgeruch.

»Ich teste dieses Ventil und überprüfe, ob es auch richtig funktioniert«, sagt Lynn, und bei Windstärke sechs können wir ihre Worte eher erahnen als verstehen.

»In der Aufbauphase der Anlage gibt es immer viel zu checken. Da muss man jedes einzelne Ventil kontrollieren, ob es auch so funktioniert, wie es soll.«

Snøhvit ist eine Bohrinsel neuen Typus. Sie steht nicht mehr auf Stelzen im Meer, wie die vierhundert anderen Bohrinseln in der Nordsee. Wenn man mit Fischerboot in der Region unterwegs ist, sieht man nichts von den Installationen in dreihundert Metern Tiefe. Die Fischer können ruhig ihre Schleppnetze ausfahren.

Die zentrale Steuereinheit ist an Land. Wie eine Krake aber streckt sie ihr Förderrohr über eine Distanz von 143 Kilometern in die Tiefsee, dorthin, wo das Gasfeld liegt. Wenn die Rohre an eine andere Stelle dirigiert werden müssen, übernehmen das Tiefseeroboter. Ein Gemisch aus Wasser, Gas und Sediment wird an Land gepumpt und dort getrennt.

Hier oben an Land sieht man nur zwei Rohre, die aus der Tiefsee kommen, ein großes und ein kleineres.

»Unser Gas kommt in dem größeren Rohr und enthält auch

einen Anteil CO_2. Wir achten sehr auf die Emissionen. Deshalb pumpen wir das Kohlendioxyd gleich wieder zurück in dem kleinen Rohr, in ein leeres Reservoir«, sagt Linn.

Eine neue Technik mit enormen Anlaufkosten: die Baukosten sind um die Hälfte auf etwa acht Milliarden Euro geklettert.

Das Förderkonsortium ist geradezu peinlich bemüht, keine Emissionen zu hinterlassen: Sie wissen, dass hier nichts passieren darf, hier oben in der Barentssee. Das fängt mit dem CO_2 an und endet bei den blauen Plastiktüten als Überzieher für die Schuhe.

Hier arbeiten dreitausend Menschen Tag und Nacht. Sie sehen sich als die Avantgarde des Fortschritts, während Johnny immer noch mit dem Schicksal hadert, dass Norwegens Regierung am Ende doch die Bohrungen in der Barentssee erlaubt hat.

Andere Fischer hatten mehr Erfolg, etwa die auf den Lofoten.

»Norwegen ist ein reiches Land«, sagt Johnny und pflückt eine Muschel aus dem Netz. »Wir haben genug Geld, es mangelt uns nicht an Gas und auch nicht an Öl. Was uns fehlt, ist die Gewissheit, ob die Aktivitäten der Ölindustrie in der Barentssee das Leben im Meer beeinflussen oder nicht.«

Seit dem Baustart für Snøhvit Anfang des Jahrtausends sind wieder mehr Lichter angegangen in Hammerfest: vierhundert neue feste Bewohner in der besonders begehrten Altersgruppe unter vierzig.

Die Neubürger verdienen gut, die Öl- und Gasindustrie kann aus dem Vollen schöpfen. Lynn und ihr Verlobter Christian konnten gleich in eine neue Wohnung ziehen. Die Preise sind schon fast so hoch wie in der Hauptstadt Oslo.

Wir dürfen Lynn auf eine Party begleiten. Es gibt Pizza aus der Pappschachtel und Bier.

Umweltfragen stehen bei Lynn und ihren Kollegen Ingunn und Line nicht besonders hoch im Kurs, aber es ist nicht zu leugnen, dass alle ein bisschen nervös sind, ob es wohl klappen wird.

»Die Anlage auf Melkøya ist noch ganz neu«, sagt Lynn. »Es ist die erste Flüssiggasanlage an Land, da gibt es wahnsinnig viel zu lernen. Keiner hat vorher beim Betrieb einer solchen Anlage mitgemacht, sie ist für alle neu, und alle müssen versuchen zusammenzuarbeiten, damit es klappt.«

Schneewittchen ist nur der erste Streich. Die Fischer von Glesvær rutschen in eine neue Rolle als eine Art freiwillige Feuerwehr. Sie üben die Arbeit an Ölfängern, denn die norwegische Regierung hat ab dem kommenden Tag Probebohrungen für die nächsten sechs Wochen erlaubt.

Johny runzelt die Stirn. »Es wird ein Unglück geben, die Frage ist nur, wann. Deshalb müssen wir den Ernstfall üben, und zwar zusammen mit den Fischern, die sich in diesem Gebiet mit den Wind-, Wetter- und Strömungsverhältnissen, aber auch mit Tauen und der Ausrüstung zum Fischfang auskennen. Die Fischer sind sehr tüchtig!«

Die Angst um ihre Fische macht sie zu unfreiwilligen Verbündeten der Industrie. Und das Rennen um die letzten fossilen Bodenschätze hat jetzt auch die Ecke der Welt erreicht, die die Fische bisher für sich hatten.

Die Barentssee ist die Kinderstube der Heringe und der Dorsche. Hier finden sie den richtigen Nahrungsmix, da, wo der warme Golfstrom mit dem kalten Polarmeer zusammentrifft. Kein Mensch weiß, wie sich die Bohrungen mit dem Kindergarten der Fische vertragen.

Es gibt Menschen wie Gustav, Finn und Christian, die einen wichtigen Schritt weitergegangen sind. Sie zu treffen lohnt jeden Umweg.

Während die *MS Lofoten* weiter in die Barentssee dampft, nehmen wir uns die Zeit für einen Landgang. Es geht um ein Kapitel der Geschichte, das in Norwegen jedes Kind kennt und in Deutschland kaum jemand. Aber es wäre für das gegenseitige Verständnis sehr gut, wenn mehr Deutsche wüssten, was hier einst geschah.

Bei Flut kann man nur mit dem Boot zu den Höhlen gelangen. Wir sind unterwegs auf der norwegischen Insel Sørøya. Das Nordkap ist gleich um die Ecke.

Es ist eine karge Gegend, die den Menschen das Überleben ohnehin schon schwer macht. Hier oben wurde ein Kapitel deutsch-norwegischer Geschichte geschrieben. Das ist fast siebzig Jahre her, aber es gibt noch einige Menschen, die sich so gut daran erinnern, als wäre es gestern gewesen, als sie ihre Häuser verlassen mussten und sich in die Höhlen flüchteten.

Gustaf Johnsen war damals dreizehn, sein Freund Finn Andreassen ein Säugling von acht Tagen, als die Familie packen musste. Der Dritte im Bunde ist ein junger Deutscher, Christian Wächtler, der hier oben als Lehrer arbeitet.

»Die Erwachsenen«, sagt Gustaf, »hatten das lange geplant, gemeinsam mit Freunden und Nachbarn fanden sie viele Stellen, wo man sich vor den Deutschen verstecken konnte, denn sie wollten sich nicht der Anordnung Hitlers beugen. Der hatte befohlen, dass die Leute aus ihren Wohnorten wegziehen sollten.«

Und Finn fügt hinzu: »Es kam ja die Order von der norwegischen Exilregierung. Man hörte aus dem Radio aus London, dass König Haakon sagte: ›Versteckt Euch vor den Deutschen! Hilfe ist unterwegs.‹ Aber die kam nicht.«

1944 rückte die Ostfront von Murmansk aus näher, die Russen sollten nichts von Wert vorfinden. Militärs nennen das die Taktik der verbrannten Erde.

Über hundert Menschen hatten Anfang November Zuflucht in dieser großen Höhle gesucht. Die einzelnen Familien errichteten einfache Lager auf dem Boden der Höhle, unterteilt durch Steingiebel, Planen und Segeltuch. Im Eingangsbereich der Höhle wurde ein Plumpsklo errichtet, etwas weiter davon entfernt ein Lagerplatz für Nahrungsmittel, wo jede Familie ihren eigenen Bereich hatte. Das Essen wurde auf einem Petroleumkocher zubereitet – entsprechend war die Luft in der Höhle.

»Ich lag wohl ungefähr hier an der Felswand.« Gustaf zeigt auf eine Ecke etwa zehn Meter hinter dem Eingang. »Daneben meine Eltern; wir hatten ein kleines Zelt aufgebaut. Direkt an der Wand machten wir das Essen. Man verrichtete Handarbeiten, viele strickten den ganzen Tag lang.«

Nach zwei Wochen Ausharren wurden Gustaf und die anderen in dieser Höhle von deutschen Soldaten entdeckt und in den Süden deportiert. Andere blieben unentdeckt, überwinterten in den arktischen Temperaturen. Bei minus dreißig bis minus vierzig Grad.

Von den 1500 Bewohnern der Insel widersetzten sich 500 den Befehlen der deutschen Besatzer und flüchteten in Höhlen.

Als sie wieder herauskamen, war alles kaputt und niedergebrannt.

Der junge deutsche Lehrer Christian Wächtler hat die ganze

Zeit zugehört, genickt. Die beiden Älteren haben ihn in ihre Mitte genommen. Nun meldet auch er sich zu Wort.

»Das hat sich mir eigentlich erst vor Ort erschlossen, was hier im Zuge der sogenannten Evakuierung alles passiert, also welches Leid den Menschen widerfahren ist. Und wenn man hier an einem Spätherbsttag bloß zum Briefkasten geht, oder zur Post vielmehr, und merkt, was da für ein Wind um die Ecken geht, dann ist der Gedanke, ein Haus abzubrennen, schon ziemlich feindlich an sich.«

Sørøya hat sich von dem Schlag erholt; alle Bauten sind neu. Nun steht der nächste Exodus bevor. Die Bevölkerung schrumpft. Die Fischfabrik steht vor dem Konkurs.

Der zentrale Ort ist die Schule mit sieben Lehrern für nur siebenundzwanzig Kinder – und mit einem deutschen Lehrer, der gekommen ist, um den Kindern etwas beizubringen, aber selbst dabei am meisten gelernt hat. Die »Verbrannte Erde« ist auch Thema im Unterricht, und was man heute von den Deutschen halten soll.

Espen und Svein sind die ersten Schüler, die sich melden. »Ich glaube, das sind die Alten«, sagt Espen, »die den Krieg erlebt haben, die sind wohl noch böse.«

»Aber jetzt sind Deutsche und Norweger Freunde«, meint Svein, »nachdem Hitler weg ist, und der hatte ja alles angefangen. Jedes Jahr kommen jede Menge Touristen aus Deutschland hierher, und die sind so froh, die angeln und gehen auf die Jagd.«

»Das Geheimnis der Erlösung heißt Erinnerung«, lautet eine alte jüdische Weisheit, und so nehmen die alten Herren den jungen Lehrer aus Schleswig-Holstein mit an die Schauplätze der Vergangenheit. Wenn sie »wir« sagen, dann meinen sie auch ihn, den Deutschen, der ein Jahr hier verbracht hat und am liebsten für immer bleiben will.

Gustaf erklärt seufzend: »Es war ein Krieg, und sie waren Feinde, die über unsere Grenze trampelten und sich hier als Herren aufspielten, und das Verhältnis zu ihnen war, dass man das verurteilte.«

Finn hat sich die Worte seines Freundes angehört. Er schweigt kurz und hat dann das letzte Wort: »Man soll wohl nicht vergessen, was mit den Menschen geschah, aber man soll sich versöhnen.«

Eins geben sie uns dann doch noch mit auf den Weg, die beiden Herren: »Es wäre schön, wenn noch mehr Deutsche auf die wunderbare Insel am Nordkap kommen könnten. In friedlicher Absicht diesmal, versteht sich, als Touristen und Lernende. Dann hätte Sørøya eine gute Chance zu überleben.«

Königskrabben auf dem Weg ins Mittelmeer

Der Endpunkt der Reise ist Kirkenes, die Grenzstadt zu Russland. Uns reizt ein Abstecher nach Bugøynes, zum letzten Fischerdorf vor Murmansk. Dort sind sie zuerst gesichtet worden, jene essbaren Hinterlassenschaften von Josef Stalin.

Bugøynes hat hundert Holzhäuser in verschiedenen Farben, zwei Anlegestellen, ein Café und einen Kaufmannsladen. Das Dorf ist um einen Naturhafen an der Barentssee gebaut. Es dauert eine Weile, bis wir unseren Fischer gefunden haben zwischen all den Booten.

Bugøynes hat in der jüngeren norwegischen Geschichte einen sehr speziellen Ruf als Gipfel der Trostlosigkeit. Eines Tages in den Achtzigerjahren des letzten Jahrhunderts wollte das Dorf geschlossen auswandern und setzte eine Anzeige in die Zeitung. Der Grund dafür war das bekannte alte Lied der kleinen Küstenstädtchen: Der Dorsch war aus ihren Fanggründen verschwunden, die jungen Leute zogen weg.

Doch dann tauchten plötzlich Monstren in den Netzen auf. Die Fischer wie Yngve Pedersen überwanden ihren Schreck und griffen zu: Eine ausgewachsene Königskrabbe hat eine Spannweite wie ein Adler und kann mit den Scheren mühelos einen Finger abkneifen. Feinschmecker von Tokyo bis Toronto nähern sich diesen Geschöpfen auch nur, wenn sie in gekochter Form oder mit zugebundenen Schären vor ihnen liegen.

Wir aber sind mit Yngve zum Krabbenfang verabredet und werden die Riesen wohl oder übel auch an Deck krabbeln sehen. In solchen Situationen geht nichts über ein Paar solide Bergstiefel – und eine abwartende Haltung, mit den Händen hinter dem Rücken verschränkt.

Yngve Pedersen denkt mittlerweile mit einer gewissen Dankbarkeit an die großen Nachbarn. Was der sechzigjährige Berufsfischer da aus 132 Meter Tiefe holt, hat einst Josef Stalin als proteinreiche Nahrung für die Bevölkerung der Arktis aussetzen lassen: Die Kamtschatkakrabbe. Eigentlich gehören die Riesenviecher nicht hierher, und ökologisch gesehen sind sie eine ziemliche Katastrophe, weil sie anderen alles wegfressen.

»Das ist eine Delikatesse, aber die Russen haben nicht viel von denen gesehen: Die sind alle zu uns in den Westen gewandert.«

»Warum?«, frage ich.

»Vielleicht fanden sie das Essen hier besser …«

Yngve schmeißt die kleinen Exemplare gleich über Bord –

was man eben so klein nennt bei diesen Wesen, die bis zu 1,80 Meter Spannbreite haben. Yngve hat sein halbes Leben auf der Barentssee verbracht und erzählt gerne von den Zeiten, als bei jedem Fischzug sofort die sowjetischen Patrouillen auftauchten und in der Nähe des Schiffs blieben.

»Wir haben uns gesagt: Was auch geschehen ist in der Welt, warum um Gottes willen sollten sie uns denn angreifen? Außerdem hatten wir ja die NATO im Rücken, das hat gefruchtet.«

Bei der Rückkehr in den Hafen liegen drei alte Fischdampfer mit gewaltigen Winden und rostigen Aufbauten am Kai und warten darauf, zerlegt zu werden. Ihr Heimathafen ist Murmansk. Auf den Schrottkähnen weht stolz die russische Fahne.

Ein Mann, der hier wohnt, so heißt es im Ort, soll die Pötte auf diesem letzten Stück ihres Weges begleiten. Nach einigem Rufen und zehn Minuten Warten kommt er auf den Kai. Er stellt sich als Valeri vor, Kapitän Valeri, und sagt, er sei der Chef beider Schiffe gewesen.

Valeri ist Ende fünfzig und macht einen erschöpften Eindruck. Er könnte einen Haarschnitt vertragen und etwas menschliche Nähe. Was für ein Leben: Seine Mission ist es zu warten, bis sich der Weltmarktpreis für Metall wieder erholt.

Aber Valeri hat noch Leben in sich. Er strafft seinen Körper und bittet uns an Bord, und wir balancieren über eine schwankende Hängebrücke und dann vorsichtig um allerlei Rostlöcher im Deck herum. Doch das Steuerhaus ist noch intakt.

»This ship is dead«, kratzt er sein Englisch zusammen. Es gebe keine Fahrten mehr.

Seit zwei Jahren wohnt er nun im Unterdeck. Er zeigt uns sein kleines Reich und seine Schätze, einen Satz Seekarten –

eine davon zeigt den Ärmelkanal auf Kyrillisch –, mechanische Instrumente, Kostbarkeiten für Sammler.

Kapitän Valeri möchte uns ungern gehen lassen. Eine Einladung, mit ihm in seiner Kajüte irgendwo im zweiten Unterdeck den Nachmittag zu versaufen, lehnen wir dankend ab.

Bugøynes hat seinen Frieden gemacht mit den russischen Pötten – und mit den russischen Krabben, die man überall in den Restaurants an der Küste auf den Teller bekommt, sowieso. Auch trockener Weißwein, der dazu serviert wird, hat seinen Weg in den äußersten Zipfel Europas geschafft.

Wir sind am Ende der Seereise. Vor uns liegt eine weite, karge, wunderschöne, menschenleere Gegend: Es gibt mehr Rentiere als Menschen. Es blüht nur wenig, aber das Wenige hat viel Platz.

Fünftes Kapitel

Lappland – Von Nervensägen und Machos im Goldrausch

Berichtet vom Kampf eines Hirten gegen den Waldriesen, ein modernes Märchen, das den großen Vorzug hat, dass es wahr ist und in dessen Verlauf klar wird, warum Urwälder wichtiger sind als Klopapier.
Preist die friedensstiftende Wirkung der finnischen Sauna und erzählt, warum Finnen Kurse in Smalltalk nehmen.
Widmet sich dem inneren Zusammenhang von Gold, Gier und Gift und der Langmut der echten Abenteurer.

Wenigstens einen Blick über die Grenze bei Storskog gönnen wir uns. Hier war früher die Welt zu Ende.

Die NATO hatte in der Nähe ihre Horchposten und verfolgte jahrzehntelang voll Misstrauen sowjetische Truppenmanöver und maß die radioaktive Strahlung. Der Warschauer Pakt spähte zurück.

Heute stehen Andreas und ich zwei Meter vor dem Schlagbaum und blinzeln in die Morgensonne. Gegenüber liegen ein paar flache Häuser, die Baracken des russischen Zolls. Keine Panzer. Drei Lastwagenfahrer schlafen in ihren Kabinen. Ein Eichhörnchen huscht über die Straße.

Auf dem Weg zur Grenze winkten uns ein paar norwegische Nachtschwärmer von ihrer Terrasse aus zu, eingepackt in Wolldecken und mit Sonnenbrille. Morgens um zwei ist die Welt noch in Ordnung. Die Zeit löst sich auf im nordischen Sommer – und mit ihr auch der Stress.

Was für ein Licht. Ein Bergsee neben der Straße spiegelt sich im Morgenlicht. Die Farben sind frisch, die Konturen scharf.

Vom Meer kann ich nie genug bekommen, aber vom Schiff. Nach sechs Tagen Leben zwischen Koje, Speisesaal und Reling wächst der Wunsch nach Abstand. Ein längerer Landgang kommt da gerade recht.

Vor uns liegt die denkbar größte, fast menschenleere Fläche Europas, die so leer ist, dass die Europäer ihre Raumfahrtversuche hier starten. Die Gefahr, dass abstürzende Testgleiter einem menschlichen Wesen auf den Kopf fallen, ist gering. Von Unfällen mit Rentieren ist auch nichts bekannt.

Vor uns liegt die Kalotte, Europas wilder Norden, alles was von Norwegen, Schweden, Finnland und Russland oberhalb des Polarkreises liegt. Kurz: Lappland.

Das Schiff endet hier und kehrt um. Ein paar Kilometer noch, und wir wären in Russland. Grenzen haben etwas Magisches, die Magie von Murmansk, der nächsten Stadt am Eismeer auf russischer Seite, hält sich allerdings in engen Grenzen.

Murmansk hat zumindest treue Fans. Die steinalten Fischer von Berlevåg, einer Dampferstation an der Barentssee und Heimat des famosen und weltberühmten Männerchors, waren einmal auf Freundschaftsbesuch in Murmansk und schwärmen noch heute von den Begegnungen mit dem weiblichen Teil der Bevölkerung. Aber das ist vielleicht Seemannslatein.

Mir fallen immer nur die rostigen Nuklearreaktoren im Hafenbecken ein.

Storskog ist heute ein Ort des kleinen Grenzverkehrs und Ausgangspunkt für eine Reise der besonderen Art. Hier beginnt das Grüne Band, ein Weg für Radfahrer und Wanderer, der immer dem ehemaligen Eisernen Vorhang folgt.

Nach dem Fall der Berliner Mauer entstand durch den Abbau der Grenzanlagen zwischen Ost und West ein einziger langer Grünstreifen – und Ironie der Geschichte: Der Grenzstreifen entpuppte sich als Ökotop der besonderen Art, als Rückzugsgebiet für seltene Vogel- und Tierarten, und nach Räumung aller Minen als Oase erster Güte.

Michael Gorbatschow verlieh dem ehrgeizigen Projekt seinen Segen, und so entsteht allmählich ein zusammenhängendes grünes Band über 6800 Kilometer mitten durch Europa bis an die Grenze zwischen Bulgarien und der Türkei: vom Weißen bis zum Schwarzen Meer.

Im zwanzigsten Jahr des Mauerfalls bin ich einige Teilstücke des Grünen Bandes mit dem Fahrrad abgefahren, hier oben hinter Kirkenes, quer durch Deutschland vom Priwall bis zum Rennsteig, zwischen Ungarn und Österreich, dort wo im Frühjahr 1989 das erste Loch in der Mauer entstand, und unten am Schwarzen Meer.

Den Verlauf der Grenze konnte man mit bloßem Auge kaum noch erkennen, höchstens an den etwas helleren Tönen des Grüns und den etwas niedrigeren Bäumen, denn bis 1989 musste der Streifen freigehalten werden, damit die Grenzsoldaten des Ostens freies Schussfeld hatten.

Nirgendwo in Europa kann man den unglaublichen Wandel so stark spüren wie dort, wo sich früher die Blöcke feindlich gegenüberstanden und heute die Luchse umherstreifen.

Das Erstaunlichste an dieser Grenze ist, dass sie unterschiedlich stark bewacht war, obwohl sich doch überall dieselben hochgerüsteten Machtblöcke gegenüberstanden. Mal musste es eine breite Todeszone mit Selbstschussautomaten, Hundestaffeln und Tretminen sein – wie an der innerdeutschen Grenze, um die Flüchtlinge abzuwehren –, mal reichte ein Schlagbaum – wie hier. Den Rest besorgte dann schon die Natur. Hier war der kalte Krieg vor allem kalt.

Wir folgen der Grenze für eine Weile ins finnische Lappland, ins Reich der Stechmücke, zu einem Grenzübergang am Inarisee, den im Wesentlichen ein Mann bewacht.

Wir haben ein offizielles Permit und rumpeln hinter einem Patrouillenwagen hinterher, quer durch einen Birkenwald. Der Offizier hatte uns kurz begrüßt und uns bedeutet, wir sollten ihm folgen – ins Sperrgebiet. Vor langer Zeit habe ich unser Kommen bei der Grenzkommandantur angemeldet.

Die Birken rauschen im Sommerwind, ein kleiner Schwarm Vögel folgt uns, die Seen funkeln, und unser gemieteter Kleintransporter fällt von einem Schlagloch ins nächste.

Das größte Problem, hat mir Perttu verraten, seien heute illegale Grenzübertritte, speziell von russischen Problembären.

Perttu Laaksonen ist Journalist, Coach und Sprachtrainer – und ein guter Freund, der mich immer brieft, bevor er mich auf seine wortkargen Landsleute loslässt.

Wer sich mit Finnlands Seele beschäftigt, sollte an der Grenze anfangen, dort, wo man die Gegenwart des großen Nachbarn spürt.

Zu den einfachen Wahrheiten zählt, dass man sich seine Nachbarn nicht aussuchen kann. Es gibt rund fünf Millionen Finnen und zweihundert Millionen Russen. Es gehört zum tröstlichen Teil der Geschichte, dass es den Finnen gelungen ist, für sich zu bleiben. Sie wurden Meister in der Kunst, die erdrückende Übermacht in Schach zu halten und sie gelegentlich sogar zurückzudrängen. Häufig mussten sie aber auch schweigen und schlucken.

Das westliche Ausland sah in dieser Durchhaltepolitik nicht nur Gutes: Das Wort »Finnlandisierung« meinte auch Opportunismus und politische Unzuverlässigkeit, man wusste nicht so genau, ob die Finnen zum Westen hielten.

Die westliche Skepsis wurde durch die sehr vorsichtige finnische Literaturpolitik genährt, die etwa das bahnbrechende Buch des russischen Schriftstellers Alexander Solchenizyn über die Zustände in den sowjetischen Straflagern »Archipel Gulag« nicht ins Finnische übersetzen ließ, um den großen

Bären nicht zu reizen. Wer es lesen wollte, musste zur schwedischen Ausgabe greifen.

Eine beliebte Legende der Achtzigerjahre besagte, dass Mickymaus und Donald Duck als typische Produkte der kapitalistischen Traumfabrik Hollywood nicht ins Finnische übersetzt worden seien. Donald Duck war angeblich verboten, weil er unverheiratet und sein Onkel ein Erzkapitalist war. Ob das stimmt? Es könnte auch eine Kostprobe finnischen Humors sein, der so trocken ist, dass die Briten neidisch werden könnten.

Finnen sind sich dieses Drahtseilakts sehr bewusst. Sie betonen aber lieber ihre Tapferkeit. Auf Finnisch heißt dieses stolze Durchhalten aus der Position des eigentlich Schwächeren »SISU«. So heißt auch der größte finnische Eisbrecher, der stolz mit dreizehn Knoten Geschwindigkeit durch eine fast meterdicke Eisdecke fährt, wenn in der finnischen Bucht mal wieder die russischen Tanker im Packeis festsitzen.

Um die Grenze hier oben ranken sich die Legenden. In Lappland war der Kalte Krieg offenbar ganz gut auszuhalten. Es soll vorgekommen sein, dass Truppen aus den beiden verfeindeten Militärblöcken abends gemeinsam getrunken haben. Unser Begleiter, der sich militärisch derart kurz als Leutnant Vesa Luedes vorstellt, dass ich zweimal nachfragen muss, weiß das vom Hörensagen. Als sich die Sowjetunion Anfang der Neunzigerjahre auflöste, war er noch ein Kind.

Vesa Luedes ist ein großer massiger Mann mit dem Haarschnitt eines Irokesen. Erst flößt er mir ein bisschen Angst ein. Doch das legt sich. Hier an der Grenze braucht man keine Machos, eher schon Buddhisten.

Unsere kleine Karawane kommt zum Stehen. Wir sind am Ziel und merken schnell: Leutnant Vesa Luedes hütet hier einen ausgesprochen friedlichen Posten, Besucher sind selten. Das Niemandsland ist gut gepflegt, der Zaun eher symbolisch. Der Abstand zwischen den beiden Ländern ist genau abgemessen. Die finnischen Grenzstreifen sind blau-weiß geringelt wie Maistangen in Bayern.

Leutnant Vesa Luedes von der finnischen Grenzwacht kann genauso ernst gucken, dass man nie weiß, ob er nicht gerade einen Scherz macht. Er zeigt auf einen akkurat gemähten schmalen Streifen, der in beiden Richtungen über die Hügel läuft, und sagt: »Der Grenzstreifen zu Russland ist genau zehn Meter breit und das über eine Länge von etwa 1200 Kilometer.«

Viel mehr will der Leutnant nicht preisgeben. Nur so viel, dass er sich einmal im Monat mit seinen russischen Kollegen trifft, um mögliche Konflikte auszuräumen.

Es ist warm, die Sonne lacht, und die Chance ist groß, dass sich hinter den Sträuchern mit den Moltebeeren gerade ein Braunbär gütlich tut.

Nach Besichtigung der Grenzanlagen fahren wir ein Stück und erreichen eine schwimmende Brücke, die für die Patrouillen einen Kilometer hinter der Grenze eingerichtet wurde. Die Grenze zwischen Warschauer Pakt und dem westlichen Militärbündnis ging auch durchs Wasser, so wie sich hier überhaupt ein See an den anderen reiht.

Am Ufer liegt eine größere Hütte, in der finnische Geschichte geschrieben wurde. Hier trafen sich die örtlichen Machthaber, Militärs und Gouverneure zu informellen Treffen, auch der legendäre Präsident Urho Kekkonen, der den größeren Teil der finnischen Nachkriegsgeschichte bestimmte, soll sich hier mit sowjetischen Gesprächspartnern getroffen haben – zum Langlaufen, Jagen und zu geheimen Gipfeltreffen.

Vesa präsentiert das hölzerne Anwesen mit jener Mischung aus Bescheidenheit und großem Stolz, wie Finnen ihn eben für ihre Saunas reservieren. Perttu würde sagen, dass Finnen in allen wesentlichen Fragen des Lebens auf die Sauna setzen. Probleme die sich nicht in einem ordentlichen Saunagang lösen lassen, lassen sich auch sonst nicht lösen.

Diese unscheinbare Hütte hier gehört zu einem weltumspannenden Netz von 150 diplomatischen Saunas von Washington bis nach Zentralafrika.

Niemand Geringeres als der Karrierediplomat und Staatssekretär im finnischen Außenministerium Pertti Torstila ist mein Kronzeuge dafür, dass die Sauna zur Staatsdoktrin gehört. Ich gestehe, dass ich in dieser Frage parteiisch bin, habe ich mich doch vor Jahren erfolgreich um die Mitgliedschaft in der *Finish Sauna Society* bemüht. Und Pertti Torstila hat jüngst allen Vereinsmitgliedern die Sauna als erfolgreiches Mittel finnischer Außenpolitik dargelegt.

Exkurs: Finnische Saunadiplomatie

»Das Erste, was finnische Soldaten bei ihrer Friedensmission im tiefsten Afrika, im Tschad, bauten, war eine Sauna. Die Hülle bestand aus Sandsäcken, aus denen ein Ofenrohr ragte.«

Pertti Torstila ist ein Mann, der es wissen muss.

Die Finnen haben Humor, was sich daran zeigt, dass Perttis Chef ein Buch geschrieben hat mit dem Titel »Die nackte Wahrheit«, in dem es auch um Wahrheitsfindung im Schwitzbad ging.

Es gibt drei Millionen Saunas in Finnland, mehr als es Autos im Lande gibt. Natürlich haben alle Sommerhäuser nicht nur einen See, in den es sich trefflich hineinschweigen lässt, sondern auch eine Sauna, und wenn sie an kalten Tagen alle gleichzeitig gebraucht werden, liefert der Nachbar Russland extra viel Strom, die Russen müssen dann frieren.

Finnen sind derart mit ihren Saunas verheiratet, dass sie auch im Ausland nicht darauf verzichten können, selbst in Weltgegenden, die an sich warm genug sind.

Es gehört zur finnischen Unbeirrbarkeit, dass sie sich im Saunabau durch nichts aufhalten lassen. Die Wüste Sinai war ihr erstes Testgelände, das ist nur zwei Generationen her. Damals standen sich Israelis und Ägypter unversöhnlich gegenüber, und die Vereinten Nationen schickten ihre Blauhelme als Puffer dazwischen. Nun gibt es im Leben eines Blauhelmsoldaten auch Leerlauf und Freizeit. Die Finnen versuchten, sie auf ihre Weise zu füllen, nur der Holzmangel, der ja für eine Wüste charakteristisch ist, war ein Problem.

Für die erste Sauna benutzen sie hölzerne Telefonmasten, die die israelischen Truppen dort gelassen hatten, und bauten sie auf einen zurückgelassenen ägyptischen Militärlastwagen. Beide Seiten, Israelis wie Ägypter, sollen gestaunt haben: Die Finnen müssen verrückt sein!

Die Kombination hatte immerhin den Vorteil großer Beweglichkeit: eine Sauna auf Rädern.

Die Standardantwort auf die übliche Frage, warum man ausgerechnet in der äußersten Hitze noch eine Sauna brauche, stammt von Martti Ahtisaari, dem völlig zu Unrecht weithin unbekannten Friedensnobelpreisträger von 2008.

»Wenn man aus der Sauna kommt, fühlt sich der Wüstenwind kühl an.«

Ahtisaari wurde für sein Lebenswerk als UN-Vermittler geehrt, etwa im Kosovo, aber auch in Indonesien und Namibia. Ein Weggefährte, der erste namibische Außenminister, beschreibt ihn als sehr ruhig, sehr freundlich, sehr respektvoll und ausgeglichen. Namibia war damals Schauplatz des Kalten Krieges. Im Nachbarland Angola standen kubanische Soldaten, Namibia war widerrechtlich vom Apartheidstaat Südafrika besetzt. Eine verfahrene Situation und eine harte Nuss für Ahtisaari, der dreizehn Jahre seines Diplomatenlebens lang den Übergang zur Selbstständigkeit verhandelte.

Früher kamen die meisten Kinder in der Sauna zu Welt, weil es der sauberste Raum eines Hauses war. Heute ist das nicht mehr der Fall, aber manchmal werden Staaten hier geboren.

Martti Ahtisaari hat das historische Verdienst, 1988 als UN-Kommissar die frühere deutsche Kolonie Südwest, das von Südafrika regierte Namibia, in einen eigenen Staat überführt zu haben. Mein Respekt für den Finnen stammt aus dieser Zeit, genauer aus dem Frühjahr 1989. Eine deutsche Delegation aus Kirchenleuten und Journalisten bereiste drei Wochen lang das Land, und ich war einer der Teilnehmer, als plötzlich der militärische Arm PLAN der namibischen Befreiungsbewegung SWAPO zu den Waffen rief.

Das Land stand am Rande eines Krieges, die ersten hundert Soldaten fielen im Feuer der Südafrikaner, und uns ausländischen Beobachtern stockte der Atem.

So eine brenzlige Situation verlangte nach einem unparteiischen Vermittler. Eine kleine weiße Minderheit stand einer großen schwarzen Mehrheit gegenüber, die obendrein in zwei Ethnien getrennt war.

Doch am Anfang gab es großes Misstrauen gegenüber der UNO und Spott für den Finnen, der sich da anschickte, ein uraltes Problem mit gutem Willen zu lösen. Die UN-Mission trug den Namen UNTAG, und die Weißen in Windhoek höhnten in ihrer Presse, die Woche habe schon sieben Tage, und auf einen achten, den UNTAG, könne man bestens verzichten. Ahtisaari – einer seiner Spitznamen ist bezeichnenderweise Nilpferd – ließ sich nicht beirren.

»Am Anfang ist es immer wichtig, verfeindete Gruppen zum Reden zu bringen«, lautet sein Credo.

Also lud er Bürgerliche und Radikale, Schwarze und Weiße in die finnische Sauna in der Hauptstadt Windhoek, hielt sich zurück und ließ sie reden.

In der Sauna sind alle gleich, Supermächte und Kleinstaaten. Niemand kann Trumpfkarten im Ärmel verbergen, eben weil keiner Ärmel anhat. Die Hitze beschleunigt die Entscheidungsfindung. Keiner darf die Sauna vor einer Einigung verlassen. Wer Finnen kennenlernt, weiß, dass das nicht gelogen ist.

Natürlich spielte die Sauna auch bei Verhandlungen zwischen den Sowjets und den Finnen um Souveränität und Unterwerfung eine Rolle. Angeblich gelang es dem finnischen Präsidenten, seinen russischen Kollegen Chruschtschow in einer sehr ausgedehnten Sitzung bis morgens um sechs in der Sauna zu halten und ihm dabei die finnische Teilhabe an der europäischen Freihandelszone abzutrotzen.

Solche Anekdoten sind Balsam für die finnische Seele – und werden bei jeder Wiederholung glaubhafter. Vesa, mit dem wir schon lange zum Vornamen übergegangen sind, strahlt und geleitet uns sicher zurück an den Ausgangspunkt.

Ein Mann hat heute in unserer Runde gefehlt, der den Grenzern sein Leid klagen wollte. So war es verabredet. Eigentlich wollte Kalevi Padar mit von der Partie sein. Als Grenzlandbewohner hat er sogar einen Zugangsschein für die Schutzzone.

Wir werden nie erfahren, warum Kalevi dem Leutnant doch lieber aus dem Weg gegangen ist.

Kalevi grüßt uns kurz und scheu. Er ist ein zurückhaltender Mann, es würde zu weit gehen, wenn wir uns als gute Bekannte bezeichneten, obwohl wir uns schon zehn Jahre kennen und zusammen auf dem Scooter durch den Schnee gesaust sind.

Kalevi ist Same und Besitzer einer halbwilden Rentierherde. Ein schlanker, sehniger Mann von etwa fünfzig Jahren, mit braunen Augen und ebensolchen Haaren und einer leisen Stimme, die aber sehr eindrucksvoll klingt, wenn er denn mal etwas sagt.

Sein Volk hat das Überleben in der phantastischen Ödnis Lapplands gemeistert und den Ski erfunden, aber das liegt nun 4500 Jahre zurück.

Um Ländergrenzen haben sich die Samen nie groß gekümmert. Sie waren schon echte Europäer, als noch keiner vom Schengener Abkommen wusste.

Siebzigtausend Menschen zählen zu den Ureinwohnern des Nordens. Die Landschaft ist so karg, dass die Menschen früher nur überleben konnten, wenn sie im Rhythmus mit der Natur ihre Zelte packten. Sie bewohnen ein Gebiet von der Größe der alten Bundesrepublik und teilen es sich mit Glücksrittern aus dem Süden und deren Nachfahren: Goldgräbern,

Erzsuchern, Holzfällern, wobei es immer wieder zu handfesten Konflikten kommt.

Wieder heißt es Autofahren, stundenlang. Ich habe Mühe die Augen offenzuhalten. Kalevi dagegen ist nervös und flucht leise auf Samisch. Es gibt eine Spezies, die hält sich nicht an die Grenze, und das macht Kalevi Kummer. Kalevi sucht nach seiner Herde, die sich farblich perfekt angepasst im arktischen Wald bewegt. Wir fahren alle Wege im Umkreis von fünfzig Kilometern ab. Die weiblichen Rentiere haben gerade Junge bekommen; sie sind leichte Beute.

Kalevi ist es nicht recht, dass die Grenze so offen ist. Er darf zwar im Notfall rüber, wenn sich seine Rentiere verlaufen. Doch gegen hungrige Invasoren ist er machtlos.

»Jedes Frühjahr kommen sie und reißen unsere Kälber. Es sind Bären aus Russland, die über die Grenze gelangen. Jede dritte Kuh hat bereits ihr Kalb verloren«, sagt er und seufzt ein bisschen.

Ihm sind die Hände gebunden, auch wenn er frische Spuren beim Zaun neben dem Sandweg findet. Bären zu schießen ist verboten, das gilt auch für russische Problembären auf Besuch.

Urwald

Während wir mit Kalevi auf die Suche nach seinen neugeborenen Kälbern gehen, fällt mir ein ums andere Mal der niedrige Wuchs der Bäume auf. Was war ich damals bei meinem ersten Besuch enttäuscht, hatte ich mir unter dem Stichwort »Urwald« doch insgeheim Baumriesen, Schlingpflanzen und Tarzans nördliche Verwandten darin vorgestellt.

Doch der Urwald in Lappland ist langsam gewachsen und in den arktischen Wintern immer wieder gebremst worden. Die Bäume, in denen sich Kalevis Rentiere verbergen, sind zweihundert Jahre alt, doch es dauerte eine Weile, bis ich die knorrigen Gewächse, die so alt wie Napoleon sind, mit neuen Augen sehen konnte.

Dieser Wald sorgt für eine Nahrungskette der besonderen Art. Kalevis Rens weiden in einem der letzten unberührten Teile der finnischen Wälder, deren Flechten den Rens durch den kalten Winter helfen.

Bild kämpft

Es passiert nicht alle Tage, dass die Bild-Zeitung auf Seite eins vermeldet: »Urwald in Nordfinnland geschützt.«

Das finnische Forstamt und die Ureinwohner der Region unterzeichneten einen Vertrag, der einen Wald von 1500 Quadratkilometern für mindestens zwanzig Jahre vor der Abholzung schützen sollte. Das Gebiet ist doppelt so groß wie Hamburg.

Im Wesentlichen ist das das Verdienst von drei Männern, von denen Kalevi einer ist. Die anderen beiden sind Järmo, ein freundlicher und ungemein mutiger finnischer Bootsbauer vom Inarisee, der jahrelang zwischen Samen und dem Rest der Welt dolmetschte, und Olly Salge, ein Waldfreund

und Aktivist der deutschen Sektion der Umweltschutzorganisation Greenpeace.

Olly Salge kann mindestens doppelt so schnell reden wie andere denken. Kommunikation zwischen zwei Menschen kennt Sieger und Unterlegene; eine Situation, in der Olly nicht das letzte Wort hätte, ist schwer vorstellbar. Olly ist gelernter Einzelhändler und wendet seine gesamte Beredsamkeit dem Wald zu.

Angesichts der Übermacht der finnischen Waldlobby hätte man den Kopf auch in den Sand stecken können. Doch das ist ohnehin nicht die Sache von Olly Salge. Um langfristig ein bisschen Erfolg zu haben, braucht man starke Partner und eine gehörige Portion Nervensägentum. Olly lässt nicht locker. Olly ist das Kämpfen gewöhnt. Er brachte mir sogar bei, es mit acht schnarchenden Männern in einer Hütte im Urwald auszuhalten.

Was passiert, wenn man sich als Ausländer wie Olly ungefragt für den finnischen Wald interessiert? Noch dazu angesichts der Tatsache, dass von fünf Finnen drei ein eigenes Waldstück besitzen.

So eine Einmischung hat Folgen. Gekränkter Stolz, böse Briefe von der finnischen Botschaft in Berlin, und am Ende fliegt Hühnerkot auf Waldhütten.

In einem Land mit Millionen Waldbesitzern möchte man keine Ratschläge in puncto Waldpflege, schon gar nicht aus Ländern, die selbst ihre Urwälder abgeholzt oder durch sauren Regen und fehlendes Tempolimit aktiv zerstört haben. In Frankreich oder Deutschland sind die Urwälder schon lange verschwunden. Aber in Russland und in Finnland gibt es sie noch.

Finnland hat zwanzig Millionen Hektar Wald. Davon sind

eine Million Urwald, und wiederum die Hälfte davon steht unter Naturschutz. Streitpunkt ist die andere Hälfte, der ungeschützte Urwald.

Sehr viel Wald und auch Urwaldholz gingen nach Deutschland. Wie Greenpeace schreibt: »Mit über 5000 Zeitschriften und Magazinen und einem Anteil von 41 Prozent der Zellstoffexporte und 20 Prozent der Papierexporte ist der deutsche Markt mit Abstand der wichtigste.«

Am Anfang standen eindrucksvolle Bilder: Kahlschlag im Urwald. Das geschah zwar weit weg – aber einmal die Woche brachte ein großes Frachtschiff Nachschub nach Lübeck. Nutzholz aus den riesigen finnischen Wäldern.

Glaubte man Greenpeace und anderen Umweltverbänden, dann war ein Teil der Ladung so etwas wie »verbotene« Fracht.

Baumstämme aus den letzten intakten Urwäldern Europas.

Solche Vorwürfe erfordern zwingend einen Besuch vor Ort, auch wenn die Durchschnittstemperatur bei etwa null Grad liegt und die Anreise weit ist.

Es war im Jahr 2003. Über allem hing unausgesprochen die Drohung eines Boykotts für den Fall, dass aus den letzten Urwäldern Europas tatsächlich Klopapier würde.

Exkurs: Kahlschlag im Urwald

In Inari erwartet uns eine kleine Abordnung der traditionellen Rentierhirten. Wir brauchen nicht weit zu fahren, um auf frische Einschläge zu treffen.

Auf einer Lichtung halten wir bei einem Baumstumpf, es

riecht intensiv nach Harz. Der Baum hat, soweit Outi das ohne Lupe erkennen kann, ein paar hundert Jahre auf dem Buckel, so dicht liegen die Jahresringe beieinander.

Outi ist eine junge Frau im roten Goretex-Outfit und mit klugen Augen hinter der runden Brille. Damals begegneten wir Kalevi Padar zum ersten Mal und waren beeindruckt von der ruhigen Kraft in seiner Stimme.

»Die staatliche Forstverwaltung verspricht uns zwar, manche Flächen zu schonen, dafür schlägt sie dann woanders zu. Unterm Strich schwindet der Urwald.«

Samen sind eher zurückhaltende Leute, nicht nur vor der Kamera. Kalevi wird zwar nicht laut, aber sehr deutlich.

»Jetzt ist das Maß voll«, sagt er und starrt auf den Baumstumpf mit den vielen Rillen. »Wenn die Forstverwaltung in dem Tempo weiter abschlägt, brauchen wir erst in sechs, sieben Generationen wieder über Urwald zu reden. So lange dauert es, bis der Wald nachwächst.«

Journalisten sind gern Augenzeugen, wollen mit eigenen Augen sehen, was passiert. Doch freitags um fünf im Urwald schweigen die Baumsägen. Überhaupt lässt man sich beim Abholzen nicht gerne beobachten, im Moment schon gar nicht.

Vor Jahren durften wir aus nächster Nähe miterleben, mit welcher Systematik die modernen Erntemaschinen vom Typ Harvester die Stämme rupfen und verkleinern.

Ein Mann oben in der geräuschdichten Fahrerkabine macht die Arbeit, für die man früher zwei Dutzend Leute brauchte.

Forstwirtschaft ist ein Milliardengeschäft.

Am Nachmittag lernen wir den vielleicht wichtigsten Mann der Samen kennen, den Präsidenten. Die Samen haben nämlich ein Parlament, und schon zum zweiten Mal haben sie Pekka Aikio an die Spitze gewählt.

Pekka Aikio ist Sohn eines Rentierzüchter und studierter Biologe. Um der Sache der Renzüchter rund um Kalevi Gehör zu verschaffen, ist Pekka quer durch Lappland gereist. Er klettert vom Vierrad-Transporter, mit dem er das letzte Stück bis in den Wald gekommen ist, und führt uns zu einem der Baumveteranen.

Pekka ist ein rundlicher Mann mit Bart, sehr beweglich und geistreich. Er ist nicht zufrieden damit, dass nur eine Hälfte des finnischen Urwalds unter Naturschutz steht – und da auch nur auf dem Papier.

Denn es geht nicht um die Bäume allein, sondern um eine Nahrungskette, in der die langen Bärte an den Bäumen eine besondere Rolle spielen. Nur ganz alter Wald hat diese Flechten. Wenn der Schnee im Frühjahr zwei Meter hoch liegt, finden die Rentiere kein anders Futter: Der Wind weht die Flechten von den Bäumen.

»Sehen Sie, der Wald ist ein Garten, und seine einzigen Früchte sind diese Flechten … Nur so überleben die Rentiere die lange kalte Zeit. Für zwei bis vier Monate sind sie ihre einzige Nahrung.«

Pekka Aikio hat als Student einmal bei Volkswagen in Kassel gearbeitet und spricht Deutsch mit einem tiefen rollenden R.

Rund 650 Rentierhirten gibt es noch im Umkreis von Inari in Nordlappland, davon leben zweihundert ausschließlich von der Rentierhaltung.

Man führt uns an einen Ort, wo die Rens markiert werden, bevor sie auf ihre Winterweide dürfen. Diese Rens sind sonst nie im Gehege, nur zweimal im Jahr werden sie aus ihren riesigen Weidegebieten zusammengetrieben. Sie leben ohne künstliches Futter, ohne Hormone und in symbiotischer Beziehung zum Wald – die einzige karge Einnahmequelle für etwa zweihundert Familien der Ureinwohner. Ohne die Urwälder hätten sie kein Auskommen.

Hier oben lebt man entweder von den Rentieren oder vom Holz.

Um auch die andere Seite zu hören, verabreden wir uns mit zwei leitenden Managern des finnischen Staatsforstes. Sie sind selbst Samen, der Konflikt spaltet die Ureinwohner.

Sie führen uns an einen idyllischen Ort, wie um uns zu zeigen, dass sie pfleglich mit dem Wald umgehen.

Was sagen sie zu den Vorwürfen, dass sie die letzten intakten Urwälder opfern würden für ein paar Dutzend Arbeitsplätze?

Einer der beiden, ein gepflegter und freundlicher Mann mittleren Alters, zündet ein Feuer an, setzt Kaffee in einer Blechkanne auf und legt sich seine Worte sorgsam zurecht. Er heißt Pertti Heikkuri und arbeitet für den finnischen Staatsforst.

»Wir meinen, dass wir schon eine beachtliche Menge dieser Art von Natur schützen. Die Hälfte des Naturwaldes im Norden Lapplands steht unter Schutz, in der einen oder anderen Weise. In einem Netzwerk von Gebieten. Deshalb glauben wir, dass Holzfällen auf der anderen Hälfte die größeren Naturschätze nicht zerstört. Es macht Sinn, einen Teil des Waldes zu nutzen.«

Abends bringt uns Pekka, der Sami-Präsident, auf seinem Motorscooter zu einer Hütte mitten im Urwald.

Nein, er sei nicht technikfeindlich, aber in diesem Fall ginge es um mehr als um Arbeitsplätze und ein paar tausend Kubikmeter Holz. Was wirklich auf dem Spiel stünde, sei das Überleben der letzten nomadischen Herden Nordeuropas.

»Die Regierung hofft offenbar, dass die traditionellen, die altmodischen freien Rentierherden ganz verschwinden, diese gesamte Lebensart, die ein Teil unserer alten Kultur ist. Die Regierung hätte es dann leichter.«

Die Hütte besteht aus einem Raum, einer abgeteilten Küche und einem großen offenen Kamin. Sie liegt direkt an einem knietiefen Bach.

Nach der Sauna servieren die Samen ihr Stammgericht (Rengeschnetzeltes mit Kartoffelbrei und Preiselbeeren). Wir trinken, und als das letzte Wort gesprochen ist, fangen sie wie ein vielstimmiges Orchester alle an, in den Wald zu schnarchen. Es ist ein so unglaublicher Klang, dass ich Olly anschaue und wir beide laut lachen müssen.

Olly, der Hartnäckige, macht seinem Ruf auch beim Einschlafen unter erschwerten Bedingungen alle Ehre. Ich verziehe mich in die Küche und zähle Schäfchen im Urwald.

Am nächsten Morgen, es ist Mitte September, bricht der Winter im nördlichen Lappland an, und der Schnee bedeckt die frischen Einschläge. Auf der Landstraße markieren Stangen mit schwarzen Plastikfahnen die Wildwechsel. Ein paar Rentiere huschen über die Fahrbahn in den Wald. Der Schnee kommt – wie der Regen in Norddeutschland – von allen Seiten zugleich.

Kalevi führt uns an eine Stelle, wo die Holzfäller ganze Arbeit geleistet haben.

Vor zehn Jahren hatte der Staatsforst ein paar Bäume geschlagen, damals aber vieles stehen lassen. Kalevi deutet mit einer Hand auf die Baumwüste, die mit einem Hauch von Schnee überzogen ist.

»Sie haben uns nicht einmal vorher Bescheid gesagt. So sieht das aus, wenn ein Harvester, eine Fällmaschine, durchrattert. Später wird hier alles abgebrannt. Für die Rens bleibt nichts übrig. Nichts – für Dutzende von Jahren.«

Zwei Jahre später, im Frühjahr, sind wir noch einmal hierher in die äußerte Nordostecke Finnlands zurückgekehrt. Greenpeace hat zum Camp in den Wald geladen, und ein paar Dutzend Freiwillige haben sich dort niedergelassen.

Wir schnallen uns Langlaufskier unter und besuchen die Waldschützer in ihren luftigen Baumhäusern.

Mit Urlaub hat das nichts zu tun. Die örtlichen Holzarbeiter versuchen, den internationalen Gästen das Leben so ungemütlich wie möglich zu machen, ohne dabei mit dem Strafgesetzbuch in Konflikt zu kommen. Eines Morgens liegt überall Hühnerkot im Waldcamp verstreut. Die Holzarbeitergewerkschaft hat das Ihre getan, um die Stimmung anzuheizen und Greenpeace mit Al-Kaida verglichen. Doch dann wendet sich das Blatt.

Greenpeace hatte deutsche und britische Zeitungsverlage und Zeitschriftenverbände gebeten, sich vor Ort ein Bild zu machen. Äußerst geschickt vermeidet Oliver Salge Mal um Mal das Wort Boykott.

Pekka Aikio ist auch wieder mit von der Partie bei der Sitzung im Gemeindehaus der nahegelegenen Kreisstadt Inari. Der Bürgermeister gewährt uns ein Interview für die ARD und lässt keinen Zweifel daran, dass er auf Seiten der Holzarbeiter steht und auf internationale Beobachter auch verzichten könnte.

Da die europäischen Abnehmer finnischen Holzes keinen Ärger mit ihren Kunden haben wollten, lag es nahe, sie einzubinden. Bis dato fehlte es den Finnen an Gespür dafür, dass man die Umweltschützer einbeziehen müsse bei der Forstpolitik.

Schon am 28. Dezember 2002 schrieb die FAZ unter der Überschrift »Deutsche Verlage streiten mit der finnischen Holzindustrie«: »Beim Holzkauf legen Käufer Wert darauf, die ganze Wertschöpfungskette zu kennen. Waren sollten nicht durch Kinderarbeit oder Raubbau auf den Markt kommen.«

Am Ende siegte die Vernunft. Denn dass die Welt mühelos auf die paar Bäume aus altem Urwald verzichten könnte, hatten selbst die Holzfirmen nie bestritten.

Olly Salge hatte Jahr um Jahr eine Handvoll frostresistente deutsche Journalisten mit in den Wald genommen und ihr Herz für den kleinwüchsigen Urwald geweckt. Irgendwann war es der staatliche Forstbetrieb leid, schlechte Presse zu bekommen und als ewige Betonköpfe dazustehen.

»Betonkopf ist ein hartes Wort, und es trifft männliche Finnen an einer empfindlichen Stelle«, sagt mein Freund Perttu.

Finnen sind geradeaus und verlässlich und beschweren ihre Gegenüber nicht mit allzu viel Persönlichem. Es ist eine Freude, mit Finnen zusammenzuarbeiten: Niemand ist so effektiv wie sie.

Doch in Konfliktsituationen kommt es auf Geschmeidigkeit an und auf das Wissen, wie der andere kommuniziert.

»Dabei gibt es landestypische Muster«, behauptet Perttu. »Finnen neigen dazu, den wichtigsten Gedanken an den Anfang zu stellen. Sie reden so, wie Nachrichtenjournalisten schreiben. Man kann den Text von unten her kürzen. Eine sehr effiziente Art der Kommunikation, die aber da versagt, wo es nicht auf Effizienz ankommt, sondern auf Schwingungen.«

Wenn es denn ein Volk gibt, das sich gern an Fakten hält, dann sind es die Finnen. Finnische Politiker waren Meister darin, ihre klugen Augen hinter schwarzen Hornbrillen zu verstecken und mit monotoner Stimme bedeutungsvolle Inhalte vorzutragen.

Aber irgendwann reichte das dann nicht mehr. Schließlich hatten die Finnen der Welt die Geräte der mobilen Kommunikation geschenkt, nun galt es am Inhalt zu arbeiten. Eines Tages rief mein Freund Perttu zusammen mit einer Kollegin den Kurs »Smalltalk für Finnen« ins Leben.

Exkurs: Smalltalk für Finnen

Etwa zehn junge Finnen hatten sich eingefunden. Treffpunkt war eine geräumige Altbauwohnung in einer Bürgervilla in Helsinki. Die Teilnehmer arbeiteten in Firmen mit internationalen Kontakten und hatten schmerzlich erfahren, dass nicht alle so ticken wie die Finnen.

Besonders die Männer hatten Probleme am Telefon. Einer der Teilnehmer hielt eine kurze Rede. Das Thema war »Excellence of speech«. Plötzlich stockte er mitten im Satz, weil ihm das passende Wort fehlte. Er verfiel in Schweigen, etwa zwanzig Sekunden lang. Über sein blasses Gesicht mit der großen schwarzen Hornbrille zog ein Ausdruck der Erleichterung, als er endlich den richtigen Ausdruck gefunden hatte.

»Im wirklichen Leben läuft es so, dass der andere oft auflegt, wenn er so lange nichts von mir hört.«

Der Schriftsteller Roman Schatz, Finnlands bekanntester Deutscher, schreibt: »Einer der häufigsten Sätze bei finnisch-ausländischen Telefongesprächen ist ›Are you still there?‹, denn die für Finnen normalen langen Sprechpausen stiften bei anderen Kulturen oft Verwirrung.«

In der Runde der zehn Kursteilnehmer ist mittlerweile das Eis gebrochen. Es tut gut, sich die Probleme von der Seele zu reden, zumal es den anderen auch nicht besser ergeht.

Für Nina ist es entlastend, dass sie im Kontakt mit Ausländern die Kommunikation nicht allein bestreiten muss. Dafür gibt es neue Probleme. Die schlanke hellblonde Frau mit dem Pagenschnitt rätselt über die Kommunikationsgewohnheiten der Südländer.

»Italiener reden normalerweise immer. Aber was bedeutet es, wenn sie plötzlich schweigen?«

Die Krönung des Workshops ist eine unverbindliche Zusammenkunft im Stehen, bei der die Teilnehmer lernen sollen, Gespräche am Laufen zu halten, ohne allzu persönlich zu werden. Mit den Augen eines Mitteleuropäers gesehen fällt zunächst der ungeheure Platzbedarf auf. Wo acht Italiener auf einen Quadratmeter passen und dann noch Raum ist für Prosecco und Crostini, wahren Finnen einen ganz anderen Mindestabstand. Den kann man auch messen: Er beträgt zwei Armlängen. Das passt zu einem Volk von Waldbesitzern.

Der kontinentaleuropäische Hang zur schnellen Umarmung ist jenseits der Ostsee noch nicht angekommen.

Nach ein paar Stunden im Seminar und einigen Jahren im Norden wage ich zu behaupten, dass sich die berühmte Schweigsamkeit der Finnen nur auf die Männer beziehen kann. Nach allem, was ich in zehn Jahren Reisen in Finnland mitbekommen habe über das Geschlechterverhältnis, gleichen finnische Frauen mühelos das aus, was die Männer an Worten vermissen lassen.

Sie steuern »vom Rücksitz aus«, fasst Roman Schatz die Erkenntnislage zusammen und setzt noch einen drauf: »Wenn Männer im Wald unter sich sind, reden sie über Frauen.

Wenn sie Frauen treffen, reden sie über den Wald.«

Mein finnischer Lieblingswitz handelt von einem Ehepaar, das sich im Fernsehen einen Liebesfilm aus Hollywood anschaut.

Nach dem Happyend wendet sie sich an ihn: »Könntest du mir nicht auch mal so eine Liebeserklärung machen?«

Er antwortet: »Ich habe dir vor achtzehn Jahren meine Gefühle erklärt, und wenn sich an ihnen etwas ändert, werde ich es dir rechtzeitig mitteilen.«

Daraus sollte keiner schließen, die Finnen hätten in Sachen Emanzipation irgendeinen Nachholbedarf. Finnland war das erste Land, das 1906 das aktive und das passive Wahlrecht einführte. Außerdem hatte das Land die erste alleinerziehende Präsidentin und den ersten Ministerpräsidenten, der mitten in seiner Amtszeit Elternzeit nahm.

Aber ohne den Wald kommen die Männer nicht zurecht.

Gift, Gier und Gold

Der Wald ist auch der Lieblingsort von Vesa, dem Goldsucher. Aber weil seine Schürfstelle, sein Claim, so versteckt im Wald liegt und der Weg aus nachvollziehbaren Gründen nicht ausgeschildert ist, treffen wir uns in seinem Bungalow am Stadtrand von Ivalo.

Gold an sich lässt mich ziemlich kalt. Den Glanz des Goldes habe ich nie verstanden, was mich aber interessiert, sind die Facetten der Sucht. Was treibt einen Menschen siebenundzwanzig Jahre seines Lebens an, mitten in der Wildnis Klümpchen aus dem Geröll eines eiskalten Bachs zu waschen, von Mücken umsummt?

Und Vesa ist nicht der Einzige: Ende August 2003 wurden allein in Lappland 461 Claims genehmigt, die Anträge stammen meist von internationalen Firmen.

Vesa Luhta sieht ein bisschen aus wie Gérard Depardieu, wie er breitschultrig den Türrahmen füllt. Er kommt aus dem Süden. Seine Frau ist Lehrerin, er ist Freiberufler, seine Einkünfte schwanken, und deshalb ist sie die Ernährerin. Vesa trägt lange Haare und ist ziemlich cool. Seine Frau bleibt in Ivalo, im Bungalow, während Vesa schürft.

Goldgraben – das ist keine wirkliche Überraschung – ist Männersache. Männer sind dabei ausgesprochen hartnäckig und zielgerichtet, aber – so werden wir sehen – auch weitgehend blind für die Folgen ihres Tuns. Mit dem Alter ändert sich die Größe des Spielzeugs. Lappland ist ein Spielplatz für Machos.

Vesa ist dem Gold verfallen – auf seine Weise. Seitdem er zwanzig ist, siebt er denselben Bach nach Väter Sitte mit Schaufel und Pfanne. Eine Wadhose hat er an und einen dicken Wollpulli. Reich ist er dabei nicht geworden. Aber zufrieden, wenn für ihn auch mal ein Goldkorn mit dabei ist. Die Freude hat er dann auch für sich allein.

»Als ich das erste große Nugget fand«, sagt er und hält zu Demonstrationszwecken ein etwa streichholzschachtelgroßes Stück in die Kamera, »hab ich mich zuerst gefreut. Dann aber habe ich mich umgeguckt, ob mich jemand beobachtet. Natürlich, das ist ganz primitiv. Aber menschlich.«

Es ist ein schönes Bild, wie Vesa das Nugget findet und in der Sonne Lapplands funkeln lässt.

Ich will Ihnen ja nicht alle Illusionen rauben, aber diesen Nugget fand er so schnell im Sieb, weil er ihn ohnehin ständig als Glücksbringer in der Tasche trägt, um an den Freudentag zu erinnern, an dem er ihn fand. Damals waren wir nicht dabei, und auf einen neuen Fund zu warten, hätte bedeutet, das Schicksal arg zu strapazieren. Da Fernsehen eine teure Angelegenheit ist, muss man manchmal dem Zufall ein bisschen auf die Sprünge helfen.

Und dennoch gibt es ein paar Hinweise, wo sich die Suche lohnt: Kiefern mögen kein Gold und wachsen nicht so hoch, wenn das Metall im Boden ist. Wacholder und Birken macht es weniger aus. Fichten wachsen sogar gerne auf goldhaltigem Untergrund.

Vesa zeigt uns dann seine Hütte oberhalb des Baches und winkt zwei anderen Goldsuchern zu, die in der Nähe ihre Claims haben. Für die Schürfrechte zahlt er eine kleine Gebühr. Niemand erwartet von ihm, dass er hier reich wird. Aber die Möglichkeit, dass im nächsten Moment ein größeres Nugget vorbeikommt, lässt ihn das alles aushalten, die primitive Hütte mit der selbstgenagelten Bank, die schwere Arbeit des Siebens und das eiskalte Wasser, die Einsamkeit und die Gleichgültigkeit der Natur.

Es ist so simpel zu sagen, dass Gold den Charakter verändert.

Aber es stimmt. Man kann das hier im Norden Finnlands studieren: Menschen tun so ungefähr alles, um an Gold zu kommen, und wenn sie sich dabei durch ein Gebirge graben müssen.

Wir haben Vesa als Guide und Übersetzer angeheuert.

Zusammen fahren wir Stunde um Stunde durch endlose

Wälder auf unbefestigten Wegen. Wer einmal in Ruhe nachdenken will, hat hier jede Gelegenheit dazu.

An einem Zaun in der Mitte von nirgendwo kommen wir zum Stehen, die Werkwache meldet unsere Ankunft. Dahinter liegt Finnlands größte Goldgrube.

Oben ist nicht allzu viel zu sehen, außer großen Abraumhalden. Aber dann geht es ins Bergwerk, mit einem normalen PKW in einen dunklen Tunnel, immer abwärts in vielen Kurven.

Als hätten es die Betreiber geahnt, dass wir an der These von den harten Kerlen hängen, hat man uns eine Frau zugeteilt.

Die Geologin Petra Jakobsson, blond mit Brille, etwa dreißig Jahre alt, freundlich und gelassen, nimmt uns in ihrem Auto mit hinab in die Tiefe, sie will sich einen Satz neuer Gesteinsproben abholen.

»Keine Angst, ich verfahre mich nicht mehr. Anfangs hatte ich immer einen erfahrenen Kollegen dabei«, sagt Petra und kurbelt uns um die nächste Ecke.

Jetzt sind wir 120 Meter unter der Erde. Gleich werden wir zum Ende des Hauptschachts kommen.

Wir dürfen aussteigen und sehen im Flackern der Laterne, wie zwei Männer mit orangefarbenen Schutzanzügen in einem drei Meter hohen Seitentunnel mit Leitungen und Ladungen hantieren.

»Weil hier mal Gold war, wird nachgebohrt. Vielleicht liegt ein paar Meter weiter die nächste Goldader. Dann wird gesprengt«, erklärt Petra.

Was sie nicht so direkt sagt: Wenn auf Dauer nichts gefunden wird, zieht die Karawane weiter. Es kommt vor, dass die Minengesellschaften in Konkurs gehen.

Oben beim Mahlwerk ist es laut und staubig. Wo wir hier stehen, war vor einigen Jahren landunter. Keine Bohrungen mehr, keine Pumpe und die Grube voller Wasser.

Das Mahlwerk stößt gigantische Mengen von Steinen aus und eine dünne Spur von Gold. Genau zwei Gramm pro Tonne. Zwei Tassen voll am Tag.

Der Goldpreis ist oben, da langt das für die Dividende und die Gehälter von einhundert Menschen. Aber für wie lange?

In der Nähe fließt der Saitasjoki.

Als die Mine vor fünf Jahren überlief, da wurde der Fluss trüb, und die Algen blühten. Jetzt ist er wieder klar.

Wahrscheinlich waren es Rückstände des Sprengstoffes und allerlei Mineralien tief aus der Erde.

Eine kleine Gruppe von Anwohnern hat uns erwartet. Einer von ihnen, ein älterer Herr, ist bemüht, uns einerseits die Schönheit der fast unberührten Natur anzupreisen und anderseits seinen Groll auf die Betreiber der Mine loszuwerden.

Hannu Haverinnen, der Wortführer, ist einer der Kläger und hat kein Zutrauen in die Vernunft der Konzerne.

»Meine Freunde fragen sich, was passiert, wenn diese Mine erschöpft ist und dann vollläuft. Wenn die ihr Interesse verloren haben, was dann, in einem Jahr – in fünfzig Jahren oder in hundert. Wir werden noch lange damit zu tun haben.«

Während wir auf der Lichtung am Fluss stehen und das Wasser vorbeifließt, kommt mir der Gedanke, dass es in diesem Streit nicht um eine neue Runde Natur gegen Industrie geht.

Das Wasser ist so klar, dass wir die Kiesel auf dem Grund zählen können. Der Fluss mäandert durch ein grünes Tal und gluckert leise, Kieferzweige knacken unter unseren Füßen.

Hier am Fluss war noch nie etwas anderes als Natur. Hier geht es nicht um einen Ausgleich, sondern um einen ersten, den allerersten Eingriff. Das erklärt die Bitterkeit.

Hannu sagt: »Man kann ohne Gold leben, aber nicht ohne klares Wasser. Niemand denkt an die Folgen. Was ist in der Zeit nach dem Goldrausch? Niemand hört uns zu, deshalb klagen wir uns durch alle Instanzen. Finnland ist von Ingenieuren dominiert, und die glauben an die Machbarkeit. Für die Natur haben sie keinen Blick. Der Umweltschutz kommt in den Ämtern an letzter Stelle.«

Vesa nickt verständnisvoll. Zwischen ihm, dem klassischen Digger, und den Naturliebhabern vom Saitajoki gibt es keinen Streit.

Doch ihn zieht es weiter, zu dem Ort, an dem alles begann.

Der Goldrausch hat in Lappland eine Geschichte von gut 140 Jahren, und er begann an einem reißenden Strom bei Ivalo, dem Ivalojoki.

Der Fluss ist flach, ein normaler Propeller würde an den Steinen zerschellen. Unser Schlauchboot hat Jetantrieb, eine Art Düse, und fliegt über Strudel und Stromschnellen. Zwischendurch setzt es mit lautem Platschen auf und erinnert uns daran, dass wir alle einen Rücken haben. Wir stecken in Überlebensanzügen und Schwimmwesten. Ab und zu duscht uns eine Welle. Nach zwanzig Minuten sind wir am Ziel.

Früher war der Weg zu diesen Claims eine elende Plackerei, Vesa begleitet uns, und ihm, dem Goldgräber alter Schule, ist ganz feierlich zumute an diesem historischen Ort.

Es war 1869, da fanden zwei Männer dort unten auf der kleinen Insel zwei Kilo Gold. Im Sommer darauf zogen fünfhundert Männer hierher.

Einige Hütten sind noch erhalten. Der große Fund blieb

ziemlich einmalig, aber der Strom an Goldsuchern ist bis heute nicht abgerissen.

Unsere letzte Station liegt bei Kittilä, einem beliebten finnischen Wintersportort in der Nähe der schwedischen Grenze.

Die heutigen Schatzsucher müssen wieder durch den Matsch. Diesmal geht es nicht um zwei Kilo, sondern um einige Tonnen.

Zwei Männer stapfen mit uns durch die Gegend, der Direktor und der technische Leiter einer schwedischen Minengesellschaft, die hier Europas größte Goldmine projektieren. Sie sind zu zweit, vielleicht damit der eine aufpasst, dass der andere sich nicht verplappert.

Denn um diese Mine hat es viel Ärger gegeben.

Man rechnet mit 15 Millionen Tonnen Erz, das reicht für 20 Jahre. Das Gold hier in Suurikuusikko hat einen Wert von 700-800 Millionen Euro, lockt *Invest in Finland* 2004.

Als der Direktor noch ein kleiner Junge war, hat sein Papa Gold gewaschen – in den Ferien. Das verpflichtet.

Hier liegt viel Gold im Boden, aber es ist so fest mit dem Gestein verschmolzen, dass man es nur mit einem Supergift herauslösen kann.

Thomas Lindholm ist der Technische Leiter von Riddarhyttan. »Nur mit Zyanid können wir hier wirtschaftlich rentabel Gold fördern. Zyanid kommt auch in der Natur vor. Aber in diesem Fall müssen wir nachhelfen.«

Zyanid – ein Gramm reicht, um ein Dorf auszulöschen. Hier sind einige hundert Kilo im Spiel. Auch das Argument, dass Zyanid in der Natur vorkomme, überzeugt nicht wirklich: In Fischen und Menschen sollte es besser nicht vorkommen.

Wir lassen uns beruhigen, dass hier nicht gleich die ganze

Menschheit ausgerottet werden soll. Die Methode sei erprobt, und alle Behörden hätten die nötigen Sondergenehmigungen erteilt. Das Zyanid bleibt in einem geschlossenen Kreislauf, so wird versichert.

Vesa ist nach ein paar Tagen mit uns in den Goldgruben nun glücklich wieder zu seinem Claim zurückgekehrt.

Er ist unter all den Träumern vielleicht der einzige Realist. Es sei besser, seine Gier zu zügeln, als an ihr kaputtzugehen, hatte er gesagt.

Das hier oben ist eine Männerwelt. Fast alle in den Gruben und den Claims sind Männer. Die Einstellung ist überall die gleiche: Sie lieben es, Risiken einzugehen, aber sie verdrängen die Folgen.

Sechstes Kapitel

Lappland zu Fuß

In dem berichtet wird, warum die Samen im Sommer in die Berge müssen wie die Vögel im Winter nach Süden.
In dem wir lernen, weshalb Mücken einen Sinn haben und wie Rentiere bei gutem Zureden kleine Lasten tragen können.
In dem sich zwei alte Herren ins Gebirge aufmachen, die einst deutschen Flüchtlingen über die Grenze halfen.
Wo wir lernen, dass Birkenrinde immer brennt, auch wenn sie nass ist.

»Wenn sich die letzten Skifahrer und die ersten Wanderer begegnen, dann ist Juni in Lappland«, hat die deutsche Dichterin Sigrid Damm einmal bemerkt.

Eines Tages fassten wir, des Autofahrens müde, den Beschluss, die Rentiere zu satteln und Lappland zu Fuß zu erleben – im Sommer am Polarkreis, mit drei Fragen im Gepäck:

- Warum um alles in der Welt macht hier jemand Urlaub?
- Wie viel Gepäck können Rentiere tragen?
- Gibt es Bier schon als Pulver?

Es gehört zum Wesen der Wildnis, dass sie nicht um die Ecke liegt. Es regnet ohne Pause. Wenn es stimmt, dass alles mit Wasser begann, dann ist hier der Ursprung der Welt.

Leise fluchend stolpern wir am Ziel unserer Reise vom Parkplatz zur Anlegestelle hinunter, über Stock und Stein. Die Böschung dieses Stausees hat nichts von der üblichen Idylle eines Seeufers, sie wirkt unaufgeräumt und improvisiert, kein Wunder, da der Wasserstand ständig schwankt.

Auf den letzten 130 Kilometern fiel der Blick aus dem Seitenfenster auf einen gezähmten Fluss, den Luleå-Fluss, ohne erkennbares Gefälle, ohne Strömung. Alle dreißig Kilometer ist ein Wehr mit Turbinen. Wenn in Stockholm zu Abend gekocht wird, wird hier ein Wehr aufgemacht. Dann treibt das Wasser die Turbinen an, und aus gebändigtem Wasser wird elektrischer Strom. Die reißenden Flüsse, die Schmelzwasser vom Gebirgsrücken zwischen Norwegen und Schweden runter zur Ostsee transportieren, sind an- und abstellbare Bergseen geworden. Schweden ist hier – mitten in der Wildnis – leiser geworden.

Mitten in dieser stillen Wildnis parkt auf einmal ein dunkelblauer SAAB. Viktoria trägt ihren kleinen Jungen im Tuch vor der Brust und klettert behände die hundert Meter steil bergab. Mats folgt mit den ersten von zwei Dutzend Kartons voll mit Proviant für einen Sommer im Fjäll.

Victoria sieht wie eine hübsche Italienerin aus. Mats wie ein Schwede, was immer das bedeuten mag. Ihr Kind schlägt nach beiden, soweit man das nach fünf Wochen sagen kann. Viktorias große Verwandtschaft, der wir in den nächsten Tagen begegnen werden, könnte überall in Europa zu Hause sein. So wie sie leben, sind sie allerdings ziemlich einzigartig.

Dies ist also die junge Familie, mit der wir bis ans andere Ufer des Akkajaure wandern werden. Mit den Bildern in meinem Kopf stimmt das nicht überein. Was hatte ich mir nicht alles vorgestellt unter den Urbewohnern des Nordens? Ich wähnte mich auf einer Reise ins wilde Samistan, und nun kamen sie mit einem Kombi schwedischer Bauart angefahren, mit Kindersitz, und ich schleppte ihr Dosenbier?

Zivilisierte Menschen pflegen ein zwiespältiges Verhältnis zu den Naturvölkern. Große Bewunderung schlägt schnell in Enttäuschung um – so groß die Liebe, so tief geht die Ablehnung. Alle nomadischen Völker können ein Lied davon singen, ob Inuit oder Samen.

Je nach Bedarf sind sie entweder die edlen Wilden – oder doch eher Tiere auf zwei Beinen. Mal wird ihre Lebenswelt zum letzten Paradies erklärt, mal zur Eroberung freigegeben.

Die Samen sind ein kleines Volk mit einem großen Platzbedarf. Es gibt im ganzen Norden etwa 70 000 Samen, die meisten wohnen in Norwegen, etwa 20 000 in Schweden, der Rest in Finnland und Russland.

Ihre Lebenswelt sei historisch von einem besonderen utopischen Schimmer umgeben, schreibt der führende schwedische Historiker Henrik Berggren über die Samen in Nordschweden. Die Menschen zog es in den Norden, um dort ein neues Leben zu beginnen und der alten schwedischen Klassengesellschaft zu entkommen. Dass dort eigentlich schon die Samen lebten, zählte für die Neuankömmlinge nicht. Der Urbevölkerung erging es wie den Indianern – sie wurden verdrängt. Doch ganz ließen sie sich nicht vertreiben.

Das große Kapital der kleinen Völker ist ihre Andersartigkeit. Einfach gesagt: Man kann sie filmen, beschreiben und besingen, weil sie »ungewöhnliche Dinge« tun. Sie ziehen durch die Welt, leben mit Mutter Natur und können sich im Kampf mit dem Unwägbaren beweisen.

Wir anderen sitzen die meiste Zeit vor dem Computer und eignen uns nicht für die teilnehmende Reportage.

Einzelne Berufsgruppen schaffen es oft ins Fernsehen. Die Berufsgruppe der Fischer etwa ist sehr, sehr klein – und maßlos überrepräsentiert. Sie sind Opfer ihrer eigen Tüchtigkeit geworden: Sie haben die Meere leergefischt. Aber kein Landschaftsfilm – auch nicht unsere Reportagen – kann auf sie verzichten.

Die Naturvölker des Nordens lassen sich besonders gut ablichten. Sie machen einfach etwas her mit ihren Tieren und ihren Trachten. Nichts ist so schön wie der vertraute Fremde.

Mit einer Eisbärenhose lässt sich immer noch Eindruck schinden. Der deutsche TV-Moderator (und erprobte Nordpolfahrer) Markus Lanz beschreibt eine Schlittenfahrt mit kalten Beinen in Grönland. »›Zieh das an, du wirst sonst erfrieren.‹ Paulus warf mir ein dickes Bündel vor die Füße. Ich sah nur Haare. Ein Haufen borstiger langer Haare. Was, um Himmels willen, war das?«

Nun sieht eine Eisbärenhose im Zweifel immer aus wie eine Eisbärenhose. Auch Markus Lanz hat sie wohl sofort erkannt. Aber auch wenn man genauer hinschaut und das Gesehene nüchtern beschreibt, kommt man aus dem Staunen nicht heraus.

Oder wussten Sie, dass Eisbärfell so gut isoliert, dass Bären auf der Wärmekamera nicht zu erkennen sind? Und dass die Inuit sie in der Kühltruhe aufbewahren, weil sie in der Wärme brüchig werden?

Naturvölker werden so lange bewundert werden, wie sie den Bilderbuchvorstellungen entsprechen. Ein Same in Plastikhosen, mit verspiegelter Sonnenbrille und Filterzigarette kann einen ganzen Film ruinieren. Was für alle anderen normal ist,

Eigentumswohnungen und Flachbildschirm, wird ihnen übelgenommen.

Wenn man das alles weiß – und dreimal geistig durchgekaut hat –, kann man versuchen, einen realistischen Blick zu bekommen und sich dabei ein freundliches und neugieriges Interesse für das andere zu erhalten.

Es gibt einiges zu lernen.

Erstens: Wer sich nach dem Essen im Rundzelt zur Seite legt und ein Weilchen friedlich döst, der tut recht. Wer ununterbrochen weiterredet, dem hat es nicht geschmeckt. Das Blut ist ohnehin im Bauch unterwegs, der Kopf ist leer.

Zweitens: Mücken haben einen tieferen Sinn. Sie helfen den Ureinwohnern des Nordens, ihr Land zu verteidigen.

Drittens: »Edle Wilde« lernen gern dazu. Samische Rentierhirten darf man zwar nicht nach der Größe ihrer Herde befragen – das ist ein Tabu, so ähnlich wie Sesshafte nicht über ihre Steuererklärung reden wollen –, aber sie erzählen gern, wie praktisch ein Hubschrauber ist, wenn sie ihre weitverstreute Herde im Hochgebirge zur Markierung zusammentreiben müssen.

Viertens: Nasses Holz kann man mit Birkenrinde zum Brennen bekommen, es geht aber auch anders. Wie sagte die englische Fotografin an der Haltestelle der Inlandsbahn am Polarkreis, als wir unser Feuer nicht in Gang bekamen? Probiert doch mal die Sami-Methode – und holte aus ihrem Haus eine Flasche Brandbeschleuniger.

Es ist kein Urlaub, es ist der Weg nach Hause. Nila muss mit. Er ist fünf Wochen alt, aber Heimat ist Heimat.

Victoria Harnesk hat es auf das Titelbild der Stockholmer Illustrierten »Situation« geschafft als Beispiel einer jungen Samin, die in Stockholm lebt, aber dennoch ihre Tracht trägt. So sind wir mit ihr in Kontakt gekommen, um dann festzustellen, dass wir auf derselben Insel vor Stockholm wohnen. Vor drei Tagen ist sie mit ihrer Familie aufgebrochen Richtung Norden.

Victoria gehört zu einer Generation der Samen, die in zwei Welten lebt. Die meiste Zeit des Jahres verbringt sie mit Mats, dem Schweden, in einer Dreizimmerwohnung in Lidingö. Dort lebt sie mit den beiden Kindern, singt samische Lieder und hält Vorträge über ihr Volk. Eine Art Kulturbotschafterin der Samen – fernab von Lappland.

Victoria hat sich als Kind nicht mehr wie ihr Vater als »Lappenteufel« beschimpfen lassen müssen. In Tracht kann sie sich sehen lassen; in Stockholm finden viele das ausgesprochen schick.

»Es ist viel leichter, die Tracht in Stockholm zu tragen, als in den Orten in Norrland, etwa in Gällivare. Gällivare ist wie Kiruna eine proletarische Stadt, eine Stadt der Erzarbeiter, die Schwedens Wohlstand erschaffen haben und mit den Samen nie viel im Sinn hatten.«

Die Zeiten liegen nicht lange zurück, da wurde den Samen die eigene Sprache in der Schule ausgetrieben.

»Weißt du, wenn ein Volk keine Armee, keine festen Häuser und keine Schriftsprache hat, wird es unterdrückt – und zur Begründung auch noch schlecht gemacht. Wie oft haben wir gehört, dass wir nicht gleichwertig wären und mit der schwedischen Kultur nicht mithalten könnten.«

Wenn das Heimweh sie packt, geht Victoria an den Kühlschrank. Das Tiefkühlfach ist mit Rentierfleisch aus der Herde ihres Vaters gefüllt.

Victoria und Mats wollen sich in dieser menschenleeren Gegend eine Auszeit nehmen. Ganz freiwillig. Für Victoria ist es zudem eine Reise in die Vergangenheit. Sie ist in Lappland aufgewachsen.

Der Dampfer legt pünktlich an, wir sind die einzigen Passagiere. Auf der anderen Seite des aufgestauten Flusses liegt die Samensiedlung am Fuße des Akka; eine Station auf dem Wanderweg durch Lappland. Akka heißt die Wildgans in Selma Lagerlöfs Kinderbuch »Nils Holgersson«. Akka ist ein kahler baumloser Berg, dessen Spitze in den Wolken hängt.

Mich fröstelt.

Das Fährschiff wird die kleine Familie auf die andere Seite des Akkajaure bringen. Dorthin, wo es weder Strom noch Telefon gibt. Eine Ecke der Welt, die mitsamt ihren Bewohnern unter Naturschutz steht.

Als endlich alle vierundzwanzig Kisten an Bord des Dampfers verstaut sind, Victoria einen Platz unter Deck gefunden hat und der kleine Nila an ihrer Brust eingeschlafen ist, bekommt ihr Blick einen schwärmerischen Ausdruck: Nila soll einmal in ihre Fußstapfen treten.

»Von klein auf war ich im Sommer im Fjäll. Wie die Vögel im Winter nach Süden fliegen, so ziehen wir im Sommer nach Norden.

Ihr Mann Mats ist kein Same, aber er tut sein Bestes, um hier heimisch zu werden. Mats will dabei sein, wenn der große Tag kommt, an dem die Samen ihre Rentierherden zusammentreiben. Das wird irgendwann gegen Ende des Sommers sein, aber gerade diese Vagheit, die Unmöglichkeit, Termine zu planen, zieht ihn an. Mats, der Großstädter und Journalist, ist ganz verrückt nach der Weite und Einsamkeit des Nordens.

Mats schaut sinnend auf die grauen Wasser des Akkajaure und liefert einen dieser kurzen philosophischen Statements, die nur dann nicht pathetisch wirken, wenn es tatsächlich in die Einöde geht, ohne Internet und Eiscafé.

»Freiheit ist das. Man kann alles hinter sich zurücklassen. Einfach sein.«

Dann saugt er die Luft mit einem hörbaren Geräusch ein, wie das nordschwedische Männer gerne tun, wenn sie andeuten wollen, dass nun alles gesagt ist. (Karl May ließ seine Indianer in solchen Fällen sagen: »Howgh – ich habe gesprochen.«)

Mats ist groß und blond, athletisch und trägt eine Brille. Victoria ist klein und zierlich, hat dunkle Haare und eine wunderschöne Singstimme.

Victoria hat eine zehnjährige Tochter aus erster Ehe. Mats lernte sie kennen, als er mit Freunden einen Scooterurlaub in Lappland machte.

An Victorias Seite hat Mats gewisse Vorrechte: Nur Samien dürfen mitten im Nationalpark wohnen. Ein Recht, das man den Ureinwohnern gelassen hat.

Die Samen sind die letzten Nomaden des Nordens und fast die einzigen Menschen, die es hier aushalten, oberhalb des Polarkreises.

In der Samevista, dem alten Sommerdorf der Samen, hat Victorias Familie ein einfaches Holzhaus, zwei Räume, eine Veranda – und jede Menge Onkel und Großtanten, die sich einer nach dem anderen zur Begrüßung einfinden. Unter ihnen ist auch Henrik, ein rüstiger Herr in den Achtzigern, ein gelernter Tischler.

»Als Vattenfall den See in den Vierzigerjahren des letzten Jahrhunderts aufstaute, hatten sie eine rote Linie am Ufer gezogen«, erzählt Victoria. »Bis hierhin kommt das Wasser. Aber das Wasser stieg höher und unsere Hütten drohten in den See zu stürzen. Wir konnten wählen – achttausend Kronen Entschädigung für ein Haus oder Ersatz. Unsere Großfamilie fand Ersatz besser, und mein Großonkel Henrik durfte als Tischler die Hütten gegen Geld bauen.«

Wenn man denn partout nach Unterschieden sucht, dann fällt auf, dass einige ältere Männer zwei Messer tragen, eins für die Jagd und eins fürs Essen (schöne Messer mit Horngriff, handgeschmiedet, nicht ganz rostfrei), und dass sie aus selbstgeschnitzten Holzbechern trinken. Außerdem mögen sie die Farben Blau, Gelb und Rot, was man der Samen-Fahne und ihrer Tracht ansieht. Ansonsten scheinen sie aber auch Dosenbier und Goretex und Grillwürstchen zu lieben, die üblichen Requisiten des schwedischen Outdoor-Lebens.

Ungewöhnlich ist allerdings, dass die Gastgeberin Victoria, als die erste Begrüßungsrunde hinter uns liegt, auf der Veranda ganz zwanglos in einen Joik verfällt. Der Joik ist so etwas wie der Blues der Ureinwohner. Die Sami joiken auch innerlich und machen sich damit Mut, wenn sie sich verloren fühlen.

Victoria stemmt die Arme in die Hüften, schließt die Augen und singt ein eingängiges Lied in Dur, ganz ohne Instrumente. Später wird sie uns erzählen, dass sie über die Sonne und die Berge improvisiert hat und wie froh sie ist, dass sie ihrem in Stockholm geborenen kleinen Sohn die Heimat zeigen kann.

Doch bevor sie losgelegt hat mit ihrem Joik, hat sie erst einmal die Augen geschlossen und Haare, Nacken, Hände und Gesicht mit Mückenspray besprüht.

Autan statt Chanel. Jedem, der nach Lappland reist, ist anzuraten, nicht allzu viel Haut zu zeigen, etwa zwischen Socken und Hosensaum oder am Nacken.

Auf die Dauer helfen nur eine durchsichtige Essenz namens Dschungel-Öl, die in kleinen grünen Flaschen verkauft wird, oder andere abschreckende Flüssigkeiten. Dazu empfehlen sich feste, undurchdringliche Stoffe.

Die Kleiderfrage hat schon Carl von Linné der Erwähnung wert befunden. Der große schwedische Botaniker trug bei seiner Lapplandwanderung unter anderem eine »Florhaube«, um sich »der Mücken zu erwehren«. Den Ernst der Lage kann man daran ermessen, dass dieses Kleidungsstück eigentlich nur für Karfreitage und Beerdigungen vorgesehen und dem anderen Geschlecht zugedacht war: Frauen trugen um 1800 eine Haube mit Trauerflor, kurz: eine Florhaube.

Eine Abwandlung davon ist der Tropenhelm mit Fliegennetz. Walter Helfer, einer der ARD-Pioniere der Lappland-Berichterstattung, erzählte seinerzeit schmunzelnd von dem homerischen Gelächter der sie begleitenden Samen bei einem Dreh oberhalb des Polarkreises. Sie fragten ihn, ob er damit rechne, dass die Mücken sich beim Anblick seines Tropenhelms totlachen und ihn dann in Ruhe lassen würden.

Nach Victorias Konzert beginnt ein charmantes Frage- und Antwortspiel, an dessen Ende wir uns unversehens mit einem Wassereimer in der Hand zum Bach trollen sehen. Victoria hatte gefragt, wer Kaffee wolle. Wir alle, die wir beim Transport der vierundzwanzig Kisten voller Vorräte über 850 Meter Stock und Stein und danach durchs Samen-Dorf mitgeholfen hatten, nickten eifrig.

»Dann geht mal Wasser holen.«

Anschaulicher hätte sie uns nicht klarmachen können, was einen Urlaub in Lappland so speziell macht.

»In dem Joik«, so erklärt uns ihr Onkel, »hat Victoria gerade die kahlen Berge hier besungen. In Victorias Liedtext sind sie aber nicht mehr kahl, sondern golden, und die Seen sind silbern.«

Rentiere als Packesel

Uns zieht es weiter in die Berge. Wir wollen uns mit dem Boot dort absetzen lassen, wo man nur noch zu Fuß weiterkommt, am Nordkalottenweg, der durch den Nationalpark Lapponia über die Berge nach Norwegen führt. Lange war Lappland eine *terra incognita* und so außerhalb der Welt, dass 1695 der schwedische König eine Expedition nach Lappland schickte, um zu erkunden, ob es dort sommers tatsächlich Tag und Nacht hell sei.

Nun, immerhin das konnte geklärt werden, aber die Menschen dort gaben ihnen Rätsel auf. Sie waren weder Krieger noch Fischer noch Bauern wie die Schweden, sondern gleich alles drei zusammen – und obendrein zogen sie ständig umher. Immerhin gelang es den schwedischen Emissären, die Nomaden des Nordens zum Bezahlen von Steuern zu bewegen. Sie richteten einen jährlichen Markt ein und besteuerten den Tauschhandel – Felle und Silber gegen Kaffee und Salz. Das war lange Zeit der einzige Kontakt.

Da, wo wir jetzt landen werden, hat sich seit 1695 nicht

viel getan. Nur dass nun in Victorias Sommerdorf kein Rindenkanu, sondern ein offenes Motorboot festmacht, darin ein schweigsamer, etwas mürrischer Sami. Der Außenborder bullert, wir wechseln nicht viele Worte, verstauen unser Marschgepäck und die Filmausrüstung so gut es geht im Bug, und los geht die Fahrt durch den Akkajaure, so weit, bis es nur noch zu Fuß weitergeht.

Nach zwei Stunden Fahrt steuert unser Boot den Strand an. Am Ufer stehen drei Zelte, drei Rentiere und zwei winkende Männer mit roten Ponchos.

Die beiden sind Bergführer – einer ist der Sohn des Bootführers – und Nachfahren der Ureinwohner. Wir wollen mit ihnen ein paar Tage wandern und dabei eintauchen in die Zeit, als ihre Großväter den ganzen Sommer als Rentierhirten im Gebirge zubrachten. Nicht alles konnten oder wollten die Vorfahren selbst tragen, also nutzten sie die Rentiere als Packesel, etwa um Zeltstangen oder Tierhäute zu transportieren.

Die zwei Bergführer, die uns in ihren roten Ponchos empfangen, fingen 1999 an, Rentiere zu zähmen, und belebten damit eine Tradition, die einhundert Jahre nicht gepflegt wurde.

Es war schwer für sie, jemanden zu finden, der diese Arbeit noch vom Hörensagen so gut kannte, dass sie von ihm lernen konnten. Und noch dazu jemanden, der ihnen das Ganze nicht gleich als absurde Idee ausredete.

Lennart heißt der Kleinere, Stämmige mit den dunkleren Haaren; der andere heißt Anders, ein schlanker, blonder Hüne. Zwei Vornamen wie aus dem schwedischen Bilderbuch. Anders möchte, dass wir uns schnell mit den Tieren anfreunden, und zeigt uns, wie man sie am besten am Seil führt. Annäherung von hinten ist nicht zu raten. Rentiere können auch treten.

Das Ganze ist ein Experiment.

»Wir haben mit diesen dreien etwa zwei bis drei Monate gebraucht, dann waren sie zahm. Aber dafür mussten wir auch jeden Tag mit ihnen arbeiten. Die Tiere sind sehr unterschiedlich. Mit Nagga ging es schneller, er ist die Nähe von Menschen von klein auf gewöhnt. Nagga ist neugierig, fast aufdringlich.

Sivu dagegen ist freundlich und sanft. Sivu geht gar nicht gern als Letzter. Dann bleibt er stehen. Mit Nastika dagegen hatten wir viel mehr zu kämpfen, er ist noch ein richtiges Ren.«

Es soll Menschen geben, die zu Tieren im Großen und Ganzen ein eher distanziertes Verhältnis haben. Denen sei eine Woche mit Nastika, Nagga und Sivu geraten. Drei Reisebegleiter, die einem ans Herz wachsen können, wenn sie auch aus Gründen des Tierschutzes keine wirklich schweren Kisten tragen dürfen.

Unser Kalkül, ihnen die Filmkamera oder das Stativ aufzubürden, ging nicht auf. Nichts Kantiges darf auf ihre Rücken. Stattdessen lernten wir wieder, richtig zu tragen – und gelegentlich zogen wir unsere Tragetiere hinter uns her.

Der Anblick der kleinen kompakten Vierbeiner aus der Familie »Hirsch« stimmte uns milde: Ihr Fell geht im Sommer ins Graue bis Braune, sie reichen uns bis an die Schulter, haben ausdrucksvolle braune Augen und schöne lange Ohren. Ihre wahren Feinde sind neben den Bären, Wölfen und (in ihrer Kindheit) den Seeadlern die Fliegen, die sich als Parasiten in ihr Nackenfell einnisten, was die Rentiere fast verrückt machen kann – und dem menschlichen Schmusebedürfnis gewisse Grenzen setzt.

In meiner Reiselektüre von Sigrid Damm las ich: »Linné fand heraus, dass das seltsame Klacken der Hufe von den Klauen kam, die innen hohl sind. Wenn das Ren steht, sind die Klauen auseinandergespreizt, sobald es aber den Fuß zurückzieht, stoßen die Schalen der Klauen zusammen und verursachen das Klacken.«

Rentiere sind Vegetarier, und wenn sie eine junge Birke sehen, legen sie gerne eine kleine Blätterpause ein, in der an ein Weiterkommen nicht zu denken ist. So niedlich sich das anhört: Rentiere sind enorm zäh. Sie überleben bei Temperaturen, die für fast alle anderen Tiere tödlich sind.

Was uns hier, die Rentiere im Schlepp, vorgeführt wird, ist eine Lehrstunde in Nachhaltigkeit.

Die UNESCO hat diesen Teil Lapplands zum Weltkulturerbe erklärt und die samischen Hirten gleich mit dazu, als Anerkennung dafür, dass sie hier leben, ohne Spuren zu hinterlassen.

Es ist eine Gegend, in der man wochenlang in der Stille unterwegs sein kann. Die nächste Straße ist fünfzig Kilometer entfernt. Unsere kleine Filmkarawane zieht gemeinsam durch die wunderbare Ödnis, und vielleicht weil es so still ist, schweigen auch wir viel, halten Abstand und gehen eher hintereinander als nebeneinander.

Es ist schön, die Gefährten um sich zu wissen. Auf mich allein gestellt, wäre ich schnell überfordert. Ein verdrehter Knöchel könnte mich lahmlegen, ein plötzlicher Schneeeinbruch uns alle überraschen.

Ab und zu erlauben wir uns unterschiedliche Geschwindigkeiten und sind alle bemüht, die köstliche Ruhe nicht durch all zu viel Smalltalk zu stören.

Die Stille schärft die Sinne, auf einmal höre ich die kleinen

Geräusche, die sonst untergehen, wie etwa das Piepsen des Schneehuhns, den Wind, der durch die Birke geht, oder das Gurgeln der Schneeschmelzbäche.

Wir haben für Notfälle ein spezielles Telefon dabei, ein Iridium-Telefon, das über Satellit sendet; aber es gibt seinen Geist auf. Das Display hat einen Sprung. Keiner will's gewesen sein, also habe ich mich wahrscheinlich draufgesetzt. Für die Weggefährten ist mein Verhältnis zu technischen Dingen schon lange ein Quell stillen Vergnügens.

Lennart und Anders wissen immerhin, wo wir uns befinden: Sie wandern nach Karte, vergewissern sich aber regelmäßig per Navigationsgerät. Sie sind moderne Samen, längst keine Nomaden mehr. Sie haben beide Management und Tourismus studiert, leben im Winter in Wohnungen mit Zentralheizung. Im Sommer führen sie als professionelle Bergführer Gäste durch die Nationalparks, die es gern so ursprünglich wie möglich haben wollen.

»Natürlich gibt es moderne Hilfsmittel, die sind einfacher und effektiver, um Gepäck zu transportieren«, sagt Lennart lachend, als Ren Nastika nicht recht vom Fleck will. »Aber wir denken, wir sollten die alten Kenntnisse bewahren. Da hängt so vieles dran.«

Die Rentiere sind leicht zu führen. Dennoch brauchen wir für die erste Etappe von dreiundzwanzig Kilometern den ganzen Tag. Wo die Rens eine Blätterpause einlegen, lassen wir uns mit der Thermoskanne nieder. Der Weg zieht sich, wohl auch, weil er für uns neu ist, und wir an jedem dritten Grashalm anhalten.

Am Wegesrand unterm Schnee wächst sogar Salat, lebenswichtig für die Rentierhirten. Fleisch und Milch hatten sie reichlich, was fehlte, war Vitamin C. Anders nimmt ein Blatt zwischen zwei Finger und riecht daran.

»Das hier ist Sauerampfer, schmeckt ein bisschen wie Sellerie. Nicht bitter, nur sehr würzig. Es gibt hier nur wenige giftige Pflanzen, alle anderen sind essbar, aber nicht alle schmecken.«

Unsere beiden Führer haben es ein bisschen spannend gemacht. Sie haben offen gelassen, ob wir überall eine Brücke finden werden auf unserem Weg in die Berge. Für die Rens sind die Furten kein Problem, sie gehen ohnehin lieber durch den Fluss. Wir aber freuen uns über jede trockene Verbindung.

Die Brücken sind aus Leichtmetall – sie werden mit dem Hubschrauber abgesetzt und nach dem kurzen Sommer wieder abgeholt.

Zehn Monate im Jahr liegt hier oben Schnee, jetzt drängt das Schmelzwasser zu Tale. Es ist vier Grad kalt und klar. Wer tagelang ringsumher nur auf Wasser, Moose und Berge blickt, beginnt zu grübeln und landet irgendwann bei den letzten Dingen. Zum Beispiel, ob Mücken einen Sinn haben – nach langem Nachdenken kommt Anders zumindest auf ein Tier, das die Frage bestimmt bejahen würde: das Schneehuhnküken.

»Eines der besten Argumente für die Mücken«, sagt Anders, »ist, dass diese kleinen Vögel sie fressen, um groß zu werden.«

Noch einen Grund gibt es. Man könnte glatt auf eine gewisse Seelenverwandtschaft zwischen Rentieren und Menschen schließen: Rens hassen Mücken. Im komplexen Dreieck Mücke-Rentier-Mensch ist das eine entscheidende Komponente.

»Wir Sami brauchen die Mücken. Sie helfen uns, unsere Tiere zu finden. Die kommen aus dem Winterlager und ziehen immer weiter die Berge hoch. Die Mücken ziehen hinter ihnen her und treiben sie weit über die Baumgrenze in den

Schnee. Dort können wir sie leichter finden als in den Birkenwäldern. Ihr Fell hebt sich vom Schnee besser ab.«

Abends schläft der Wind ein, leider. Wir sind nass geworden. Lennart schält Birkenrinde und verspricht uns, damit auch das schnell gesammelte pitschnasse Holz zum Brennen zu bringen. Ein Streichholz würde reichen. Und tatsächlich: Selbst hier, wo es dreihundert Tage im Jahr regnet oder schneit, wirkt der Trick mit der Birke. Allzu groß ist das Feuer nicht, dafür gibt es zum Ausgleich ein paar Weisheiten dazu.

»Ein weißer Mann macht ein großes Feuer und setzt sich weit weg. Ein roter Mann macht ein kleines Feuer und setzt sich dicht dran«, sagt Lennart und grinst.

Später am Abend legt sich der Regen, der Himmel ist wieder klar. Es kommt etwas Wind auf. Doch leider dreht er sich ständig.

Die Mücken scheuen den Rauch, aber auf die Dauer ist der Platz am Feuer mit einer gewissen Beeinträchtigung der Lebensfreude erkauft. Noch Tage danach riechen wir wie frisch geräuchert.

Drinnen hat Anders im Zelt die Backstube eröffnet. Die Zutaten des klassischen Polarbröds sind Mehl, Sirup, Trockenmilch und Hefe. Früher bestand der Speisezettel nur aus Brot und getrocknetem Rentierfleisch und gelegentlich aus frischem Fisch.

»Schön, aber eintönig«, sagt Anders, und Lennart erinnert sich, dass er als Kind auch lieber Würstchen essen wollte.

Die haltbaren Brotfladen der Samen finden sich überall im Norden, aber nirgendwo schmecken sie so gut wie frisch aus Anders' Pfanne abends im Zelt.

Es ist, wie gesagt, guter Brauch, nach dem Essen ein Nickerchen zu machen – und ein Kompliment für den Koch.

Samenbrot
Man nehme
einen Liter Trockenmilch
100 Gramm Sirup
100 Gramm Butter

Die Zutaten rühren, bis die Masse fingerwarm ist
50 Gramm Hefe dazu
1,7 Kilo Weizenmehl

Stehen lassen
Nudelholz mit Noppen nehmen und Fladen ausrollen
In der Pfanne backen.

Draußen scheint die Sonne, um Mitternacht. Im Sommer am Polarkreis ist es immer hell, man könnte auch nachts wandern.

Unsere Rens werden angepflockt. Sonst wären sie längst getürmt.

Sosehr sie sich auch an die Menschen gewöhnt haben, sie bleiben halbwilde Tiere.

Weil wir ihnen – zeitweilig – die Freiheit beschneiden, müssen wir sie auch in unser Plagegeister-Abwehr-System aufnehmen. Die drei Rens werden ausgiebig vom Kopf bis Schwanz eingesprüht. Manchmal hören wir sie vor den Zelten husten. Dann spucken sie gerade Mücken aus.

Wir sind jetzt oberhalb der Baumgrenze, in der Weite des schwedischen Hochlands, im Fjäll. Seit drei Tagen sind wir keinem Menschen begegnet, haben kein Auto, keine Motorsäge gehört.

Wir haben uns daran gewöhnt, dass es hier keine Toilettenhäuschen gibt und wir meilenweit gehen müssen, bis uns keiner mehr sieht. Wir haben gelernt, dass man Zelte besser auf einer ebenen Stelle aufschlägt, wenn man nicht die ganze Nacht auf der Isomatte herumrutschen will. Wir freuen uns an ganz kleinen Dingen, etwa an Fruchtbonbons, die uns Anders nach einer anstrengenden Etappe einzeln in die Hand drückt. Oder wir teilen uns ritterlich zu fünft eine kleine Tafel Schokolade.

Unterwegs zu sein durch Lappland ist eine kleine Übung in Askese, und wie jede Form der Genügsamkeit steigert auch sie die Fähigkeit zum Genuss.

Zum Reiz der Situation gehört auch, dass uns langsam jedes Zeitgefühl abhandengekommen ist. Ein Blick auf die Uhr zeigt, dass es Mittag ist.

Die Sonne brennt, die Schneeschmelze lässt die Bäche anschwellen. Wir erreichen eine enge Furt, und zu unserer Erleichterung steht die Brücke schon. Doch die Rentiere scheuen den Blick ins aufgewühlte Wasser. Sie können den Grund nicht sehen.

Wir nehmen die Brücke, aber Anders muss mit den Tieren durch den Fluss waten. Dabei hat er nicht viel mehr anzuziehen als das, was er am Leibe trägt. In der Mitte des Flusses stolpert er und fällt, berappelt sich und fällt wieder. Pitschnass rettet er sich ans Ufer, kippt das Wasser aus den Stiefeln und grinst: Die einzige Methode, jetzt wieder trocken zu werden, ist die, weiterzuwandern. Noch stundenlang hören wir das Wasser in seinen Stiefeln schwappen. Der Bach war etwa vier Grad kalt.

Doch als wir zwei Stunden später an der norwegischen Grenze ankommen, sind seine Socken trocken. Schon beim Näherkommen hören wir Rotorengeräusche in der Luft.

Ganz oben in den Bergen, über der Baumgrenze, dort, wo in ein paar Wochen die Rens weiden werden, setzt ein Hubschrauber zwei ältere Herren ab. Den einen kennen wir bereits, Victorias Onkel Henrik, den Schreiner.

Er hat uns ganz vergnügt von seinen vielen Rundflügen mit dem Helikopter erzählt, seine Samen-Gemeinschaft darf ihn auf Staatskosten anfordern, wenn jemand ins Krankenhaus muss. Henrik hat bisher nichts wirklich Ernstes gehabt, aber er hat sich im Laufe eines langen Lebens manches Mal den Arm gebrochen.

Wenn es schnell gehen muss, hilft hier in dieser Weite nur der Helikopter. Fliegen, wenn es ernst ist, gehört zum schwedischen Recht auf freie Lebensbedingungen. Wer hier oben – wenigsten im Sommer – fest wohnt, soll in Sachen Gesundheitsversorgung nicht schlechter gestellt werden.

Henrik hat einen zweiten älteren Herrn untergehakt und zieht ihn aus dem Luftwirbel des Hubschraubers heraus. Sie sind noch gut zu Fuß, die beiden Herren Henrik Walkeapää und Henrik Päiviö, obwohl sie zusammen 160 Jahre alt sind. Sie können über jene Zeit berichten, als über diesen Pass Tausende von Flüchtlingen aus dem besetzten Norwegen ins neutrale Schweden strömten und sie beide hier oben Wacht hielten.

Sie haben ihr halbes Leben hier verbracht, der eine als Rentierhirt, der andere auch als Flüchtlingspolizist im Zweiten Weltkrieg. Der Polizist hat nebenbei auch auf die Rentiere aufgepasst – und der Rentierhüter auf die Flüchtlinge.

Damals war die lange Grenze zwischen Norwegen und Schweden eine Fluchtmöglichkeit für deutsche Emigranten. Nach der Besetzung Norwegens durch die Wehrmacht fanden sie im neutralen Schweden Unterschlupf. Der bekannteste

Emigrant war der spätere Bundeskanzler und Friedensnobelpreisträger Willy Brandt.

Möglich, dass Brandt damals diesen beiden Herren begegnet ist (wenn auch wenig wahrscheinlich, weil er eine südlichere Route wählte).

Statt herumzustehen und zuzuschauen, würden die beiden gerne selbst mit Hand anlegen, als Anders und Lennart die moderne Version der klassischen Samen-Kote im Handumdrehen aufbauen. Zu ihren Zeiten waren die Zeltstangen aus Holz und die Zeltwand bestand aus Wolle. Monatelang lebten sie hier, mit einem Bein in Schweden, mit dem anderen in Norwegen.

Sie erinnern sich an die Zeit, als es im Zelt eine strikte Sitzordnung gab. Besucher durften das Zelt betreten, aber erst nach Aufforderung bis in die Mitte ans Feuer rücken. Links saß der Hausherr, neben sich die Truhe mit Silber, rechts die Hausherrin.

Es war Aufgabe der Frau, ein Rentier zu zerlegen, Bären waren Männersache.

Henrik Päiviö erklärt: »In die Küche zu gehen war für Gäste verboten. Hier in der Mitte, wo die Steine liegen, hatten wir das Feuer, oben war der Abzug. Das Reisig lag drumherum, da vorne war die Küche. Dort lagen die Vorräte.«

Wenn die alten Herren einmal ins Erzählen kommen, verfliegen die Stunden, und irgendwann ist es hier oben im zugigen Grenzland zwischen Norwegen und Schweden an der Zeit, ein altes Rätsel zu lösen.

»Den Kaffee trank man mit Salz«, erzählt Henrik Päiviö und rührt die Flüssigkeit in seinem Becher um. »Das muss so sein, denn das Schmelzwasser enthält ja keine Minerale. Das sorgte für Missverständnisse bei den Schweden. Sie haben sich gefragt, warum wir Sami unseren Kaffee versalzen. Unsere Vorfahren sprachen aber kein Schwedisch. Deshalb blieb es lange ein Rätsel.«

Von der Hochebene aus kann man den Atlantik erahnen. Manchmal verirrt sich eine Seemöwe zu uns herauf. Norwegen hat hier seine dünnste Stelle. Bis zum Meer sind es nur dreißig Kilometer. Von hier kamen die Flüchtlinge, erschöpft und orientierungslos, die deutschen Besatzungstruppen im Nacken. Henrik Päiviö runzelt die Stirn und erzählt.

»Einmal kamen sogar deutsche Deserteure: drei Offiziere, im tiefen Schnee, Mitte April. Sie hatten einen einfachen Soldaten dabei, der ihr Gepäck trug, und einen, der sie lotste. Da wir keine zahmen Rentiere mehr da hatten, haben wir ihnen Skier geliehen, und ich habe sie begleitet. Das fanden sie sehr anstrengend.«

Henrik schüttelt den Kopf bei der Erinnerung an diese Szene.

»Unterwegs musste ich sie die ganze Zeit im Auge behalten. Sie waren schrecklich müde. Völlig erledigt.«

Henrik und Henrik interessierte es nicht, welche Nationalitäten über die Grenze kamen: »Wir konnten doch bei den Flüchtlingen keine Unterschiede machen«, sagen sie.

Samische Lieder handeln von Sonne und Wind, nicht von Landesgrenzen oder Kriegen. Wenn es um Kampf geht, dann um den mit den Naturgewalten.

Zwanzig Minuten dauert der Flug mit dem Helikopter zurück an den Akkajaure – für den Hinweg haben wir zu Fuß vier Tage gebraucht.

Wir überfliegen eine Gegend, in der sehr verstreut ein paar tausend Menschen leben. Wir sehen Bäche zu Flüssen werden und in Stauseen münden, Birkenwälder und einzelne Strommasten. Keine Straßen, keine Häuser, keine Gärten – nur ab und zu ein Rentier.

Ein Leben im Einklang mit der Natur, aber nicht immer im Frieden mit dem schwedischen Staat.

Wir lassen uns für zwei Tage auf einer kleinen waldigen Insel im Strom absetzen, um das Leben der Fischer-Samen zu studieren. Familienvater Torbjörn schrubbt gerade mit großer Ausdauer die Schuppen von den frisch gefangenen Fischen, die beiden Motorboote schaukeln am Steg, der Wind kräuselt das tiefblaue Wasser, uns weht ein Hauch von Fichtennadel und frischen Bratkartoffeln in die Nase. Wir beschließen, dass das hier das Paradies ist.

Doch dieser Stausee hat eine Geschichte, in der die Samen die großen Verlierer waren. Wo sie zu spüren bekamen, dass sie nicht ganz allein am Akkajaure sind, dessen Wasser über siebzehn Staustufen runter bis zur Ostsee nach Luleå geleitet wird. Entlang des Flusses zeugen Hochspannungsmasten von Schwedens starkem Interesse an der Region. Der Luleå-Fluss erzeugt ein Achtel des schwedischen Strombedarfs.

Fischer Torbjörn Öberg und seine Berufskollegen wurden beim Bau der Staudämme nicht gefragt und mit ein paar tausend Kronen abgefunden. Nun schwankt der Wasserstand um bis zu vierzig Meter. Wenn Schweden Strom braucht, werden die Seen abgelassen. Das hat die Fische um ihre angestammten Laichplätze gebracht.

»Hier regiert der Preis«, sagt Torbjörn. »Wenn der Preis für Strom gut ist, lassen sie einfach das Wasser ab. Das wird zentral gesteuert. Die sitzen da irgendwo, drücken auf den Knopf.«

Der staatliche schwedische Konzern Vattenfall betreibt all die Wehre am Fluss. Wenn die Schleusen am Wasserkraftwerk Porjus fünfzig Kilometer weiter flussabwärts sich öffnen, das

Wasser rauscht und donnert, dann wird der gezähmte Fluss wieder zum Naturereignis. Ein kostspieliges Schauspiel, das sich der Konzern genau einmal im Jahr dreißig Minuten lang leistet. Dann stehen alle, Samen wie Zugereiste, Wasserwerker und auch der Fischer Torbjörn, am Ufer und warten auf den großen Moment. Manche stehen zu weit im Flussbett und werden zurückgepfiffen. Denn wenn sich die Wehre öffnen, ist kein Halten mehr, aus einem Rinnsal wird ein mächtiger Strom von dreißig Metern Breite und tost so laut, dass man sein eigenes Wort nicht mehr verstehen kann.

Es wäre sehr unschwedisch, Energie unnötig zu verschwenden, und deshalb schließen sich die Wehre nach einer halben Stunde, und der Strom wird wieder unterirdisch durch eine Turbine geschickt.

Der ausgebaute Fluss ist längst nicht mehr so fischreich.

»Die ganz großen Fische, die zehn Kilo schweren Saiblinge, verschwanden, als in den Sechzigern ein Staudamm brach, und sie kehrten nicht zurück«, erzählt Torbjörn.

Anders und Lennart, unsere beiden Bergführer, hatten mir eines Abends die Geschichte von ihrer Prüfung erzählt. Für ihr Zertifikat »Grüner Tourismus – Berufsgruppe Bergführer« mussten sie die Frage beantworten, ob sie ausschließlich »grünen« Strom verwendeten. Ohne das Kreuz an der richtigen Stelle gab es kein Diplom.

Kurzentschlossen eröffneten sie ein neues Kästchen: grauer Strom – für den Strom aus den ausgebauten Flüssen.

Zu deutlich hatten sie noch die Veränderung ihrer Heimat vor Augen, als der Staudamm den Wasserspiegel in die Höhe schießen ließ.

Aber was sind schon ein paar Fische im weiten Norden gegen den Strombedarf einer ganzen Nation?

Fischer Torbjörns Familie lebte seit dem 17. Jahrhundert

hier am See. Torbjörn wohnt hier das ganze Jahr über, seine Frau und die Kinder nur im Sommer. In den Schulzeiten kommen sie am Wochenende aus Porjus hierher, der Stadt mit dem Staudamm.

Torbjörn würde es in der Stadt nicht aushalten. Er hat es ein paarmal versucht. Dann hat er sich entschieden, doch lieber hier zu sein, mit seinem See, seinem Boot und den kaltgeräucherten Fischen, die er für den Winter präpariert wie schon Generationen vor ihm. Da draußen, in seiner Hütte am Luleå-Fluss kommt er sich dann manchmal vor wie der erste Mensch.

Doch der Fluss ist nicht sein Fluss, sondern eine Ressource.

Von Wanderern hat er schon häufiger gehört, dass sie beim Queren des Stroms im Winter in ein Vakuum eingebrochen sind. Das kann passieren, wenn die Eisdecke nicht mehr auf Wasser ruht, weil Vattenfall den Stöpsel gezogen hat.

Es ist an der Zeit, an den Ausgangspunkt unserer Reise zurückzukehren, zu Victoria in die Samensiedlung. Nila, der kleine Sohn von Victoria und Mats, zeigt erste Anzeichen eines Lächelns und ist der Schwarm der halben Siedlung. Henrik der Tischler hat im Dorf von seinem Helikopter-Ausflug an die Grenze berichtet und uns damit alle Türen geöffnet.

Wir wohnen bei Verwandten von Victoria, trinken Dosenbier und grillen, erwerben von ihnen handgeschmiedete Messer und Lederbeutel (für unseren Kaffeevorrat) und erholen uns von unserer Fußreise, bis Victoria eines Tages findet, dass es Zeit sei für eine Lektion in Sachen Nachhaltigkeit. Dafür brauchen wir nicht weit zu gehen, nur drei Schritte in den Birkenwald neben der Hütte.

Victoria stellt sich neben den Baum und zeigt auf eine Stelle, wo ein Ast fehlt. »Früher – und manchmal auch noch heute – fragten wir den Baum, wenn wir etwa Trinkschalen schnitzen wollten und ihn dafür fällen mussten. Und natürlich denkt man sich: Was für eine dumme Frage, natürlich sagt der Baum ja, aber dann fragt man sich eben selbst, brauche ich das wirklich. Ist es das wert?«

Die Trinkschalen, so erfahre ich in Sigrid Damms »Tage und Nächtebücher«, sind aus »einem Ast geschnitzt, der die Rinde des Baumstammes nicht zu durchstoßen vermochte, sich stattdessen einrollte und als Ball aus dem Stamm herauswuchs. Die Tasse ist unverwüstlich, kann nicht zerspringen, da die Holzfasern keine geraden Linien bilden, sondern das Gefäß den natürlichen Rundungen folgt.«

Victoria hat wenig Verständnis für Menschen, die von einem Tier nur das Filet essen und den Rest verschmähen.

Solche Bescheidenheit hat im Alltag auch ihre Schattenseiten.

Am Kaffeeritual hat sich in unserer Abwesenheit nichts geändert: Wer eine Tasse Kaffee will, bekommt einen Eimer in die Hand gedrückt.

Der Kaffee im Samendorf wird allerdings nicht mehr extra gesalzen. Das Wasser aus dem Fluss ist durch Minerale angereichert.

»Was soll man tun?«, sagt Victoria in gespielter Verzweiflung. »Seit drei Wochen bitte ich Mats, eine Wasserleitung vom Bach her zu legen, aber der hat sich so an den langsamen Gang der Dinge gewöhnt, dass bisher nichts passiert ist. Stattdessen redet er immer nur vom großen Tag, an dem die Kälber markiert werden.«

Später wird sie dann schimpfen über die antiquierte Rollenverteilung bei den Samen.

»Was soll man schon anfangen mit Männern, die es bis morgens um vier gerade einmal hinbringen, die Wasserleitung zu reparieren, und Frauen, die daheim in Gällivare oder Porjus an der Supermarktkasse arbeiten müssen, damit die Familie durchkommt. Mit solchen Männern kommt man auf keinen grünen Zweig.«

Einer der Rentierhirten am Akkajaure ist Victorias Vater, und er hat sich vorgenommen, seinem Schwiegersohn aus Stockholm die samische Lebenskunst beizubringen. Victoria und ihre älteste Tochter haben sich herausgeputzt, um zu demonstrieren, dass die Sami auch früher nicht nur in Rentierfellen herumgelaufen sind.

Victoria Harnesk wischt sich eine Mücke aus dem Gesicht, schließt die Augen und besprüht sich die Haare mit Autan. Dann wird sie wieder zur Botschafterin ihres Volkes.

»Nomaden werden nun mal nicht gefragt«, seufzt sie. »Man hat uns das Land einfach weggenommen, der schwedische Staat hat zugegriffen. Und die Sami mussten Platz machen, wie vorher schon wegen der Erz- und Silbergruben, der Straßen, Flugplätze und der Eisenbahn.«

Doch etwas bleibt ihnen, und um das nicht zu verpassen, ist Mats sehr früh aufgestanden, was man ihm auch ansieht.

Am Tag der Tage treibt sein Schwiegervater Per Gunnar die Rentiere zusammen. Rentiere zu züchten ist in Schweden per Gesetz ein Privileg der Samen und wird von Generation zu Generation vererbt. Moderne Samen nehmen dazu gerne einen Hubschrauber, der die Treiber am Boden unterstützt und versprengte Tiere in den Bergen aufspürt.

Per Gunnar hat sich mit den anderen Hirten zu einer Kooperative zusammengeschlossen. Sie zählen die Tiere gemeinsam, greifen sich die Kälber heraus und verpassen ihnen ein Nummernschild um den Hals, damit jeder weiß, welches Kalb zu welchem Hirten gehört. Die Hubschrauber sind von allen gemeinsam angemietet – und sie sind teuer, wie Per Gunnar bei jeder Gelegenheit anmerkt.

»Es ist mein Beruf, und ich will nicht tauschen. Aber Sie sehen ja selbst, was für teure Technik wir benutzen müssen, um unsere weit verstreuten Herden zusammenzutreiben. Es kostet alles richtig viel Geld.«

Es ist nicht so, dass die Herde ihren Hirten folgen würde, es ist genau andersrum.

Der Instinkt treibt die Rentiere Anfang Mai hoch zum Kalben. Die Mütter bringen ihre Kälber in derselben Ecke zur Welt, in der sie selbst geboren sind. Sie ziehen genau an dem Tag los ins Gebirge, an dem der Schnee in der Frühjahrssonne schmilzt und nachts friert. Dann ist die Schneedecke hart genug.

Drei Stunden nach der Geburt können die Kälber den Müttern schon folgen. Wenn die Kälber geboren werden, sind sie so groß wie Katzen, und die Ohren sind zu winzig, um sie zu markieren. Sie sind klein, und sie sind leichte Beute. Seeadler mit einer Flügelspannweite von bis zu drei Metern kommen aus Norwegen vom nahen Atlantik geflogen. Viele Kälber überleben die ersten Wochen nicht, die auch mit dem Ende des Winterschlafes der Bären zusammenfallen.

Nach dem ersten Auftrieb gibt man der Herde Zeit, sich zu beruhigen.

Zeit für eine Pause auch für Mats und Per Gunnar, die im Zelt über ihr Lieblingsthema reden: die Ruhe hier und das Treiben in der Großstadt.

Per Gunnar und Mats liegen bäuchlings im Zelt. Per fixiert seinen Schwiegersohn.

»Alle sind so gestresst in Stockholm. Man kann nicht einfach auf der Rolltreppe stehen, sondern muss sie auch noch hinunterlaufen. Ich weiß gar nicht, wo die Leute alle hinwollen.«

Einmal hat Per seine Tochter in Stockholm besucht, als sie noch in der Hornsgatan wohnte. Diese Hauptstraße der Insel Södermalm ist so stark befahren, dass die Feinstaubgrenzen der EU im Sommer immer mal wieder überschritten werden; es ist laut dort – und ungefähr der größte Kontrast zu einem Samenzelt im Sommer im Hochgebirge inmitten von blökenden Renkälbern, den man sich denken kann.

Ausgerechnet dort landete die schöne Samin Victoria, bis sie dann für eine Weile eine Halbtagsstelle im Hauptquartier der schwedischen Sozialdemokraten fand und mit Mats in den Vorort ins Grüne zog.

Mats gähnt zustimmend.

»Als ich das erste Mal bei der Kälbermarkierung dabei war, bin ich auch gewandert. Damals ohne Pause, den ganzen langen Weg von fünf Stunden. Diesmal hab ich eine Pause eingelegt, Feuer gemacht und dort gelegen. Ich und der Hund. Ganz ohne Zeitdruck, nur um die Ruhe zu genießen.«

Doch kurz darauf sind die beiden wieder auf den Beinen. Die Kälber stehen jetzt bei ihren Müttern. Nun kommt der schmerzhafte Teil: Die kleinen Wesen bekommen das Zeichen ihrer Züchter ins Ohr markiert.

Die Tiere sind unruhig, versuchen sich loszureißen, werden mit dem Seil eingefangen.

Alle sind angespannt, vom kleinsten Kalb bis zum erfahrenen Renhirten. Männer und Frauen teilen sich die Arbeit. Es ist ein Kampf – und auch eine Gelegenheit für die jungen Männer und Frauen der Samen-Kooperative, sich in ihrem Mut und ihrer Schönheit zu präsentieren.

Es dauert eine Weile, bis sich die Kälber von dem Eingriff erholt haben.

Der Tag endet damit, dass die Rens wieder in die Freiheit entlassen werden. Zumindest die meisten. Einige wenige werden an Ort und Stelle geschlachtet, auch damit Victoria und Mats ihren Teil abbekommen. Wie sollten sie sonst fernab von Lappland über den langen Winter kommen?

PS. Es gehört leider auch in diese Geschichte, dass Mats seine Liebe zu den Scootern zum Verhängnis wurde. Auf dem Weg zwischen zwei Inseln im Stockholmer Schärengarten ist er im Januar 2011 mitsamt seinem Scooter durchs Eis gegangen und gestorben.

Siebtes Kapitel

Hotel am Ende der Welt

Handelt vom Bauen mit Eiswürfeln.
Singt ein Loblied auf die Vergänglichkeit.
Und endet mit einem gemütlichen Nachtlager auf
Rentierfell bei elf Grad minus.

Man kann sich die Anlässe für Lappland-Reisen nicht immer aussuchen.

Eines Tages Anfang des Jahrhunderts ist die Wetterkarte Europas rot. Im Freibad in Hamburg tummeln sich zweitausend Menschen. Es ist der Hitzesommer 2003.

Ganz Europa rot, nur ein kleiner Punkt ist noch blau. Nichts wie hin, auf nach Kiruna! Die nahegelegene alte Samisiedlung Jukkasjärvi hat noch Temperaturen unter zwanzig Grad zu bieten und einen kühlen blauen Fluss dazu.

Früher glaubten die Reisenden, sie wären am Ende der Welt angelangt, wenn sie am Fluss Torne standen. Jenseits des Flusses gäbe es nur Eis, Schnee und Einsamkeit. Ironie des Schicksals: Nun verteidigt Lappland an diesem Fluss das Recht auf Kälte.

Der Torne ist einer der wenigen Flüsse im Norden Schwedens, die noch frei fließen; die anderen sind gestaut und liefern die Hälfte des schwedischen Stroms. Er ist sehr klar, sehr kalt und sehr schnell. Im Winter liefert er guten Baustoff, blau und mit wenig Blasen.

Sechshundert Kilometer lang fließt er von den Bergen Lapplands bis ans Meer. Auf dem Weg passiert er das Samidorf Jukkasjärvi. Früher war das hier eine tote Ecke, besonders im Winter.

Heute steht am Torne-Ufer ein hellblaues Lagerhaus. Der Inhalt ist so spektakulär, dass die schwedische Königsfamilie gelegentlich mit ihren Staatsgästen dort vorbeischaut. Die frieren dann in ihren dünnen Röcken und auf Pumps – wie etwa Königin Rania von Jordanien bei ihrem Besuch im Spätsommer 2003 –; ganz anders als Silvia und Gustav in ihren gefütterten Stiefeln und Daunenjacken.

Die Halle ist randvoll mit Eisblöcken in allen Schattierungen von Blau. Jeder Block ist zwei Kubikmeter groß. Das Eis ist auf dem Weg von den Bergen zum Meer eingefroren.

Der Moment der Bewegung ist gebannt und wird für eine Saison im Kühlhaus festgehalten. Aus den Quadern entsteht alljährlich wieder ein Hotel aus Eis.

Es gehört zur Dynamik des Häuserbaus aus vergänglichen Werkstoffen, dass man nicht nach Belieben in den Baumarkt fahren kann, sondern sich streng nach den Jahreszeiten richten muss. Dafür sind die Wege nicht so weit: Das Baustofflager liegt direkt vor der Haustür.

Im März ist der Fluss so weit zugefrorenen, dass sich die Ernte lohnt. Dann ziehen die Baumeister mit großen Motorsägen, Tauen und Baumaschinen auf den Fluss und sägen wochenlang Eiswürfel. Die kommen den Sommer über ins Kühlhaus. Wer im Winter bauen will, muss im Frühjahr davor bergen.

Das Bauen am Polarkreis – zumal aus Eis – hat seine Tücken: Die Bauteile sind nicht hitzebeständig, sie müssen gelagert werden. Allen, die das nicht glauben wollen, sei gesagt, dass der Polarkreis im Sommer eisfrei ist und mit durchaus milden Temperaturen aufwarten kann. Wenn man die Kälte sucht, muss man auch hier im Hochsommer ein bisschen nachhelfen.

Fernsehen lebt bekanntlich von Bildern, und die ARD wollte unbedingt den blauen Tupfer auf der roten Europakarte zeigen. Also schlüpfte ich in die Daunenjacke, streifte Handschuhe über, fror ein bisschen in meinem Kühlhaus am Polarkreis – und meldete mich im Hitzesommer 2003 aus dem kältesten Ort Europas.

Schalte an den Polarkreis

»Guten Abend, nach Hamburg zu Christoph Lütgert. Nach so viel Hitze, Feuer und Schweiß tut ein Blick ins Eis gut. Hier drinnen, in dieser Lagerhalle, sind es fünf Grad minus. Man muss sich mitten im Sommer, 180 Kilometer nördlich des Polarkreises, dafür umziehen. Die Kälte kommt von den Eisblöcken, 1500 Stück lagern hier, jeder zwei Tonnen schwer.«

Was dann folgte, waren ein paar freundliche Sätze über das Übernachten bei Minustemperaturen und das Überleben in menschenfeindlichen Regionen.

Wer wollte, konnte sich im brütend heißen Deutschland fröstelnd vom Bildschirm abwenden – oder unmittelbar in den blauen Norden aufbrechen.

Dann dämpfte ich den möglichen Neid der Zuschauer und der Kollegen auf meinen exotischen Aufenthaltsort noch mit einer landestypischen Geste: Ich trat aus dem Kühlhaus hinaus ins Freie, in den arktischen Sommerabend, wedelte mit der freien Hand einen Schwarm Mücken weg und vergaß nicht zu erwähnen, dass der Tornefluss nur sechs Grad warm war.

Anschließend machte ich mich auf dem Weg zum Funkhaus des schwedischen Fernsehens im nahe gelegenen Kiruna, der Eisenerzstadt des Nordens, um den Bericht per Satellit ins 2211 Kilometer entfernte Hamburg zu verschicken.

Am Nachmittag waren wir im Büro des Funkhauses einem versprengten Mitarbeiter begegnet, der uns versprach, am Abend wiederzukommen. Er sei eigentlich nur Cutter und kenne sich mit Satellitenverbindungen und -leitungen nicht wirklich aus, wolle aber sein Bestes tun. Etwas ratlos starrte ich in die leeren Zimmer und fragte mich, ob es auch ein Pendant zum Winterschlaf gibt.

Zur Ehrenrettung der Kollegen sei gesagt, dass gerade ganz Lappland in den Sommerhütten weilte, um in aller Ruhe die sommerlichen Temperaturen zu genießen.

Es war ja auch nix los, bis auf das bisschen Blau auf der Wetterkarte. Den Rest des Jahres reisen die Reporter vom Studio Kiruna durch die Weiten des Nordens, durch ein Gebiet von 55 000 Quadratkilometern, was etwa der Größe Dänemarks entspricht, und leben ständig in der Furcht, mit Elchen oder Rens zusammenzustoßen.

Nur zu verständlich, dass die Journalisten, Kameraleute und Toningenieure des Studios dem mächtigen Ruf des Sommers gefolgt waren, um von einem der ältesten Grundrechte des Nordens Gebrauch zu machen.

Nach diesem eiligen Einsatz im Sommereis waren mir die großen blauen Blöcke irgendwie ans Herz gewachsen. Zu gern wollte ich – und mit mir die Kollegen vom ARD-Weltspiegel – wissen, wie man im Eis übernachten kann, und so machten wir uns Ende November wieder auf den Weg nach Norden und landeten nachmittags in rabenschwarzer Dunkelheit in Kiruna.

Es gehört schon einiges an Überzeugungskraft und Bauernschläue dazu, eine kalte und dunkle Weltecke so zu verkaufen, dass Menschen aus aller Welt dort übernachten wollen.

»Hier oben muss man die Dinge umdeuten, sonst kommt keiner«, haben sich die Erfinder des Eishotels gedacht, eine bunte Gruppe aus Bildhauern, ehemaligen Gebirgsjägern und Theaterleuten. Sie liebten die Kälte, das Eis und den Schnee. Und sie beschlossen, nicht länger das Klagelied über die winterliche Dunkelheit bei dreißig Grad unter null anzustimmen, sondern die guten Seiten darin zu suchen. Bestärkt wurden sie in ihrem Vorhaben von Reisenden aus Übersee, die aus ähnlichen Lebensverhältnissen kreative Funken schlugen. Am meisten lernten sie von japanischen Künstlern von der Nordinsel Hokkaido, und wie diese begannen sie, mit Eis zu experimentieren.

Eine Berufsgruppe hatten sie nach anfänglichem Zögern schnell auf ihrer Seite. Während alle Welt von Nachhaltigkeit spricht, singt man hier oben am Tornefluss ein Lob der Vergänglichkeit, und es gibt Architekten, die finden das wunderbar. Kein Bau gleicht dem anderen; es gibt immer wieder etwas zu tun. Die Architekten sprechen Italienisch, Finnisch, Spanisch oder Japanisch und kommen nach Jukkasjärvi, um hier am Fluss gigantische Iglus mit hunderten von Zimmern zu bauen.

Die Baumeister haben vier Wochen Zeit. An Weihnachten reisen die zahlenden Gäste an. Bis dahin muss der Bau stehen.

Auf dem Vorplatz rangieren schwere Baumaschinen und verschieben tonnenweise Eis und Schnee. Jedes Jahr kommen neue Handwerker und Künstler, auch solche, die nicht von Haus aus an beißende Kälte gewöhnt sind.

Luca Roncoroni, ein schlanker Italiener mit rehbraunen Augen und ebensolchem Haar unter der Skimütze, gestaltet die Luxussuite Nr. 304. Jede Suite ist ein Unikat. Die einzige Einschränkung der künstlerischen Freiheit ist, dass im Zimmer ein Bett enthalten sein sollte.

Der Meister empfängt uns am Eingangsportal und führt uns durch das Halbdunkel der Gänge, vorbei an Schubkarren, Schaufeln und Schneebesen. An der Wand lehnt eine Motorsäge, ein Radio dudelt in der Kälte.

Zimmernummer 304 klingt nach drittem Stock, das ist aber nur einer der kleinen ironischen Scherze hier, denn das Eishotel von Jukkasjärvi ist ebenerdig, hat keine Lifts und keine Treppen.

Zum Geist des Ortes passt auch, dass den künftigen Gästen im Internet eine großzügige Suite mit einer luxuriösen Ausstattung und behaglicher Wärme versprochen wird.

Die Wärme kann eigentlich nur vom Rentierfell kommen, das über das Bett aus blankem Eis gebreitet ist.

Luca Roncoroni nimmt die Schutzbrille ab und stellt den Schleifapparat aus. »Mit der Zeit gewöhnt man sich daran, mit dicken Handschuhen zu arbeiten«, sagt er und schnieft.

Der Künstler trägt einen gepolsterten Overall und eine Grubenlampe an der Stirn. Bevor wir kamen, hatte er gerade die Wände mit »snis«, einer Mischung aus Schnee und Wasser verputzt.

Zwei Lampen hat er innen gegen die Wand gerichtet. Von draußen durch das Eis kommt ein leichter blauer Schimmer.

»Mir gefällt es gut, dass diese Form von Architektur nach vier Monaten wieder verschwindet, im Gegensatz zu normaler Architektur, die vielleicht hundert Jahre existiert. Das gehört zu den Dingen, die mich hier am meisten reizen.«

Luca empfindet die Verfänglichkeit seiner Schöpfung als zusätzlichen Reiz: Wichtiger als das tatsächliche Bauwerk seien allemal die Bilder, die im Kopf blieben.

Unbestritten vermittelt eine Nacht bei minus sieben Grad einmalige Erinnerungen; möglicherweise auch an das Interieur.

Bald schon werden die ersten Gäste einziehen, Luca ist etwas hinter Plan. Er verabschiedet uns und greift wieder zur Schleifmaschine.

Abends im beheizten Restaurant kommt Luca ins Plaudern. Wie alle seine Mitstreiter, die Künstler und Bauleute, wird auch er nicht müde, Eis als den ultimativen Baustoff zu rühmen. Nicht nur, dass er hier oben ganz von selbst entsteht. Die Bausteine lassen sich in der Horizontalen auch leicht bewegen, und man kann nach Herzenslust in ihnen herumsägen.

Statt Zement oder Klebstoff genügt ein Eimer Wasser, etwa um eine Skulptur auf einem Sockel zu fixieren. Abfall gibt es nicht, auch die kleinen Stücke werden noch verbaut.

Seit zwei Jahrzehnten experimentiert man in Jukkasjärvi mit Bauten aus Eis. Jedes Jahr darf es ein bisschen anders aussehen. Es gibt nur ein einziges Dogma: Keine anderen Baustoffe als Schnee und Eis, kein Metall, keine Farben, keine Tricks.

Erlaubt aber sind Bügeleisen, um das Eis erst anzuwärmen und dann zu polieren. Zum Ethos eines Eisbaumeisters gehört, dass er in seinen Räumen auch übernachtet. Luca Ronconi denkt gerne an den darauffolgenden Morgen: »Man wird vom Personal mit einem heißen Getränk geweckt, damit man richtig gut in den neuen Tag startet. Und dann geht's ab in die Sauna.«

1990 fand die erste Kunstausstellung in einem sechzig Quadratmeter großen Iglu, der »arktischen Halle«, statt. Die Ausstellung war ein großer Erfolg, glaubt man den Pionieren. Tagsüber Kunsthalle, nachts Schlafhalle: Wenn draußen der Wind bei minus dreißig Grad bläst, wird ein Iglu mit seinen konstanten Temperaturen um die minus sieben Grad zur Wärmestube.

Die Ausstellung fand schließlich ihr natürliches Ende. Der Iglu ging im April den Weg alles Vergänglichen und floss in den Fluss zurück, dem er entstammte.

Den Pionieren, allen voran dem Visionär Ingve Bergkvist, der auch heute noch die Zügel in der Hand hält, schlug anfangs starke Skepsis entgegen. Es gab Rückschläge, weil der Winter geruhte, plötzlich eine Pause einzulegen und warme Winde schickte. Einer der nächsten Iglus sackte ausgerechnet zwei Tage vor der Eröffnung in sich zusammen.

Die Pioniere erinnern sich an lange Querelen mit den Behörden, aber auch an ernstzunehmende Bedenken der Statiker, die sich Sorgen um die Einsturzgefahr machten oder die naheliegende Frage nach den Notausgängen stellten.

Auch die Feuerwehr wurde neugierig: Wie löscht man hier gegebenenfalls einen Brand? Wie verlegt man Leitungen sicher auf Eis?

Vieles musste neu definiert werden, weil bis dato in keiner schwedischen Bauvorschrift Begriffe wie »Iglu« oder »Eis« vorkamen. Es war Neuland für die Menschen im Norden und ihre Bürokraten, vergleichbar mit den Eindeichungen in den Niederlanden.

Aus den sechzig Quadratmetern sind im Laufe der Jahre viertausend geworden, ein einstöckiger Eispalast mit einhundert Zimmern, Bar und Kirche. Die Trauungen ziehen sich nicht in die Länge, sind aber meist auf Monate ausgebucht. Und das Bier wird in der Bar tastsächlich niemals warm.

Das Eishotel ist beweglicher, als man denkt. Es senkt sich in der Saison um fünfzig Zentimeter, und dann müssen die Baumeister nachbessern. Chef der Baumeister ist Arne Bergh, ein Bildhauer aus Uppsala, der vor vielen Jahren nach Jukkasjärvi zog. Er versteht sich als eine Art Eisbauer in dem Sinne, dass er das Eis erntet und veredelt. Deswegen legt er besonderen Wert auf die Reinheit der Rohstoffe.

»Die Blöcke leihen wir uns aus dem Tornefluss. Aufeinandergeschichtet und mit Schnee verputzt sind sie hart wie Beton. Doch wir haben das Wasser nur geborgt, wenn der Frühling kommt, geben wir es dem Fluss zurück und bedanken uns dafür.«

Arne Bergh stellt sich in einen Türrahmen und zeigt nach oben.

»Im Laufe des Frühjahrs kommt die Decke durch die Komprimierung langsam herunter. Es tropft. Wenn sich die Decke dann so weit gesenkt hat, dass man mit dem Kopf dranstößt, nehmen wir einfach die Motorsäge und sägen oben ein Stück heraus, so dass wir wieder eine Höhe von zwei Metern bekommen.«

Das Wort Türrahmen ist irreführend, weil es im Eishotel keine Türen gibt, sondern nur Öffnungen mit Fellvorhängen.

Wo so viele kreative Leute auf einem Haufen sind, entstehen ständig neue Ideen. Manche davon werden auch realisiert, wie etwa die Flugreise mit zwölf Tonnen Eis in die afrikanische Republik Niger, um dort eine Eisbar mit Skulpturen mitten in der Wüste aufzubauen.

»Das Eis hielt sich erstaunlich lang, man musste es nur vor der Sonne und dem Sand schützen«, erinnert sich Arne Bergh. »Nach einem Tag wurde es allerdings von den Kamelen entdeckt – und das war das Ende.«

Eines Tages ist es so weit. Die Bauleute aus aller Welt räumen pünktlich ihre Schleifgeräte, Motorsägen und Bügeleisen aus den eiskalten Räumen und lassen sich feiern. Es ist der zweite Advent, Flammenschlucker und Eistrommler verbreiten Dynamik im Vorhof des Hotels. Die ersten Gäste stehen dick verpackt unter dem polaren Sternenhimmel und singen Weihnachtslieder, das Xylophon aus Eis erklingt.

Es wird keine abendfüllende Feier: Veranstaltungen zweihundert Kilometer oberhalb des Polarkreises ziehen sich nie lange hin.

Das hindert Arne Bergh aber nicht daran, von einem Freilufttheater zu träumen. Nicht irgendeine Bühne hat er im Kopf, sondern das Globe Theatre, das Shakespeare in London aus Holz baute. Ein Nachbau schwebt Arne vor, nur eben mit Wintermaterialien.

Das Experiment gelingt erstaunlich gut.

Nach einigen Wochen steht unten am Fluss ein kreisrunder Bau von etwa zwanzig Metern Durchmesser und sieben Metern Höhe. Für die Bühnenbeleuchtung sorgen einzelne Strahler und der Polarhimmel.

Ein Lagerfeuer verbreitet draußen vor dem Rundbau einen flackernden Schein, man hört die Glocken der Rentiere in der Nähe.

Es ist bitterkalt. Zum ersten Mal haben wir Sorge um unsere Ausrüstung: Die Kabel zwischen Kamera und Tonpult sind steifgefroren. Vielleicht brechen sie ab, wenn wir uns zu schnell bewegen?

Kurz vor Beginn der Vorstellung füllt sich der Platz. Das Eistheater dürfte zu den wenigen Bühnen gehören, in denen das Publikum an der Garderobe nicht ablegt, sondern schichtenweise auflegt. Dick vermummt stehen die Gäste an der Kasse. Im Eintrittspreis enthalten ist auch leihweise ein Thermocape mit Kapuze. Die Kleidung ist eher praktisch als festlich: Schneehosen, Räubermützen, viele Lagen von Unterhosen.

Dann nimmt das Publikum auf kleinen Thermopolstern Platz, die auf den langsam ansteigenden Bankreihen ausgebreitet sind, und sorgt sich um Nasen- und Fingerspitzen, also jene Körperteile, die am ehesten abfrieren können. Sehr nützlich sind in solchen Situationen kleine Wärmekissen für die Finger und Zehen. Platz ist für zweihundert Gäste, und die Reihen sind gut gefüllt.

Man bleibt Shakespeare treu, der ja schließlich auch unter freiem Himmel gespielt hat, freilich nicht ganz so gerafft.

»Macbeth« gibt es in der Kurzversion: 29 Minuten bis zur Pause. Weitere 31 Minuten bis zum letzten Bild. Die schicksalhafte Geschichte von Hexenzauber, weiblicher Machtgier und männlicher Schwäche verträgt das gut.

Dankbar wechselt das Publikum in der Pause in die Eisbar. Dort gibt es wärmenden Preiselbeertee bei fünf Grad minus. Die Gläser sind auch aus Eis und werden nach Gebrauch einfach aufgetaut. Man kann sie anfeuchten und an die Wand kleben.

Nach der Halbzeit sind die Reihen gelichtet.

Die Zuschauer kommen aus aller Welt, und nur die wenigsten dürften so gut Samisch verstehen, dass sie der Aufführung Wort für Wort folgen können. Aber was sind schon Worte, wenn Macbeth in der Schlussszene an den Haken genommen in den Eishimmel schwebt.

Irgendwann ist auch in Jukasjärvi Zeit für einen Besuch im Bett. Es ist ein offenes Geheimnis, dass auch die meisten Gäste des Eishotels im Allgemeinen gerne im Warmen schlafen. Neben dem Hotel aus Eis gibt es eine beheizte Parallelwelt aus Holz, mit Hütten und Wohnhäusern. Aber eine Nacht im Eis lockt dann doch fast alle Besucher, so auch mich.

Das warme Zimmer habe ich abbestellt – es gibt jetzt keinen Weg zurück, jedenfalls keinen diskreten.

Die Prozedur unterscheidet sich in einigen Punkten von

einer gewöhnlichen Hotelübernachtung. Es beginnt damit, dass ich mein Gepäck am Tresen abgebe – es gibt keine abschließbare Zimmertür, sondern nur ein Fell vor der Öffnung – und einen Daunenschlafsack in Empfang nehme. Neben dem Schlafsack gibt es noch ein paar Tipps zum Überleben.

»Wichtig ist es«, sagt die freundliche Japanerin, die mich zum Zimmer geleitet, »dass du unverschwitzt und vor allem mit trockenen Strümpfen in den Schlafsack steigst. Sonst kriegst du kalte Füße.«

Ich glaube der jungen Frau aufs Wort und folge ihr ins Innere des Eishotels. Die Gänge sind eher geheimnisvoll als funktional erleuchtet.

Dann bin ich allein in meiner Gruft.

Das Umziehen geht schnell. Mütze und Schal behalte ich an. Da liege ich nun auf meinem Rentierfell auf dem Bett aus Eis und Schnee, den Schlafsack festverschnürt, und denke intensiv an meine Nasenspitze, so wie man das beim autogenen Training lernt.

Ein Gedanke begleitet mich in den Halbschlaf: Wenn ich jetzt nachts auf Klo muss, dann muss ich mich aus dem Schlafsack schälen und in meine eiskalten Schuhe steigen. Damit wäre die Nacht auch schon fast verbracht.

Am Ende gibt es eine Urkunde für die überstandene Nacht – und den versprochenen Tee zum Aufwecken. Die Sauna tut besonders gut.

Der Lustgewinn der Übernachtung liegt eher in der Mutprobe, in der Einmaligkeit. Von Pauschalwochen im Eis ist nichts bekannt.

Achtes Kapitel

Schweden – Weinberge und Eisberge

Liefert den endgültigen Beweis, dass Schweden zur Besiedlung taugt.
Erzählt, wie wir den nördlichsten Weinberg Europas am Fuße einer Felsklippe inmitten der Schären finden.
Und nimmt uns mit auf einen Ausflug in die letzte Eiszeit.

Meine lange Reise begann vor der Haustür in den Stockholmer Schären, und dort wartete am Ende die größte Überraschung auf mich. Wer hätte gedacht, dass aus Eisbergen mit der Zeit Weinberge werden können. Es hat allerdings zehntausend Jahre gedauert.

Achthundertfünfzig Schritte sind es vom Meeresufer. Das einzige Geräusch sind ein paar Hammerschläge in der Ferne und mein Schnaufen. Nach dreißig Minuten bin ich oben, den Strindberg in der Tasche. Es ist still so nah an der Stadt, wie Schweden überall still sein kann – und schön. Die Flechten auf den großen runden Granitfelsen leuchten gelb und rostrot, es riecht nach spätem Sommer, die Pfade laufen gewunden bergan zwischen lichten Wäldern von Birken und Kiefern. Der Weg verliert sich in Blaubeersträuchern.

Hier könnten Kreuzottern sein. Also besser ein bisschen Lärm machen, langsamer gehen, die Schritte bewusst setzen. Am liebsten sind mir Kreuzottern, wenn sie sich unbemerkt davonwinden.

Durch die Blaubeeren stapfend, hätte ich den Gipfel fasst verpasst, wir sind ja auch nicht am Matterhorn – weder von der Höhe noch von der Markanz –, sondern nur auf einer Anhöhe von vierundachtzig Metern, Tendenz allerdings zunehmend.

Als August Strindberg 1885 den höchsten Berg des Schärengartens bestieg, war der Telegrafenberg einen halben Meter kleiner. Noch immer erholt sich das Land von der Last der Gletschereise und steigt allmählich nach oben, um vierzig Zentimeter pro Jahrhundert.

Schweden wächst.

Der Telegrafberget liegt östlich von Stockholm an einem der großen Fjorde kurz vor Dalarö. Ein paar wenige Segler sind noch unterwegs und grüßen sich von weitem. Ich bin mit dem Boot gekommen, einem kleinen Kajütsegler vom Typ Folkeboot, das mit seinem geringen Tiefgang bestens geeignet ist für geologische Erkundungen.

Das Folkeboot liegt unten in der Bucht, der Anker ist ausgeworfen, der Bug am Steg vertäut, die Segel sind zusammengefaltet. Das Meer ist ruhig. Ebbe und Flut gibt es nicht in der Ostsee.

Strindberg hat uns den Weg gewiesen. Kaum einer kannte und liebte den Schärengarten so wie er. Die Bewohner beschrieb er allerdings so kenntnisreich und voller Bosheit, dass er sich dort nicht mehr blicken lassen konnte. Aber das ist ein anderes Kapitel.

Vielleicht hat Strindberg auf diesem Pfad auch geschnauft, aber die Mühen des Aufstiegs waren oben wie weggeblasen. »Da öffnete sich plötzlich vor ihm eine Weite, die ihn vor Vergnügen frösteln ließ, Insel und Fjorde, Insel und Fjorde, lang, lang hinaus bis ins Unendliche«, schrieb er in seinem autobiographischen Buch »Der Sohn einer Magd«.

Es dauert eine Weile, bis ich vor lauter Bäumen den hölzernen Aussichtsturm finde. Die untere Plattform des Turms steckt mittlerweile in den Gipfeln – auch die Bäume sind gewachsen. Erst ganz oben hat man den vollen strindbergschen Blick und sieht in der Ferne die Kathedrale des Funktionalismus, den

Käknästornet – Stockholms Fernsehturm, ein beindruckend hässliches Monument der Sechzigerjahre aus Stahlbeton.

Hundert Meter südlich vom Gipfel haben zwei junge schwedische Archäologen reiche Beute gemacht. Mattias Petterson und Roger Wikell fanden das Fundament einer steinzeitlichen Behausung und Werkzeuge der ersten Bewohner des Schärengartens: angespitzte Steine und scharfe Kanten, die die Menschen vor zehntausend Jahren benutzten, um Seehunde zu jagen und zu zerlegen.

Zu gerne hätte ich mir die Fundstelle persönlich von den Entdeckern zeigen lassen, aber jetzt ist Sommer, und das ist in Schweden eine heilige Jahreszeit, in der alle in Urlaub sind. Zunächst hatte es durchaus Hoffnung auf ein Treffen mit den Archäologen am Telegrafberget gegeben. Doch ich hatte mich getäuscht. Die schwedische Sprache hat einhundert mehr oder weniger höfliche Formulierungen für »nein« und nur eine für »ja«. Vielleicht haben sich die beiden Forscher irgendwo anders eingegraben, und so muss ich selbst suchen.

Ich bücke mich über Felsen und Farne, stärke mich mit Blaubeeren und stelle mir dabei vor, dass auch die ersten Bewohner ihre Freude an ihnen hatten, vielleicht als Nachspeise zum Seehund, aber entdecken kann ich rein gar nichts, was auf eine frühe Besiedlung hindeuten könnte.

So geht es auch anderen Laien. Der schwedische Schriftsteller Erland Matz, der mit den beiden Archäologen hier oben herumstreifte, sah nur Moos und darunter Granit. Aber dann buddelten die Herren hier und kratzen da ein bisschen an der Oberfläche und förderten einen spitzen Keil zutage, und mit etwas Nachhilfe entstand ein Bild vom Leben auf versprengten Schären im Meer, zwischen denen eine bewegte See ging.

Aus der großen Menge an Fundstücken an diesem einen Ort zogen die Archäologen zwei kühne Schlüsse: Die damaligen Jäger waren Profis; sie wählten ihre Materialien lange und sorgfältig aus. Sonst hätten sie nie hier draußen im Meer überlebt, fast fünfundzwanzig Seemeilen von der nächsten größeren Inselgruppe entfernt. Offenbar lebten sie auch in größeren Verbänden. Die einen hüteten das Feuer, das nie ausgehen durfte. Die anderen fuhren mit Kanus auf Jagd. Man musste zusammenhalten – das war kein Leben für Einzelgänger.

Das alles lasen die Archäologen aus ein paar Steinen – sie sind doch die wahren Dichter. Sie haben es allerdings Erland Matz überlassen, das entsprechend zu formulieren.

Der Telegrafberget war einmal die erste Insel einer langen Perlenkette von Felsspitzen und Buckeln, die knapp oberhalb der Wasserlinie über dem herausragten, was später die Landschaft von Stockholm und dem Mälardalen werden sollte. Das Meer hat sich inzwischen um dreihundert Kilometer zurückgezogen und Stockholm und die ganze Region freigegeben. Heute kann man sich Schweden nicht ohne Stockholm und seine stolze Altstadt denken, doch damals waren da nur Felsen, Muscheln und Seetang.

Während ich hier oben auf der allerersten Insel Richtung Stadt spähe, erahne ich das Leben da unten, sehe die Yuppies am Stureplan mit Champagner in der Happyhour, in einer Stadt, die so modern ist, dass man Immobilien per SMS ersteigern kann.

Was vor zehntausend Jahren eine Bergspitze war, ist dreihundert Generationen später der höchste Punkt einer Region mit zwei Millionen Einwohnern, die auf zwei Milliarden Jahre altem Granit thront.

Etwa zehn Seemeilen vor der Stadt laufe ich anderntags in eine kleine Bucht ein, die Mjölkviken. Auf Deutsch bedeutet das »Milchbucht«.

Mir ist nach etwas Härterem. In Sichtweite liegt die Festungsstadt Vaxholm. Ich bin mit einem alten Ehepaar verabredet, das auf der Insel Tynningö seinen Ferienwohnsitz hat und einem ungewöhnlichen Hobby nachgeht.

Wie immer erfordert das Segeln in diesen Gewässern hohe Konzentration. Es ist unmöglich, jeden Stein und jede Untiefe zu kennen, und es sind auch längst nicht alle gefährlichen Stellen durch Bojen markiert. Ein Auge voraus auf andere Boote, ein Auge auf das Navigationsgerät, ein drittes auf der Seekarte, die eine Hand an der Pinne, die andere Hand an der Keksdose.

Ich habe eine Postadresse, aber die gilt nicht für den Zugang zur See. Die Suche gestaltet sich mühsam.

Wer so lange an einer Stelle wohnt wie Erik und Catharina Rudhe, müsste eigentlich in der Bucht bekannt sein. Besonders wenn man einen vierzig Meter hohen Granitfelsen mit Weinranken bepflanzt hat.

Aber die Schweden sind nicht nur in allen Kriegen seit 1809 neutral geblieben, sie sind es auch im Nahbereich. Bestimmt haben die beiden Weinbauern nach so vielen Jahren enge Freunde auf der Insel, doch wo wir auch fragen, niemand kennt sie. Man hält Abstand, mischt sich nicht ein, lässt einander in Ruhe.

Oder war das vielleicht alles nur ein schlechter Scherz? Tynningö liegt fünfzehn Kilometer östlich von Stockholm, auf dem Weg der großen Passagierfähren nach Finnland. Es ist nicht naheliegend, ausgerechnet hier Wein anzubauen.

Wie es der Zufall will, hat sich meine schwedische Jugendfreundin Karin dieser Reise angeschlossen, die es mittlerweile zu Alkoholbeauftragten im Sozialministerium geschafft hat und die restriktive Linie ihres Landes international vertreten muss.

Eine Alkoholbeauftrage auf Ortstermin im Weinberg, das könnte Spannungen geben. Denn es ist ihr Ministerium, das den Weinbauern das Leben sauer macht, weil es auf dem Staatsmonopol besteht und den Direktverkauf verbietet.

Unten in der Bucht, die wahrscheinlich die richtige ist, winken wir einem Segler am Steg zu, der aber weder das Ehepaar noch den Namen kennt. Die Leute von der kleinen Bootswerft gegenüber erinnern sich nach kurzem Überlegen zwar an ein altes Ehepaar, schicken uns aber an die falsche Stelle der kesselförmigen Bucht.

Doch dann hören wir die kräftige Stimme des wahren Pioniers, und ein leicht gebeugter Mann winkt uns vom anderen Ende der Bucht zu sich. Beim Näherkommen sehen wir unten am Bootshaus ein älteres Ehepaar. Erik und Catharina sind zusammen gut 175 Jahre alt.

Erik trägt eine beigefarbene Fleecejacke und ein rotes Hemd, dazu Sandalen, und stützt sich auf einen kleinen Stock. Er hat gerade 140 steile Stufen hinunter geschafft und mustert uns aus intensiv blauen Augen. Erik Rudhe ist dreiundneunzig Jahre alt, seine Frau Catharina elf Jahre jünger. Sie hält sich gerade, mit ihren blonden Haaren und den sehr ebenmäßigen Gesichtszügen, und von weitem dachte ich erst, Rudhe hätte seine Tochter zu Besuch.

Sie sind beide Juristen. Am Ende seiner Karriere war er Stadtbaurat von Stockholm, sie arbeitete unter Olof Palme im

Bildungsministerium. Er hatte keine Lust mehr mit Akten zu rascheln, also wurde er Weinbauer.

Er lässt uns den Vortritt auf dem Weg nach oben, aus Höflichkeit, aber auch, weil er sein eigenes Tempo hat. Als wir schließlich auf seiner Terrasse stehen, zeigt er uns stolz den weiten Blick von Südosten bis Südwesten – und seine Weinsorten: Rote und weiße Trauben auf Granit, an satten grünen Blättern wachsen zum Haus hoch und den Hügel hinunter. Ein Winzer muss hier klettern können.

Karin ist aus Neugier mitgekommen, nicht zur Kontrolle. Ohnehin sind die Rudhes keine kommerziellen Produzenten und trinken ihre vierzig Flaschen am liebsten in Gesellschaft ihrer Freunde.

Karin und Catharina entdecken dann auch Gemeinsamkeiten. Beide sind in der ministeriellen Hierarchie gleich weit geklettert und dürfen sich »departementsekretetrare« nennen, und damit ist das Eis endgültig gebrochen. Hilfreich für das gegenseitige Verständnis ist auch, dass sich die Alkoholbeauftragte auf der Stelle in diesen Ort mit seinen grünen Ranken und dem weiten Blick verliebt hat. Dass Erik zwischendurch mal etwas von der Regelungswut schwedischer Bürokraten brummt, überhört sie. Sie ist ja nicht im Dienst.

Dann beginnt eine Lektion in Rioja und Pinot Noir unter besonderer Berücksichtigung des subarktischen Klimas. Wir klettern auf dem Felsen auf und ab, und Rudhe philosophiert über die etwa zehn verschiedenen Sorten, die auf seinem Felsen gedeihen und die ich nur anhand der unterschiedlichen Blätter auseinanderhalten kann: eher robuste wie Müller-Thurgau, aber auch empfindliche wie Grenache Blanc, dazu Zinfandel und Chardonnay.

Eine Sorte kommt ursprünglich aus Italien und kam als gewöhnliche Packung von Tafeltrauben zu den Rudhes. Erik säte die Kerne aus, und aus dem Zusammenspiel der Gene des Südens und der Erden des Nordens entstand eine neue Sorte, die er in freundlichem Selbstbewusstsein nach sich selbst benannte: Vidis Rudhea.

Außerdem hat Rudhe die Algendüngung bei sich eingeführt: Getrocknete und gemahlene Algen enthalten Calcium, Phosphor und Stickstoff. Algendünger – so lerne ich – ist die Vitaminbombe unter den Düngern und kostet als Konzentrat in der Literflasche zwanzig Euro. Das Wasser aus der rostigen Tonne liefert Eisen dazu.

Die Algen hat er unten aus der Bucht gefischt. »Leider gibt es hier nicht mehr so viele.«

Wenn er einen neuen Weinstock pflanzt, kommen auf die Erde zuerst getrocknete Algen und Eierschale, dann Mutterboden und Sand und dann eine Schicht Kiesel vom eigenen Grundstück. »Alles umsonst«, sagt Erik und kichert fröhlich.

Zwei seiner engeren Freunde und Nachbarn sind Biologen und als solche seine ständigen Berater. Dozent a. D. Klintström und Professor a.D. Huppel schließen sich auch jedes Jahr der Vendemmia, der Weinlese, an, die dann an einem Tag die gesamte Ernte einbringt. Mal sind es fünf, mal sieben Personen, die mit Körben ausschwärmen, je nachdem, wer Zeit hat.

»Aber eigentlich haben immer alle Zeit«, sagt Rudhe lachend, »denn es sind ja Pensionäre.« Der eine Biologe ist auch über neunzig, der andere etwa zehn Jahre jünger.

Wenn man so oben auf dem Berg steht, kann man sich gut vorstellen, warum Rudhes Weine gut gedeihen. Der Berg speichert Wärme, auch das Meer verlängert den Sommer in den

Herbst hinein. Aber was ist, wenn hier die Winde wehen und die Temperaturen auf minus zwanzig Grad fallen?

»Das stört meine Reben nicht.« Ruhdes Antwort kommt wie aus der Pistole geschossen. »Die Wurzeln gehen sechzig Zentimeter tief, das reicht, um sie vor Frost zu schützen.

Rudhe ist ein Lehrmeister in Sachen Autarkie: Der Kies speichert die Feuchtigkeit, die Blindschleichen essen Nagetiere, die sich an den Wurzeln zu schaffen machen; überhaupt ist alles prima eingerichtet in der Natur, wenn man es nur zu nutzen weiß.

Man kann von Erik und Katharina überhaupt einiges lernen. Neben der Behutsamkeit im Umgang mit der Natur auch viel über das Funktionieren einer langen Ehe. Sie gehen sehr nett miteinander um und versuchen, sich nicht älter zu machen, als sie sind. Und in einem sind sie sich besonders einig: Schweden braucht Wein.

»Schweden ist ein gutes Land, doch manchmal kann es ziemlich engstirnig und ohne Empathie sein. Der Wein ist ein Widerspruch dazu«, hat Catharina einst einem anderen Besucher verraten, und der Besucher, der deutsch-schwedische Journalist Niels Reise, hat diesen schönen Satz aufgeschrieben.

Als vor vierzig Jahren die Rudhes auf Tynningö anklopften, wollte außer ihnen niemand das Anwesen von 12 000 Quadratmetern kaufen.

Der steile Berg war und ist nicht kinderfreundlich, das Haus war damals schlecht in Schuss. Drinnen hängen heute ein Andy-Warhol-Plakat und eine Fotografie, die sie beide auf einer Fahrradtour vor zwanzig Jahren auf den Aland-Inseln zeigt. Das einfache ochsenblutrot gestrichene Haus ist einfach und gemütlich, aber nicht überrenoviert.

»Immer ist was zu tun, malern etwa und täglich den Wein

gießen«, seufzt Erik Rudhe und sieht dabei sehr zufrieden aus.

Weinberge vor Stockholm sind noch relativ selten.

Vor einer Weile war Erik Rudhe bei einem Vortrag im Weinmuseum, und beim Thema Spätlese schaltete er sich in die Diskussion ein und berichte von seinen Erfahrungen.

Danach gefragt, wo denn sein Weingut liege, antwortete er wahrheitsgemäß: »Auf Tynningö« – und über den Saal legte sich ein langes Schweigen.

Nach einem kleinen Probeschluck nehmen wir Abschied und segeln beschwingt und mit achterlicher Brise aus ihrer Bucht hinaus, hinter uns den wohl nördlichsten Weinberg der Welt.

Weiter südlich in Schweden gibt es schon etwa vierzig Weinberge.

Die Plantagen 1000 Kilometer unterm Polarkreis gedeihen gut. Auch wenn die Sorten noch recht grob sind: Sie sind vor allem ein Symbol, stiften sie doch Hoffnung.

Sagten nicht die Römer: »Länder, in denen kein Wein wächst, sind zur Besiedlung nicht geeignet?«

Und wie er schmeckt? Im Herbst sind wir zur Weinprobe geladen.

Anhang

Dank und Literatur zum Weiterlesen

Dank

Geht es Ihnen auch so? Ein Ohr reicht zum Zuhören, das andere ist weit geöffnet, damit ungewollte Informationen den Kopf gleich wieder verlassen? Man kann mit Viertelwissen etwa in Sachen Geologie und Botanik erstaunlich weit kommen. Aber dann macht man sich eines Tages auf eine lange Reise an die Ränder der Welt und muss Worte finden für das, was man dort sieht – vom Wollgras über die Polarweide bis zur Pyramide.

Der berühmte britische Schriftsteller Stephen Fry hat einmal in einem Vorwort einem Experten gedankt und geschrieben: »Ungenauigkeiten in diesem Bereich sind einzig und allein seine Schuld …«

So will ich das nicht halten.

Ich danke Karsten Piepjohn für gemeinsame Streifzüge durch Spitzbergen und für seine bewundernswerte Geduld bei der Beantwortung aller meiner Fragen zur Entstehung der Welt und dafür, dass er uns die Eisbären vom Leibe gehalten hat.

Ohne Jutta wäre dieses Buch nicht entstanden. Ihre Lust am Selberdenken ist ansteckend. Zudem hat sich mein Wortschatz vervierfacht, seitdem wir uns vor fünfundzwanzig Jahren begegnet sind. Jutta machte mich auch körperlich wieder fit, wenn ich mit schmerzenden Knien zwischendurch Station in Deutschland macht. Moshe Feldenkrais sei ebenfalls Dank.

Unsere Kinder Carlotta und Philipp waren die ersten Leser dieses Buches.

Ich danke meiner Lektorin Ursula Bergenthal. Ihre besondere Kombination aus wachem Geist und Empathie ist Buch und Autor gut bekommen: eine bessere Begleiterin hätte ich mir nicht wünschen können. Ich darf sie nicht zu viel loben, sonst muss ich sie womöglich mit zu vielen Autoren teilen.

Meine Verlegerin Regina Kammerer gab mir den Anstoß zum Schreiben und den Raum dafür. Alfred Biolek hat mal sinngemäß gesagt: »Fernseh gucken ist doof. Fernseh machen ist schön.« Darüber lässt sich streiten. Bei Büchern gilt das sicher nicht. Bücher lesen ist wunderbar, Bücher schreiben auch.

Ich danke Victoria Harnesk für Einblicke in das Leben der Samen und Alequa Hammond für spannende Gespräche über Gartenkunde in Grönland und das Wesen der Politik unterm Nordpol. Caspar Thorsoe hat wieder einmal mit Rat und Tat geholfen, und seine Tochter Kirsten Thorsoe hat wichtige Türen in Grönland, etwa zu Michael Rosing und Katrine Raundrup, geöffnet.

Uta und Ingo Wolf haben mir gezeigt, wie man auf eine sanfte und nicht vereinnahmende Art zwei Länder lieben kann. Ich danke Reinhard Krause vom Alfred-Wegener-Institut für anregende Gespräche in der Nordsee-Villa in Bremerhaven. Folke Mertens, Ralf Röchert und besonders Michael Klages für die Stunden an Bord der *Polarstern*.

Karsten Piepjohn, Dagmar Michel, Rob Hoogenboom, Thomas Schimmack, Jörgen Detlefsen, Tatjana Reiff, Max Pothmann, Jutta Niesbach, Erik Haasdonk und Anja Martini haben einzelne Kapitel gelesen und kundig kommentiert.

Das Buch ist während einer Sabbatzeit entstanden. Ich danke Dagny Herzog von der NDR-Personalabteilung für ihre kluge Unterstützung, Andreas Cichowizc für sein Wohlwollen, Stefan Niemann und Mario Schmidt, dass sie mich ziehen ließen, und Florian Bahrdt, dass er meine Stelle einen langen arktischen Sommer lang warm hielt.

Und meinem ältesten Freund Andreas von Welczeck, dass er wieder mit auf Reise ging.

Alle Fehler gehen zu meinem Lasten.

Tilmann Bünz
im Oktober 2011
Hamburg/Spillersboda

Literatur

Wolfgang Behringer, Kulturgeschichte des Klimas. Von der Eiszeit bis zur globalen Erwärmung, C. H. Beck, München 2007.

Henrik Berggren, Olof Palme. Vor uns liegen wunderbare Tage: Die Biographie, btb, München 2011.

Anne Helene Bubenzer, Gabriele Haefs, Lesereise Oslo. Auf der Suche nach Ibsens Badewanne, Picus, Wien 2010.

Mick Conefrey, Wie man bei Windstärke 10 stilvoll eine Tasse Tee trinkt. Das geheime Wissen der Abenteurer und Entdecker, Piper, München 2008.

Sigrid Damm, Tage- und Nächtebücher aus Lappland. Bilder von Hamster Damm, Insel, Frankfurt 2002.

Halldør Gudmundsson, Wir sind alle Isländer. Von Lust und Frust, in der Krise zu sein, btb, München 2009.

Matthias Hannemann, Der neue Norden. Die Arktis und der Traum vom Aufbruch, Scoventa 2010.

Gunnar Herrmann, Elchtest. Ein Jahr in Bullerbü, Ullstein, Berlin 2010.

Bjørn Ingvaldsen, Tote Finnen essen keinen Fisch, Kiepenheuer & Witsch, Köln 2011.

Thomas Kastura, Flucht ins Eis. Warum wir ans kalte Ende der Welt wollen, Aufbau, Berlin 2000.

Stefanie Lind, Reise nach Norwegen, Kulturkompass fürs Handgepäck, Unionsverlag, Zürich 2010.
Roman Schatz, Gebrauchsanweisung für Finnland, Piper, München, 2010.